Cassino
Cassino
Cassino
Cassino
Cassino

Cassino
Cassino
Cassino
Cassino
Cassino

CRIME SCENE®
DARKSIDE

CASINO: LOVE AND HONOR IN LAS VEGAS
Copyright © 1995 by Pileggi Literary Properties, Inc.
Todos os direitos reservados.

Imagens de Capa © Alamy ©Dreamstime
Imagens de Miolo © Alamy

Tradução para a Língua Portuguesa
© Carla Madeira, 2022

Diretor Editorial
Christiano Menezes

Diretor Comercial
Chico de Assis

Gerente Comercial
Giselle Leitão

Gerente de Marketing Digital
Mike Ribera

Gerentes Editoriais
Bruno Dorigatti
Marcia Heloisa

Editor
Lielson Zeni

Editora Assistente
Talita Grass

Capa e Projeto Gráfico
Retina 78

Coordenador de Arte
Arthur Moraes

Coordenador de Diagramação
Sergio Chaves

Designer Assistente
Aline Martins / Sem Serifa

Finalização
Sandro Tagliamento

Preparação
Jéssica Lima

Revisão
Felipe Pontes
Maximo Ribera
Retina Conteúdo

Impressão e Acabamento
Ipsis Gráfica

DADOS INTERNACIONAIS DE CATALOGAÇÃO NA PUBLICAÇÃO (CIP)
Jéssica de Oliveira Molinari — CRB-8/9852

Pileggi, Nicholas
  Cassino / Nicholas Pileggi ; tradução de Carla Madeira.
— Rio de Janeiro : DarkSide Books, 2022.
  288 p.

  ISBN: 978-65-5598-201-5
  Título original: Casino: love and honor in las vegas

  1. Rosenthal, Frank, 1929-2008 – Biografia 2. Crimes seriais – Las Vegas – Biografia 3. Cassinos I. Título II. Madeira, Carla

22-2706   CDD 923.4

Índices para catálogo sistemático:
1. Rosenthal, Frank, 1929-2008

[2022]
Todos os direitos desta edição reservados à
DarkSide *Entretenimento LTDA.*
Rua General Roca, 935/504 — Tijuca
20521-071 — Rio de Janeiro — RJ — Brasil
www.darksidebooks.com

Nicholas Pileggi

cassino
AMOR E HONRA EM LAS VEGAS

TRADUÇÃO
CARLA MADEIRA

DARKSIDE

Para Nora

INTRODUÇÃO

POR QUE MEU CARRO ESTÁ EM CHAMAS?

"Eu tinha acabado de jantar e entrei no carro", disse Frank Rosenthal. "Não me lembro se cheguei a ligá-lo ou não, mas o que vi a seguir foram pequenas chamas. Eram de cinco a oito centímetros apenas e vinham de dentro das abas de ventilação. Não ouvi qualquer barulho, só vi as chamas refletidas no vidro da frente. Lembro-me de pensar: 'Por que meu carro está em chamas?'. Então, elas cresceram.

"O impacto deve ter sido tão forte que me jogou contra o volante, pois senti dor nas costelas, mas não me lembro de nada. Tudo o que pensei foi que devia ser algum problema mecânico com meu carro.

"Não entrei em pânico. Sabia que tinha de sair dali, tinha de escapar das chamas, ligar para a oficina. Tentei alcançar a maçaneta e quase queimei o braço. As chamas cresciam entre o banco e a porta. Eu entendi que tinha de sair ou nunca veria meus filhos de novo. Peguei na maçaneta com a mão direita e empurrei a porta com o ombro. Deu certo.

"Caí no chão e as chamas me cercaram. Parte da minha roupa pegava fogo; eu estava em chamas. Rolei pelo chão até apagar o fogo.

"Dois homens me ajudaram a levantar e me levaram a uns cinco ou dez metros de distância do carro. Falaram para eu me sentar, mas eu não quis. Insisti que estava bem. Continuaram pedindo para que eu me sentasse, e quando me sentei pareceu que uma bomba atômica explodiu. Vi meu carro erguer-se um meio metro do chão, as chamas atravessando o teto e chegando a uns seis metros de altura.

"Foi quando entendi pela primeira vez que aquilo não era acidente. Foi aí que eu entendi que alguém havia plantado uma bomba no meu carro."

Antes de seu carro ir pelos ares na porta do Marie Callender's Restaurant na East Sahara Avenue, em 4 de outubro de 1982, Frank "Lefty" Rosenthal era um dos homens mais poderosos e controversos em Las Vegas. Comandava a maior operação de cassino do estado de Nevada. Era famoso por ter trazido para Vegas as apostas em competições esportivas — uma conquista que fez dele um verdadeiro visionário dentro dos anais da história local. Era a maior referência dos apostadores, o homem que fazia as cotações, um perfeccionista que surpreendeu os cozinheiros do Hotel Stardust ao ir à cozinha exigir que cada bolinho de mirtilo tivesse ao menos dez unidades da fruta.

Mas Frank Rosenthal vinha se esquivando de problemas a maior parte da vida. Começou de assistente e agente de apostadores e mafiosos de Chicago antes de ter idade para votar. De fato, antes de trabalhar em cassinos em 1971, Lefty teve apenas um emprego lícito: policial militar do Exército na Coreia, entre 1956 e 1958. Em 1961, quando apresentou-se aos 31 anos perante um comitê do Congresso, em Washington, que investigava a influência do crime organizado em jogos, fez uso da Quinta Emenda[1] 37 vezes. Ele nem ao menos respondeu se era canhoto — o que, inclusive, era o motivo de seu apelido. Alguns anos mais tarde, alegou *nolo contendere*[2] ao ser acusado de suborno a um jogador de basquete universitário na Carolina do Norte — apesar de nunca ter admitido a culpa. Na Flórida, foi banido das corridas de cavalo e de cachorro por supostamente subornar a polícia de Miami Beach. E em 1969, junto de vários dos maiores agenciadores de apostas do país, foi indiciado pelo Departamento de Justiça por envolvimento em jogatina interestadual e extorsão, o que se arrastou por vários anos — até o advogado de Lefty conseguir rejeitar

---

1 A Quinta Emenda à Constituição dos Estados Unidos faz parte da Carta dos Direitos que dá ao cidadão, em um julgamento, o direito a permanecer em silêncio quando interrogado e, assim, evitar sua autoincriminação. [As notas são da DarkSide Books.]
2 Termo jurídico em latim que significa 'não ter o desejo de contestar'.

o indiciamento porque John Mitchell, o procurador geral à época, não tinha assinado de próprio punho os pedidos de grampos telefônicos do caso, como manda a lei. Mitchell estava fora, num campo de golfe, no dia em que os mandados judiciais tinham de ser assinados, e deu instruções a um assessor para falsificar sua assinatura.

Frank Rosenthal foi para Las Vegas em 1968 pelo mesmo motivo de tantos outros americanos: fugir de seu passado. Las Vegas era uma cidade sem memória. Era o lugar para ir em busca de uma segunda chance. Era a cidade dos Estados Unidos para onde as pessoas iam após o divórcio, após a falência, até mesmo após um breve período numa prisão local. Era o destino final para aqueles que desejavam cruzar meio país em busca do único enxague moral da nação.

Também era a cidade onde se podia ficar rico, uma espécie de Lourdes, um santuário para onde peregrinos se dirigiam para pendurar suas muletas psíquicas e começar uma vida nova. Era o fim do arco-íris — a cidade norte-americana em formato de pote de ouro — o único lugar no país onde o sujeito comum tinha alguma chance de conseguir um milagre. Um em 1 milhão? Certamente, mas, para muitos que foram morar em Las Vegas e muitos que foram visitar, as mais difíceis probabilidades em Las Vegas eram melhores que as mais fáceis com as quais tiveram de lidar em toda sua vida em suas cidades de origem.

Era um lugar mágico, a capital de neon do mundo. Nos anos 1970, o estigma de seu passado ligado à máfia tinha desaparecido e parecia não haver limites para seu potencial de crescimento. Afinal, Bugsy Siegel[3] morreu lá atrás, em 1947, e nem foi morto em Las Vegas, foi assassinado a tiros no agora notório CEP 90210 — Beverly Hills, Califórnia.

Nos anos 1970, Las Vegas estava pronta para um crescimento sem precedentes, a cidade era grande demais para ser dominada, ou mesmo influenciada, por um bando de homens com sotaques esquisitos e anéis nos dedos mindinhos. Grandes corporações como Sheraton, Hilton e MGM, bem como bancos de investimentos de Wall Street e a corretora de valores de Michael Milken, a Drexel Burnham Lambert, ficaram cada vez mais interessados. Investimentos exploratórios já haviam começado a transformar

---

3   Famoso e temido mafioso de Nova York, que ganhou notoriedade sobretudo
    durante a Lei Seca nos anos 1930. Após sua revogação, concentrou
    seus negócios nos jogos, estabelecendo-se em Las Vegas.

uma cidade inóspita, árida, varrida pelos ventos, de solo alcalino e na ponta oriental do Deserto do Mojave na cidade que crescia mais rapidamente nos Estados Unidos. De 1970 a 1980, Las Vegas dobrou o número de visitantes, chegando a 11.041.524, e o montante de dinheiro deixado por essas pessoas aumentou em 273,6%, alcançando 4,7 bilhões de dólares. O coração de todo esse crescimento foram, claro, os negócios dos cassinos — e em 1993 os visitantes deixaram na cidade 15,1 bilhões de dólares.

Um cassino é um castelo matemático criado para separar os jogadores de seu dinheiro. Cada aposta feita num cassino é calibrada dentro de uma fração de sua vida para maximizar o lucro, ao mesmo tempo em que dá aos jogadores a ilusão de que eles terão alguma chance.

Cassinos significam dinheiro. Das máquinas caça-níqueis às supermáquinas que aceitam apostas a partir de 500 dólares, o dinheiro é o sangue que dá vida a tudo e a todos num cassino. Os prédios não são nada mais que uma cacofonia do dinheiro, dos barulhentos gêiseres de um ganhador com moedas tilintando em bandejas propositalmente rasas, passando pelos sinos e campainhas estridentes e chegando às luzes que anunciam os ganhos minuto a minuto. O dinheiro domina o salão. Técnicas usuais de negócios, responsabilidade contábil e financeira, caem por terra sob montanhas de notas de dinheiro e moedas que jorram para dentro dos cassinos todo dia.

Provavelmente, não há nenhuma modalidade de negócios no mundo que tanto dinheiro em espécie seja manuseado em um dia por mais pessoas e sob mais segurança do que num cassino. Os crupiês têm de estalar as mãos embaixo do *Eye in the Sky*[4] antes de deixarem suas mesas para garantir que não estão levando consigo nenhuma ficha, eles usam pequenos aventais para cobrir seus bolsos — e evitar que sejam abastecidos. Cada nota de 100 dólares trocada por fichas na mesa tem de ser anunciada pelo crupiê para que o gerente da mesa possa vê-la ser enfiada por um bastão de metal para dentro da fenda estreita da caixa coletora.

Não importa o quão movimentadas a mesa de dados ou a de roleta estejam, as fichas têm de estar empilhadas na ordem por cor para facilitar a contagem praticamente contínua feita pelos supervisores. Os crupiês do jogo de Vinte-e-um têm de aprender a proteger a carta de olheiros que

---

4   *Olho no Céu* (tradução) — sistema de câmeras de vigilância do salão que controla toda a movimentação no cassino.

agem em conluio com jogadores e impedir que estes troquem os naipes das cartas para vencer a casa. Um operador de mesa experiente é treinado para nunca tirar os olhos dos dados da mesa, especialmente quando o bêbado barulhento na ponta derrama a bebida sobre o feltro, deixa cair suas fichas no chão ou dá um sopapo na esposa. São nestes momentos específicos de distração dignos de uma foto que os dados adulterados são contrabandeados para dentro do jogo. Tentar vencer o cassino — por meio de uma vitória milagrosa ou por meio da vigarice — é o que traz todo mundo à cidade. Em Las Vegas, vencer o cassino por bem ou por mal foi elevado a uma forma de arte.

Mas, claro, o maior volume de roubo dentro do cassino não tem nada a ver com apostadores trapaceiros ou crupiês desonestos. O roubo mais significativo que ocorre num cassino na verdade não ocorre no salão. O desvio mais volumoso acontece a portas fechadas em seu santuário mais sagrado, em sua área mais segura e protegida, no lugar para onde é canalizado todo o dinheiro vindo das centenas de jogos e máquinas caça-níqueis: as sagradas salas de contagem do cassino.

Geralmente sem janelas, com portas blindadas e sem móveis, apenas com cadeiras de encosto reto, mesas de acrílico transparente e estantes e pisos de aço reforçado, feitos para suportar as toneladas de moedas e pilhas de dinheiro que são contados dia a dia, a sala de contagem é o espaço para onde as centenas de caixas coletoras localizadas embaixo de cada mesa de jogos são levadas, destrancadas e esvaziadas. As notas de dez, vinte e 100 dólares, separadas em maços de dois centímetros de altura que equivalem a um montante de 10 mil dólares, em dias de maior movimento, são empilhadas contra as paredes chegando à altura do peito.

Não há estranhos roubando esse dinheiro na sala de contagem. Ele é desviado apesar das câmeras ligadas, dos guardas monitorando a entrada e a saída das pessoas, de muito poucas terem permissão de acesso a ela (a lei estadual impede os próprios donos do cassino de entrarem lá), e de cada dólar contado de cada caixa coletora de cada turno ter de levar o endosso de pelo menos dois funcionários e supervisores.

Os funcionários da sala de contagem fazem seu trabalho com aquele olhar indiferente de quem tem de ficar imune à magnífica experiência diária de se ver envolvido pela visão, cheiro e toque do dinheiro. Toneladas, pilhas, maços de dinheiro e caixas de moedas tão pesadas que são necessários elevadores hidráulicos para movimentá-las pela sala de contagem.

A fortuna diária de notas que se amontoam pela sala é tão grande que, em vez de ser contado, o dinheiro é separado de acordo com o valor de face das notas e pesado. 1 milhão de dólares em notas de cem pesa mais ou menos 9 kg; em notas de vinte, 46 kg; em notas de cinco, 185 kg.

As moedas são despejadas em balanças contadoras eletrônicas especiais da marca Toledo, produzidas pela Reliance Electric Company — sendo o modelo 8130 o preferido na época em que Lefty dirigia o Stardust —, pois o equipamento contava e separava as moedas. 1 milhão de dólares em moedas de 25 centavos recolhidas de máquinas caça-níqueis pesam 21 toneladas.

O sonho de muitos dos que acabam virando donos de cassinos ou mesmo os que trabalham neles é descobrir um jeito de separar a sala de contagem do que eles roubam dali. Ao longo dos anos, os métodos aplicados iam desde os donos conseguindo a chave das caixas coletoras até os funcionários pegando o que podiam dentro delas antes do início da contagem. Há métodos complexos que envolvem perda de registros de controle e balanças adulteradas para pesar apenas um terço do dinheiro que entra na sala de contagem. Esses métodos de desvio de dinheiro são tão variados quanto a genialidade dos homens que os elaboram.

Em 1974, apenas seis anos após chegar a Las Vegas, Frank Rosenthal conseguiu dali exatamente o que esperava: uma vida nova. Controlava quatro cassinos na cidade. Casou-se com com uma linda ex-vedete chamada Geri McGee, e eles moravam com seus dois filhos numa casa de 1 milhão de dólares de frente para um ponto privilegiado do campo de golfe do Las Vegas Country Club. Ele tinha uma piscina e uma empregada doméstica, seu guarda-roupa tinha mais de duzentos pares de calças de seda, algodão e linho feitas sob medida — a maioria delas em tons pastel — cortadas especialmente para ele por alfaiates trazidos de avião de Beverly Hills e Chicago. Era o homem a se procurar no Stardust, e sua fama de inovador e bem-sucedido administrador de cassinos logo ficou reconhecida por todo o estado de Nevada. Ele se via como parte de uma elite que incluía os donos de cassinos, dirigentes de fundos de pensão de sindicatos, banqueiros de investimentos e políticos de Nevada, que estavam prestes a livrar Las Vegas de seu passado de caubóis e gângsteres e transformá-la no parque temático voltado para o público adulto com faturamento de 30 bilhões de dólares anuais, no qual ela, em algum momento, se transformou.

Era para ter sido perfeito.

No entanto, dez anos depois, Frank Rosenthal estava sendo investigado como um infiltrado da máfia no cassino da cidade e como o suposto mentor intelectual por detrás de uma multimilionária operação de desvio de dinheiro. Teve negada uma licença para jogos e acabou apresentando um bizarro programa de entrevistas de noventa minutos — que modestamente deu o nome de *The Frank Rosenthal Show*. Era suspeito de trabalhar em conluio com seu amigo de infância Anthony Tony "the Ant" Spilotro, que o FBI dizia ser o principal matador da máfia de Chicago na cidade, um assassino de aluguel suspeito de cometer pelo menos uma dúzia de homicídios. Na época do atentado à bomba contra Lefty, Spilotro foi indiciado junto a oito membros de sua gangue por comandar uma rede de extorsão, agiotagem e roubos a residências de dentro de uma joalheria de sua propriedade que ficava nas redondezas da Strip.[5] Era também o principal suspeito da tentativa de assassinato de Lefty, e havia razões para tal: estava tendo um envolvimento amoroso com a esposa de Lefty Rosenthal. Bom, talvez não um envolvimento amoroso — muito pouco do que acontecia em Las Vegas tinha a ver com amor —, mas um caso, que foi documentado pelos agentes do FBI incumbidos para seguir Spilotro, o que por fim se tornou público.

Como isso chegou a esse ponto em tão curto espaço de tempo foi uma pergunta que assombrou não apenas Lefty, mas os chefões da máfia que o tinham posto ali para administrar os cassinos. Em vez de paz, Lefty trouxe o caos. Ao invés de um caminho sereno em direção à nova Las Vegas, ele e seu parceiro Spilotro criaram uma enorme turbulência e atraíram tanta atenção das autoridades policiais que, longe de se aposentar com tranquilidade à sombra dos milhões amealhados junto às contravenções, os setentões chefes mafiosos de Chicago, Kansas City e Milwaukee corriam o risco de passar o resto de suas vidas na prisão.

Não era para ter terminado assim. Era para ter sido tão doce, estava tudo no lugar. Melhor que um jogo de cartas marcadas, uma aposta impossível de perder. No entanto, oito anos depois, tudo foi pelos ares no estacionamento da East Sahara Avenue.

---

5   Parte do Las Vegas Boulevard onde se concentram os cassinos e hotéis da cidade.

DARKSIDE

cassino

ENTRANDO NO JOGO

Parte 1

01

Meus amigos achavam que eu era o messias.

Lefty Rosenthal não acreditava em sorte. Ele acreditava nas estatísticas, nos números, na probabilidade, na matemática, nas frações de dados que acumulou copiando as estatísticas dos times nas anotações feitas em suas fichas. Acreditava que os jogos eram manipulados e os árbitros e os auxiliares podiam ser comprados. Conhecia alguns jogadores de basquete que exerciam a arte de perder cestas por horas a fio, todos os dias, e conhecia jogadores que apostavam nas probabilidades intermediárias e conseguiam um lucro de 10% do dinheiro apostado. Acreditava que alguns atletas faziam cera enquanto outros fingiam estar machucados, em marés vencedoras e marés perdedoras, em manipulação de resultados de jogos, em apostas sem limites e em métodos tão bons de dar as cartas que elas eram distribuídas sem que fosse preciso abrir a embalagem do baralho. Em outras palavras, no que dizia respeito a apostas, Lefty acreditava em tudo, menos na sorte. A sorte era o inimigo potencial, a tentação, o sussurro sedutor afastando-o da informação. Lefty aprendeu bem cedo que, se tivesse de algum dia dominar a técnica e se tornar um jogador profissional, tinha de eliminar do processo a mais remota possibilidade do acaso.

Frank "Lefty" Rosenthal nasceu em 12 de junho de 1929, apenas alguns meses antes da quebra da Bolsa. Cresceu no West Side de Chicago, o velho mundo, bairro controlado pelo crime, onde lojas de apostas, policiais desonestos, vereadores corruptos e bocas fechadas eram um estilo de vida.

"Meu pai era um atacadista de produtos agrícolas", disse Rosenthal. "Um tipo voltado à administração: bom com números, inteligente, bem-sucedido, já minha mãe era dona de casa. Cresci lendo programas de corridas de cavalos, conhecia-os de cor. Sabia tudo o que era necessário saber daquelas planilhas que costumava ler durante a aula. Eu era um garoto alto e magro, tinha mais de um metro e oitenta quando adolescente, era meio introspectivo, um jovem meio solitário, e as corridas de cavalo eram meu desafio.

"Meu pai era dono de alguns cavalos, então eu ia com ele para o hipódromo o tempo todo. Eu vivia nas pistas, então tornei-me cavalariço. Passeava com os cavalos, ficava pelo curral de largada, fedia a estrume. Chegava lá às quatro e meia da madrugada, virei parte do estábulo. Comecei a ficar por lá aos treze, catorze anos, afinal, eu era filho de um proprietário de cavalos, aí, todos me deixavam em paz.

"Enfrentei alguma resistência em casa quando comecei a apostar em esportes. Minha mãe sabia que eu estava apostando e não gostou nada, mas eu era cabeça dura, não ouvia ninguém, amava analisar os programas, os desempenhos, os jóqueis, as localizações dentro da pista. Costumava passar todo esse material para as minhas fichas de 20 x 25 centímetros no meu quarto tarde da noite.

"Matei aula um dia para ir às corridas, fui com dois amigos, sujeitos espertos. Ficamos lá por oito corridas, as quais ganhei em sete. Meus amigos achavam que eu era o messias. Meu pai virou o rosto quando me viu lá, não falou comigo, ficou furioso por eu ter matado aula. Não disse nada a ele quando cheguei em casa. Não se falou no assunto. Também não contei nada sobre ter ganhado. No dia seguinte, matei aula de novo, voltei às corridas e perdi tudo.

"Mas eu realmente aprendi a apostar nas arquibancadas de Wrigley Field e Comiskey Park. Tinha uns duzentos caras lá a cada partida, e eles apostavam em tudo. Em cada lançamento, em cada tacada, tudo tinha um preço. Os caras ficavam gritando números para você. Era maravilhoso, um cassino a céu aberto, ação constante.

"Se você tivesse talento, algum ego e conhecesse seu jogo, sentia-se tentado a participar. Você tinha dinheiro no bolso e sentia que podia dominar o mundo. Tinha um sujeito chamado Stacy, uns 50 anos de idade e cheio do dinheiro, que desafiava todo mundo: 'E aí, garoto, eles vão ganhar esse turno ou não?'. Em vez de deixar passar, seu orgulho te faz entrar no jogo, aí você faz uma aposta e paga o preço por isso. Stacy sempre te fazia pagar o preço.

"Digamos que o Chicago esteja ganhando por seis a dois no oitavo tempo e você queira apostar que eles vão ganhar de novo, ou que eles vão perder no nono, ou que conseguem uma rebatida dupla para terminar o jogo, ou fazer um *home run* para ganhar o jogo, ou uma rebatida dupla ou tripla, ou um *flyout*. Não importa, Stacy tomava a frente e ia dando as cotações das apostas: vinte e cinco para um. Agora! Vamos lá. Bola rebatida para cima, vinte para um. Bola fora, oito para cinco. Se você se interessasse em entrar, fazia a aposta e ele te passava a cotação.

"De saída eu não sabia, mas cada uma das apostas acatadas por Stacy tinha um estudo de probabilidade. Um *strikeout* no fim do jogo, era... agora não lembro bem as chances reais, mas vamos dizer que eram 166 para 1, e não 31, que era a aposta de Stacy.

"Um *home run* no primeiro arremesso de um jogo poderia estar cotado a 3 mil dólares para um, não setenta e cinco para um, e assim por diante. Se você apostasse com Stacy, tinha de saber dessas probabilidades ou acabava sem um tostão.

"Depois que compreendi o esquema passei a ficar por ali ouvindo-o fazer suas cotações, anotava tudo e guardava comigo. Depois de um tempo, comecei a realizar apostas por conta própria. Com o passar dos anos, Stacy fez uma pequena fortuna ali nas arquibancadas, ganhava todas, tinha uma incrível capacidade de juntar as pessoas ao seu redor e fazê-las apostar. Um artista nato.

"Naquela época não havia canais de esportes, revistas, jornais ou programas de rádio especializados em apostas esportivas. Se você estivesse no Meio-Oeste, não conseguia facilmente descobrir o que acontecia por baixo dos panos com os times da costa leste ou da costa oeste, mas ficava sabendo do resultado final dos jogos e pronto.

"Mas se estivesse apostando a sério, você tinha de saber muito mais., então comecei a ler tudo. Meu pai me deu um rádio de ondas curtas, e me lembro de passar horas ouvindo os jogos de times de fora da cidade nos quais eu pensava em apostar. Passei a assinar vários jornais de toda parte do país, ia até a banca de jornais que tinha todos os jornais de fora da cidade, foi onde conheci Hymie 'the Ace', um grande profissional, uma lenda. Não chamo as pessoas de lendas a não ser que elas sejam mesmo. Hymie 'the Ace' era uma lenda. Lá estava ele naquela mesma banca de jornais, comprando dezenas de periódicos como eu. Ia para seu carro e começava a leitura. Eu fazia o mesmo, mas não tinha carro, tinha uma bicicleta. Depois de um tempo começamos a nos conhecer, ele sabia o que eu estava fazendo.

"Hymie era uns dez ou doze anos mais velho que eu. Me habituei a sempre falar 'olá' para ele e aos outros profissionais, e tinha sorte de todos eles falarem comigo. Eu ainda era um garoto, mas eles viam que eu era sério, que levava jeito, e resolveram me ajudar. Eram muito bacanas, deixaram que eu entrasse para o círculo deles, me senti importante.

"Mas também estava ficando muito pretensioso, estava me dando bem, eu me sentia bem. Havia um jogo de basquete entre o Northwestern e o Michigan ao qual eu iria assistir, eu tinha gente de ambas as universidades me suprindo de informações e me sentia realmente forte para as apostas. No fundo, eu gostava do Northwestern.

"Bom, não é que eu *gostasse* do Northwestern, que eu fosse fã deles, que eu tivesse a flâmula deles no meu quarto. Eu gostava deles como aposta, era o que todos os times significavam para mim: apostas. Eu tinha esperado por este jogo, tinha assistido a ele, então apostei que o Northwestern venceria o Michigan State. O estádio estava lotado, entrei e vi Hymie 'the Ace', que sabe mais de basquete do que qualquer um. Nos cumprimentamos, faltavam dez minutos para o começo do jogo.

"Eu disse a ele que havia apostado no Northwestern e perguntei em quem ele tinha apostado. Estava tão seguro de minha informação que fiz uma aposta tripla: apostei 2 mil dólares. Era o máximo que podia ir. Uma aposta simples para mim equivalia a uns 200 dólares, uma dupla era quinhentos e a tripla, 2 mil. Eu era só um garoto, esse era o meu limite. Uma época em que os meus fundos somavam 8 mil dólares.

"'O quê?', disse Hymie, surpreso. 'Por que você está apostando no Northwestern? Não está sabendo do Johnny Green?'

"'Quem?', perguntei.

"'Johnny Green. Qual o seu problema?'

"Johnny Green era um jogador negro que não esteve apto para jogar durante toda a temporada. De repente, foi liberado faltando alguns dias para o jogo, e eu não fiquei sabendo.

"'O Green vai pegar todos os rebotes do jogo', disse Ace, e meu coração apertou.

"Corri até um telefone, mas havia apenas duas cabines e tinha vinte e cinco pessoas na fila de cada uma. Tentaria descarregar algumas de minhas apostas, me livrar delas, conseguir algum equilíbrio. Ainda estava na fila do telefone quando ouvi o alto falante e concluí que estava morto. Não podia mais saltar fora.

"Voltei e me sentei. Vi Green jogar exatamente como Ace disse, ele controlou ambos os garrafões. No meio da partida, eu já tinha visto o suficiente: o Michigan aniquilava o Northwestern. Ace tinha feito o dever de casa, mas eu não.

"Ace não apenas sabia que Green estava em forma como também sabia que tipo de jogador ele era, sabia que era um reboteiro excepcional, sabia que era o jogador que poderia derrotar o Northwestern. Green passou a fazer parte da *All-American*[1] e tornou-se um excepcional jogador profissional.

"Aprendi uma tremenda lição. Descobri que não era tão esperto quanto pensava, tinha dependido dos outros por tempo demais, tinha dado a eles o poder de decidirem no meu lugar. Percebi que, se eu quisesse passar minha vida apostando em grau de igualdade com os maiores apostadores, não poderia dar ouvidos às pessoas. Se eu tivesse de ganhar a vida fazendo isso, teria de fazê-lo por conta própria.

"Então comecei com o basquete e o futebol universitário. Para os jogos universitários, fiz assinaturas de todos os jornais universitários e percorria as páginas de esportes diariamente. Ligava para os repórteres nas diferentes universidades e inventava toda sorte de histórias para conseguir alguma informação que não constasse dos jornais.

"No início, eu não dizia a eles por que eu queria a informação, mas logo eles perceberam, então eu escolhi uns garotos mais espertos e os levava comigo. Quando eu ganhava, dava a eles uns trocados. Aí, depois de um tempo eu tinha uma completa rede de pessoas que me mantiam informado sobre os jogos universitários.

"Quando fiquei mais velho, passei a ir aos jogos levando um gravador e tinha alguns olheiros trabalhando para mim. Dizia a alguns deles para apenas observar coisas específicas, mandava-os ficar de olho em apenas dois ou três jogadores. Não me importava o que acontecia além disso, tinham de observar quem eu mandasse. Eu pegava suas anotações e voava até a próxima cidade onde o time iria jogar e os observava mais uma vez, comparava escalações. O resultado final do jogo nunca é o mais importante a se olhar se você quiser ganhar dinheiro ao invés de perder. Eu sabia se um jogador tinha

---

[1] A National Collegiate Athletic Association (NCAA) congregava anualmente os melhores jogadores de basquete universitário do país.

torcido o tornozelo e estava jogando mais devagar, quando um zagueiro estava doente, se a namorada dele tinha engravidado ou o tinha deixado por outro cara. Eu sabia se ele estava fumando maconha ou cheirando cocaína, de contusões que não chegavam aos jornais, de machucados que os jogadores escondiam de seus próprios treinadores.

"Agora, com esse tipo de informação, não era difícil entender quando os agenciadores de apostas cometiam um erro em suas cotações, mas eu não os culpava, eles cobriam uma infinidade de esportes e jogos. Eu me concentrava em poucos, sabia de tudo o que tinha de se saber a respeito de um certo número limitado de jogos e aprendi algo muito importante: aprendi que não se pode apostar em todos os jogos. Às vezes, você pode apenas apostar em um ou dois de um total de quarenta ou cinquenta. Às vezes, aprendi, não havia uma aposta boa durante todo o fim de semana. Se isso fosse verdade, eu não apostava nem me comprometia com ninguém.

"Eu costumava frequentar uma charutaria na Kinzie que George e Sam eram os donos, no balcão vendiam charutos e tudo o mais. Nos fundos da loja, eles tinham um aparelho de telégrafo da Western Union, telefones e um painel com resultados de jogos. Naquela época, eles conseguiam as informações mais quentes, por exemplo, durante a temporada de beisebol, a lista mais recente de arremessadores iniciantes chegava por telégrafo pouco antes da hora do jogo.

"George e Sam eram grandes agenciadores de apostas. Chegaram a Chicago vindos de Tarrytown, Nova York, e foram autorizados a operar. Era tudo escancarado, eles tinham até mesmo a autorização do chefe de polícia local para conduzir jogos de pôquer, que eram terrivelmente ilegais.

"Eles tinham um bar e serviam bebidas e comida de graça. O telégrafo estava sempre mandando informações, era como um equipamento da bolsa de valores. As máquinas da Western Union eram difíceis para um agenciador de apostas conseguir, elas eram vendidas para uso nos jornais, mas se você apresentasse documentos específicos e soubesse mexer os pauzinhos, talvez, conseguisse uma. Naquela época, eu era tão estúpido que tentei conseguir uma para pôr na minha casa e, claro, me foi negado.

"George e Sam eram operadores independentes, mas mesmo assim tinham de pagar por proteção. Todas as salas de carteado e de apostas tinham de fazê-lo naquela época. Os agenciadores de apostas cuidavam dos tiras e os tiras cuidavam do negócio, e às vezes o negócio cuidava dos tiras. No fim, todo mundo acabava cuidando de todo mundo, desde que todo mundo ganhasse dinheiro.

"Quando eu estava com 19 anos", prosseguiu Rosenthal, "consegui um emprego de atendente no serviço de esporte de Bill Kaplan, o Angel-Kaplan. Era maravilhoso. Ficávamos nos telefones o dia inteiro passando as apostas aos agenciadores e aos jogadores. Estava todo mundo ligando para todo mundo no país inteiro, conseguimos que linhas de telefone especiais fossem instaladas por funcionários aposentados das companhias telefônicas. Conhecíamos as vozes de cada um e seus respectivos codinomes, e, depois de um tempo, ficávamos sabendo os nomes verdadeiros de todo mundo.

"Eu era apenas um garoto e ainda morava em Chicago, mas agora estava ligado ao maior escritório de apostas dos Estados Unidos daquela época: o de Gil Beckley, em Newport, Kentucky. Gil tinha toda a cidade no bolso: os tiras, os políticos, a porra da cidade inteira.

"Gil era a principal força produtiva de Newport. Ele tinha trinta atendentes trabalhando para ele e controlava a maior operação de layoff[2] de apostas do país. Era para onde todos os escritórios de apostas no país ligavam para interromper as apostas quando elas causavam desequilíbrio em um dos lados.

"Por exemplo, se você é um agenciador em Dallas, naturalmente, você vai receber mais apostas de Dallas do que queria, pois não terá gente suficiente apostando no oponente. Então o agenciador de Dallas liga para o escritório de Gil Beckley, que pega as apostas do agenciador de Dallas, proporcionando assim um equilíbrio. Já que a operação de Beckley é nacional, ele consegue compensar as apostas de Dallas com as do adversário naquela semana, aí tudo fica zerado mais uma vez.

"Aonde quer que ele fosse, Gil era o chefão. No inverno ele estava em Miami. Convidava entre vinte e trinta caras para jantar. 'Vamos ao Joe's Stone Crab!' 'Vamos aqui!' 'Vamos ali!', ele sempre tinha uma comitiva ao seu redor, e era sempre ele que pagava a conta.

"Naturalmente, eu só falava com Gil Beckley por telefone. Por alguns anos nos falávamos e ele viu em mim um garoto de futuro promissor, ou seja lá como queira chamar: um analista de jogos e um jogador. E foi assim que minha humilde fama foi crescendo. Porém, quanto mais eu falava com Beckley, mais eu percebia uma coisa além de inacreditável: se você perguntasse a Gil Beckley quantos jogadores havia num time de basquete, ele tinha de perguntar a alguém. Sério.

---

2   *Layoff*, na gíria de apostas nos EUA, significa fazer uma aposta na zebra para compensar perdas caso a zebra ganhe.

"Ele não sabia te responder, não era o seu forte. Sério, Mickey Mantle? Quem? Beckley simplesmente não sabia quem era, não fazia a menor ideia, mas também ele não era obrigado a saber. Ele tinha uma central de apostas, mas ele não apostava, apenas controlava o maior escritório de contabilidade do país. Fiquei pasmo.

"Mas logo descobri que isso não tinha importância. Tudo o que um dono de uma central de apostas tem de fazer é mantê-las equilibradas e pegar seus 10%. Você não precisa ser um especialista em times ou mesmo saber sobre jogos. Fiquei surpreso, mas acabou que isso acontecia com muitos dos banqueiros de apostas e agenciadores. Alguns dos maiores não apostavam. Em Chicago, tínhamos Benny 'the Book'. Benny era o maior agenciador de apostas da cidade, ganhava milhões e milhões e, como Gil Beckley, Benny não sabia dizer em que time Joe DiMaggio jogava. É sério.

"Eu apostava e recebia informações valiosas na época em que meu amigo Sidney era o melhor atendente de Benny, e ele me pediu, como um favor, para ligar para seu escritório caso soubesse de algo a respeito de um jogo que pudesse afetar o resultado, tipo uma manipulação nos pontos, ou caso algum dos jogadores ficasse contundido.

"Então um dia eu recebi a dica de uma contusão que não havia sido noticiada, liguei para meu amigo Sidney, mas ele não estava. Em seu lugar, falei com Benny, o próprio chefão em carne e osso. Contei para Benny sobre o jogador. Lembro-me do seu nome: Bobby Avila, segunda base dos Cleveland Indians. Falei: 'Avila está fora'.

"Quis alertá-lo para que ele pudesse ajustar suas apostas e não ser massacrado por todos os profissionais, os quais, posso te garantir, já tinham a mesma informação.

"Benny recebeu a informação como se soubesse do que eu estava falando, mas quando terminei ele me perguntou: 'Eles não têm um outro que possa atuar na segunda base?'. Pensei: 'Um outro Bobby Avila? Sério?'. Não pude acreditar.

"Naquela noite me encontrei com Sidney e perguntei se ele trabalhava para um maluco. Ele respondeu que Benny não acompanhava os jogos, só os valores. Benny era o maior agenciador em Chicago não por ter conhecimento de jogadores e esportes, mas porque pagava às segundas-feiras. Não importava quanto ele te devia no fim de semana, Benny pagava na segunda-feira. Seu funcionário vinha com um envelope e notas novinhas. E, se você devesse a ele, ele sempre te dava mais tempo para pagar. Portanto, conhecendo Bobby Avila ou não, ele tinha uma enorme clientela e ia rindo até o banco."

02

Um dia desses serei o chefão de toda a organização.

Tony "the Ant" Spilotro cresceu num chalé de madeira cinzenta de dois andares num bairro italiano, a apenas alguns quarteirões de distância da casa de Lefty. Tony e seus cinco irmãos — Vincent, Victor, Patrick, Johnny e Michael — dormiam no mesmo quarto em três beliches.

O pai de Tony, Patsy, era dono do Patsy's Restaurant, na esquina das avenidas Grand e Ogden. Era um pequeno restaurante, famoso por suas almôndegas caseiras que atraíam clientes de toda a cidade, incluindo membros da máfia como Tony Accardo, Paul "the Waiter" Ricca, Sam Giancana, Gussie Alex e Jackie Cerone. O estacionamento do Patsy's era frequentemente usado para reuniões de mafiosos.

"Tony e eu nos conhecemos ainda crianças", disse Frank Cullotta, que se tornou parte do bando de Spilotro. "Nós não nos dávamos bem. Ambos tínhamos caixas de engraxate, e eu engraxava sapatos em um lado da Grand Avenue e Tony, no outro lado. Tivemos uma briga séria. Ele me mandava ficar no meu lado da rua, eu mandava ele ficar no lado dele. Começamos a nos estapear, não foi nada de mais, ele seguiu o caminho dele e eu, o meu."

Como Tony Spilotro, Frank Cullotta nasceu no South Side de Chicago. Cullotta era um ladrão desde que se entendia por gente. Começou arrombando lojas e apartamentos aos 12 anos, no ano em que seu pai foi morto enquanto dirigia o carro de fuga de um assalto. Esse tipo de morte teve o significado de uma medalha de honra dentro da vizinhança.

"Tony e eu éramos garotos muito baixinhos, né", disse Cullotta, "e ele era um pouco mais baixo que eu, então eu não tinha o menor medo dele. Mas Tony tinha sempre muitos caras por perto, ele costumava levar uns quinze com ele aonde ia. Eu, no entanto, tinha por volta de uns seis comigo.

"Aí um dia ele estava falando com o irmão a meu respeito, e o pai dele ouviu meu sobrenome. Ele mandou Tony investigar se eu era o filho de Joe Cullotta.

"Meu pai era um bandido independente e, havia muito tempo, o pai de Spilotro sofria achaques de uns gângsteres italianos da velha guarda. Ele procurou meu pai, que resolveu a situação. Então, quando descobriu que eu era o filho de Joe Cullotta, o pai de Tony falou que nossas diferenças tinham acabado.

"No dia seguinte, Tony veio a mim e disse: 'Quero falar com você'. Respondi que não iria fugir, e ele falou: 'Meu pai e o seu eram amigos, então nós vamos ser amigos para sempre'.

"Meu pai era piloto de fuga de uma gangue e considerado o melhor motorista da cidade, não havia ninguém capaz de pilotar um carro de fuga melhor que ele. Segundo as histórias que eu ouvia, ele conseguia ir de marcha a ré mais rápido que a maioria das pessoas dirigiam para a frente. O fato é que meu pai morreu ao volante durante uma perseguição. Não levou um tiro ou algo do gênero, mas houve uma perseguição de carro pela polícia e ele morreu.

"Assim que nos tornamos amigos, Tony e eu começamos a dominar as ruas. Eu passava tanto tempo em sua casa quanto na minha. Mesmo sua mãe, Antoinette, sendo uma bruxa, eu ia à casa dele de qualquer maneira. Ela vivia me olhando de lado, bastava eu entrar na casa e ela rosnava pra mim: 'Senta aí!', e não me oferecia nem um copo d'água. Tony era o garoto mais durão que eu conhecia, era tão casca grossa que seu irmão, Victor, costumava oferecer 5 dólares aos colegas para ver se eles conseguiam dar uma surra nele. Geralmente, Victor arranjava um que topava e o sujeito tentava dar umas porradas em seu irmão, mas se Tony desse algum indício de que iria perder partíamos para cima do garoto e quebrávamos a cara dele.

"Tony e eu praticávamos assaltos juntos, saíamos pelas ruas em carros roubados. Odiávamos ir à escola, acabamos numa escola técnica de maioria de garotos negros.

"Nas redondezas havia um bairro judeu cheio de lojas. Todos os dias Tony, eu e alguns garotos costumávamos roubá-las, aí pulávamos no bonde ou num carro que tínhamos à nossa espera. Levávamos o produto do roubo para nosso bairro e o vendíamos.

"Costumávamos brigar bastante com os garotos negros e, uma vez, quando eu não estava presente, eles caíram em cima dele. Mas Tony sacou um canivete e o enfiou num dos garotos. Todo mundo viu o que Tony fez, mas o cara não deu queixa.

"Na semana seguinte, me envolvi numa briga e peguei seis meses num reformatório. Minha mãe ia me visitar sempre que podia, religiosamente.

"Quando saí, Tony tinha virado parceiro de um garoto louro chamado Joe Hansen, e eu fazia assaltos à mão armada com Paulie Schiro e Crazy Bob Sporadic. Um dia Tony viu que fugíamos de um carro da polícia após termos atirado em três sujeitos dentro de uma taberna, aí ele veio me procurar. Não matamos ninguém, só ferimos. Mesmo assim, Tony nos explicou que precisávamos desmontar as armas e jogá-las no rio Des Plaines.

"Ele disse: 'Cara, vocês não podem fazer isso, vão acabar sendo mortos. O melhor é assaltar bancos'. E começou a nos contar como ele roubava os mensageiros de bancos. Ele tinha um homem do lado de fora do banco e um dentro, que ficava na fila vendo quem sacava muito dinheiro para levar para seus estabelecimentos, para trocar cheques de fregueses ou algo do tipo. Havia sempre de 3 mil a 12 mil dólares por malote.

"O sujeito do lado de fora observava o cliente que saía do banco e nos dizia para onde tinha ido. Então nós o seguíamos até saber de cor seu trajeto, pois sabíamos que ele iria sempre repetir esse caminho. Na próxima vez, lá estávamos à sua espera. Tínhamos 17, 18 anos, e cada um de nós faturava 25 mil dólares por mês. Estávamos nos dando muito bem, tão bem que decidimos sair e comprar carros novos. Lembro-me quando parei e estacionei um Cadillac zero quilômetro em frente à Mark Seven Tavern, onde todos costumávamos nos encontrar.

"Tony saiu do bar, olhou para o carro estacionado e disse: 'Aposto uma grana com vocês como sei de quem é esse carro'. Ninguém disse nada. Ele me perguntou se era meu e respondi: 'Com certeza'.

"'Bom', ele falou, 'você não pode ter esse tipo de carro. Vão ficar putos com a gente.' Agora eu sabia que ele estava falando dos caras da máfia.

"Mostrei meu bolo de dinheiro a Tony. 'Olha pra essa grana, Tony', falei. 'A gente rouba e não pode tirar proveito, comprar as porras que a gente quer?'

"Ele respondeu: 'Eu sei, mas eles não entendem. Eles querem que a gente continue a andar de Fords e Chevys'.

"Aquilo não fazia o menor sentido pra mim. Se você rouba e se arrisca, tem de tirar proveito, mas Tony simplesmente não queria mais ser um simples ladrão como nós, queria algo mais.

"Logo Tony se ligou a um sujeito conhecido como Vinnie 'the Saint' Inserro, que era ainda mais baixo que o Tony. Tinha cerca de um metro e meio, mas foi ele quem apresentou Tony a todos os caras da máfia, tipo Turk [Jimmy Torello], Chuckie [Charles Nicoletti], Milwaukee Phil [Philip Alderisio], Potatoes [William Daddano], Joe 'the Clown' [Joseph Lombardo], e Joe Doves [Joseph Aiuppa], que mais tarde se tornou o chefão da organização.

"Conforme esses caras iam crescendo, Tony ia ficando mais íntimo deles, fazia tudo o que mandavam. 'Brahma', ele me disse um dia — me chamava de Brahma porque eu parecia um touro — 'Brahma', falou, 'um dia desses serei o chefão de toda a organização.'

"Nunca dei muita importância, eu estava mais interessado em dinheiro, curtir a vida. Mas Tony esperava uma oportunidade para fazer o que queria, e ela veio logo. Conhecíamos dois assaltantes metidos a espertos: Billy McCarthy e Jimmy Miraglia. Eu tinha trabalhado com eles, viviam em um bar da máfia na Mannheim Road, lá enchiam a cara, e volta e meia se metiam em confusão com Philly e Ronnie Scalvo.

"Bom, uma noite Billy McCarthy foi lá para beber e acabou se metendo em outra briga com os Scalvo. Uma semana depois, Jimmy Miraglia foi lá e criou uma confusão pior com Scalvo, bem na frente de sua esposa.

"Na vez seguinte em que vi McCarthy e Miraglia, me disseram que iriam matar os Scalvo, falei que estavam loucos. Se a organização soubesse que eles tinham matado os Scalvo sem autorização, acabariam mortos.

"Na manhã seguinte, eu ouvia o rádio ao voltar para casa, por volta das sete e meia da manhã, quando deu uma notícia sobre o assassinato a tiros de dois homens e uma mulher, em Elmwood Park, no início da manhã. Pelo visto, era coisa da máfia e os nomes das vítimas foram divulgados.

"Eu sabia que aquilo seria uma catástrofe. Primeiro, McCarthy e Miraglia não tiveram a autorização para os assassinatos. Segundo, estava totalmente fora de questão matar alguém em Elmwood Park. Tudo errado.

Comecei a me preocupar com a minha segurança, pois todo mundo sabia que eu tinha negócios com os dois.

"Naquele dia, Spilotro me ligou e disse que queria se encontrar comigo. Nos encontramos no boliche. Ele estava ali a trabalho, dava para notar que estava em missão por conta dos rapazes. Eu sabia que era onde ele iria ser testado, mas eu não queria ser sua prova de fogo.

"Levei dois revólveres comigo, por precaução, dois .38. Eu estava apavorado e pronto para o que viesse. Quando Tony entrou, disse que não havia problema comigo, mas que eu devia ligar para a casa de McCarthy e dizer a ele para se encontrar comigo naquela noite, que eu tinha algo lucrativo pronto a ser executado.

"Eu não queria dar o telefonema, pois sabia que McCarthy estava em apuros, mas Tony me garantiu que não tinha problema. Ele queria informações sobre o problema com os Scalvo. Só isso: queria apenas conversar com McCarthy por mais ou menos meia hora.

"Não contei a Tony o que McCarthy e Miraglia tinham ameçado fazer e, já que ele não pediu para falar com Miraglia, fiquei esperançoso de que talvez, quem sabe, os caras da máfia ainda não tivessem certeza de quem teria feito aquilo.

"Liguei e a mulher de Billy atendeu. Ela disse: 'Oi, Frankie', e passou para Billy. Falei para ele se encontrar comigo no Chicken House, que ficava em Melrose Park, um outro bairro distante dominado pela máfia. Disse a ele que queria lhe contar sobre um serviço que seria moleza.

"Ele disse que sim, e o tempo todo em que eu fiquei no telefone Tony ficou ao meu lado. Imagino que Tony grudou em mim para ver se eu daria alguma dica a McCarthy de que ele estaria a sua espera.

"Tony não me perdeu mais de vista. Por volta das oito e meia pegamos meu carro e fomos para o Chicken House, mas no meio do caminho paramos em outro restaurante. Não entramos. Tony simplesmente mandou que eu fosse até os fundos do estacionamento, onde nos esperava um sujeito dentro de um Ford azul-escuro.

"O sujeito à nossa espera era Vinnie Inserro, o Santo em pessoa. Paramos o carro perto do dele e Tony saiu. Conversaram por um minuto, Tony voltou e me disse para esperar no carro com o Santo.

"Então Tony entrou no meu carro e foi embora. Fiquei sentado com o Santo por uns quarenta minutos, fiquei sentado ao seu lado sem tirar a mão do meu revólver. O carro em que estávamos era com certeza um carro de trabalho, e o Santo e eu não falamos nada um com o outro durante todo o tempo.

"Tony voltou com meu carro cerca de quarenta minutos depois. Caminhou até nós e disse ao Santo que ele tinha de levá-lo de volta até o Chicken House para eles pegarem o carro de Billy McCarthy. Tony também disse ao Santo que tudo ocorreu bem. Quando eles partiram, eu entrei no meu carro e fui para casa.

"No dia seguinte, tocou meu telefone. Era a mulher de Billy perguntando se eu o tinha visto na noite anterior. Disse que não e perguntei o porquê. Ela respondeu que não era comum Billy ficar fora a noite inteira sem avisá-la, e que Billy tinha pegado o carro do pai dela emprestado naquela noite, coisa que nunca fez antes.

"Disse a ela que iria checar nas redondezas para ver se conseguia encontrá-lo. Comecei a ficar muito preocupado, percebi que com certeza eu seria o próximo. Não larguei mais minha arma. Três noites após o desaparecimento de Billy encontrei por acaso Jimmy Miraglia e sua mulher no restaurante Colony House.

"Levei-o a um canto para conversarmos. Perguntei se ele tinha visto Billy nos últimos três dias e ele disse que não. Então falei que se eu fosse ele sairia da cidade correndo. Ele riu e falou: 'Por que? Não tenho nada pra esconder nem necessidade de fugir'.

"Dois dias depois, Jimmy Miraglia desapareceu. Onze dias depois, tanto o corpo dele como o da esposa apareceram dentro da mala do carro de Jimmy.

"Cerca de uma semana depois dos corpos surgirem, Tony me ligou, estava agitado e queria conversar.

"Ele me contou como fisgou Billy McCarthy no Chicken House na noite em que eu fiquei esperando no carro com o Santo. Ele estacionou meu carro em frente ao restaurante para que quando Billy chegasse ele pensasse que era eu quem estava lá dentro. Em vez disso, viu Tony.

"Billy perguntou a Tony onde eu estava, que respondeu que também estava a minha espera, porque viu meu carro estacionado do lado de fora. Então começaram a falar umas abobrinhas e, quando se cansaram de me esperar, saíram juntos dali.

"Assim que saíram, Billy viu Chuckie Nicoletti e Milwaukee Phil Alderisio bem ao seu lado. Tony segurou Billy e todos o jogaram dentro do carro. Billy percebeu que estava frito, Chuckie e Phil tinham fama conhecida, eram mais velhos que Tony uns quinze ou vinte anos. Quando eles te seguram, já era.

"Eles sabiam que Billy estava armado e, imediatamente, pegaram sua arma. Então o empurraram para o chão do carro e saíram.

"Foi aí que Tony voltou com meu carro e nós fizemos a troca: ele entrou no carro com o Santo e foi embora, eu entrei no meu e saí.

"Tony falou que o Santo primeiro o deixou numa oficina mecânica, onde Billy foi massacrado. Depois, Santo deu fim a seu carro.

"Tony disse que eles não mataram Billy na mesma hora porque não sabiam quem estava com ele quando os Scalvo foram assassinados. Ele falou que tiveram de torturar Billy por um bom tempo até ele dedurar com quem estava. Tiveram de espancá-lo, chutá-lo, chegaram até mesmo a furar seus testículos com um picador de gelo, mas Billy não abriu o bico. Tony falou que nunca viu ninguém tão durão quanto Billy McCarthy.

"Por fim, Tony disse que arrastou Billy até uma bancada, encaixou sua cabeça num torno e começou a apertá-la de forma gradual.

"Ele disse que enquanto Phil e Chuckie observavam, ele continuou a apertar o torno até a cabeça de Billy começar a ser espremida e um de seus olhos pular para fora. Tony falou que foi aí que Billy entregou o nome de Jimmy Miraglia.

"Tony parecia realmente orgulhoso do que fez naquela noite, parecia a primeira vez que tinha matado alguém, como se enfim tivesse feito seu batismo de fogo. Foi assim que me pareceu naquela época, como se ele ganhasse reconhecimento, agora que tinha participado de um assassinato da máfia. Lembro-me que ele ficou bastante impressionado com Chuckie Nicoletti.

"'Rapaz, esse cara não tem coração', Tony disse sobre Chuckie. 'O sujeito comia macarronada quando o olho de Billy pulou para fora.'"

03

Praticamente um pedido papal.

Lefty não tinha nada a ver com o lado violento dos negócios da organização. Cresceu conhecendo a maioria dos mesmos chefões que Spilotro conhecia. Apenas prestava a eles um tipo de serviço diferenciado: fornecia a eles a provável possibilidade de ganhar apostas.

De acordo com os Feds[1], Fiore "Fifi" Buccieri, o chefão da organização no West Side de Chicago, era um dos que mais lucravam com os talentos precoces de Lefty para fazer análises e cotações. Parecia culto, de uma constituição robusta, usava óculos de grau e uma ponte móvel na arcada superior. Começou sua carreira criminosa como um delinquente juvenil e aos 19 anos já era um dos maiores matadores de Al Capone. Suas primeiras prisões ocorreram já em 1925, acusado de extorsão, suborno, estelionato e assassinato. Sua única condenação foi por uma invasão a domicílio, convertida em delito leve.

Lefty conhecia o chefão de aparência solene praticamente desde o início de sua vida. O agentes da lei suspeitam que a família de Lefty conhecia Buccieri desde o tempo em que o chefão da máfia e o pai de Lefty trabalhavam no ramo de fornecimento de frutas e legumes. Por volta de 1950, quando

---

[1] Gíria para agentes do FBI — Federal Bureau of Investigation, unidade de polícia do Departamento de Justiça dos Estados Unidos.

Lefty tinha 20 anos, já era visto andando pela cidade com Buccieri. Ao fim das rondas do dia, Buccieri em geral convidava Lefty para dar uma volta de carro com ele por algumas horas, de acordo com os Federais. "Lefty conhecia bem Buccieri", disse o agente aposentado do FBI Bill Roemer, "e esse tipo de convite era praticamente um pedido papal."

Normalmente, jovens corretores de apostas e analistas de cotações eram mantidos longe dos homens que controlavam a organização, mas de acordo com o FBI, a polícia de Chicago e a Comissão do Crime de Chicago, Rosenthal ocupava um lugar de destaque junto aos chefões da organização.

"Lefty era visto circulando por toda a cidade com alguns dos caras mais importantes", recordou-se Roemer. "Saía com eles para tomar café, ia a lugares para onde os caras da organização no geral não levavam gente de fora. Fomos informados de que ele foi a muitas de suas casas e fazendas no estado de Wisconsin e na cidade de Lake Geneva. Ele conhecia todo mundo, mas era especialmente íntimo de dois sujeitos que depois se tornaram chefões: Turk Torello e Joey Aiuppa. E Fifi Buccieri, provavelmente, teria se tornado um chefão também, se não tivesse morrido antes de câncer."

Como resultado de sua amizade com chefões muito importantes, Rosenthal sempre tinha acesso privilegiado ao alto escalão da organização. Já que era judeu e jamais poderia se tornar membro da máfia, não tinha que se curvar às várias regras tradicionais de protocolo que restringiam aspirantes, como seu parceiro Tony Spilotro ou os outros homens feitos. Lefty não precisava pedir permissão para falar com Buccieri, Turk ou qualquer outro no alto escalão. De acordo com os Federais, Lefty conquistou essa posição especial porque dava lucro a eles. Primeiro, ele era um tremendo analista de probabilidades. Segundo, era capaz de fornecer informações privilegiadas sobre apostas que até aos grandes chefões da máfia eram negadas.

"Lefty ocupava uma posição que lhe permitia saber sobre cavalos que eram drogados, lutas com resultados combinados, árbitros desonestos, todo tipo de golpes em apostas que se pudesse imaginar, sempre sabia as pessoas certas com quem devia partilhar tais informações", disse Roemer. "Depois, os chefões começaram a usá-lo toda vez que achavam que seus próprios agentes ou operações de apostas não estavam dando tanto lucro quanto davam no passado. Tínhamos informação confiável de que os chefões da organização convocavam Lefty toda vez que havia uma dúvida envolvendo suas operações de apostas. Ele era uma espécie de resolvedor de problemas deles, tinha a prerrogativa de interrogar todo mundo, até mesmo os homens feitos da máfia.

"Tocar uma franquia de apostas ilegais não é tão fácil como se imagina. As pessoas que trabalham para os chefões estão sempre tentando roubá-los. Estamos lidando com pessoas muito desonestas, os mafiosos estão sempre tentando passar a perna uns nos outros. Mesmo sabendo que podem acabar dentro da mala de uma carro se forem pegos, continuam tentando roubar alguns trocados aqui e acolá.

"Lefty cresceu convivendo com mafiosos, era a única coisa que conhecia. Para ele, era tudo muito normal." Lefty pode não ter feito parte da máquina de violência da máfia, mas ela também nunca esteve muito distante dele.

"Enquanto Rosenthal gosta de fingir que tudo o que fez foi apostar e talvez alguma corretagem, não dá para ficar tão próximo desses mafiosos sem sujar as mãos de sangue", disse Roemer.

Uma noite, de acordo com Roemer, Lefty estava no Blackamoor Lounge. Na época, o bar pertencia a um empresário sério, mesmo sendo um lugar onde agentes de apostas mafiosos e apostadores como Lefty se encontravam.

"Esta noite o lugar estava bem lotado", Roemer falou, "aí entrou um dos homens de honra da máfia, ele estava só. Conhecia Lefty mais ou menos e se cumprimentaram. Nossos agentes infiltrados registravam tudo.

"Passou-se cerca de meia hora. Devia ser por volta de meia noite, quando, de repente, quatro outros mafiosos entraram pela porta da frente. Eram mal-encarados, acenaram com a cabeça para Lefty, e um deles foi até o dono e disse: 'O lugar está fechado. Todo mundo pra fora!'.

"O dono normalmente fechava lá pelas três, quatro da madrugada, mas quando os caras falaram: 'Apaguem as luzes!', todo mundo, incluindo Lefty e o dono, foram para fora.

"Quando o mafioso que havia chegado sozinho tentou sair também, um grupo de capangas o interceptou.

"'Você fica, seu babaca', disseram. 'Fica aí no seu banco.'

"Nossos agentes mal tinham saído com todo mundo quando os capangas começaram a espancar o infeliz para matar. Um de nossos homens conseguiu ligar para a polícia. Lefty ficou do lado de fora ouvindo o espancamento como todo mundo. Quando os capangas saíram, deixaram o sujeito à beira da morte. Na verdade, um deles falou para Lefty e alguns dos outros que estavam por ali: 'Ok, socorram ele, se ainda estiver vivo'.

"O sujeito ficou internado por uns dois ou três meses, a vida por um fio. Os rins pararam de funcionar, ficou numa cadeira de rodas para sempre. Acho que ainda vive, pois uma vez perguntamos por ele e continuava na mesma situação.

"Mais tarde descobrimos que tinha levado aquela surra por ter se envolvido em uma discussão estúpida com a mulher de um outro homem feito da máfia e cometeu o erro de dizer: 'Vai se foder. Foda-se o seu marido e todo mundo com ele'. A mulher contou ao marido, que contou ao chefão dizendo que ele e a mulher queriam reparação. Esse era o universo em que Lefty cresceu. Essa era a facilidade, mesmo para um mafioso, gente da própria máfia, de ficar preso a uma cadeira de rodas para o resto da vida. Por isso, caras como Lefty crescem sendo cuidadosos até demais. Eles sabem que, não importa o quanto de dinheiro rendam a esses caras, eles não podem nunca cometer qualquer erro."

Apesar disso, de acordo com Frank Cullotta, Lefty uma vez intercedeu junto a Buccieri e provavelmente ajudou a salvar a vida de Spilotro.

"Houve uma vez em que Buccieri conseguiu aterrorizar todo mundo em Chicago. Eu ouvi falar por alto à época, mas depois Tony me contou o que havia acontecido. Por incrível que pareça, algum psicopata tinha mesmo ido armado à casa de Fiore Buccieri e assaltado sua mulher. Quando Buccieri chegou em casa, ficou uma fera. Quis saber de tudo, então a mulher contou-lhe que foi um homem de boa aparência e com sotaque de Nova York. Disse que chegou a sua porta, mostrou-lhe a arma e a obrigou a abrir o cofre. O sujeito levou cerca de 400 mil dólares em dinheiro e quase todas as joias da mulher. Como o cara não se preocupou nem em usar uma máscara, talvez não fosse das redondezas, mas Fiore conseguiu com os policiais diversos álbuns de fotos de identificação da polícia e mandou sua mulher checar as milhares de páginas em busca da cara do sujeito.

"Duas semanas depois e sem saber ainda quem o havia roubado, Buccieri começou a perder a cabeça e a aterrorizar todo mundo. Caso ele suspeitasse de que você sabia o que tinha acontecido, você era um homem morto. Mas a verdade é que ninguém sabia de nada. Então, um sujeito querendo ficar bem na fita com Buccieri disse que conhecia alguém que poderia ser louco o suficiente de talvez conhecer quem pudesse ter feito tal coisa, e esse cara era Tony Spilotro.

"Anos depois, quando Tony descobriu o desgraçado, quis matar o infeliz, mas o sujeito já estava morto.

"Mas na época Buccieri mandou dizer que queria que Tony fosse a sua casa. Tony sabia que Lefty era íntimo de Buccieri e perguntou a ele se sabia o que o velho queria com ele. Lefty disse que não sabia, então foram juntos à casa de Buccieri, já que Lefty costumava ir bastante a sua casa.

"Quando chegaram lá, disse Tony, Buccieri deixou de prontidão dois sujeitos do tamanho de armários na entrada. Quando ele entrou, a mulher de Fiore olhou para ele como se ele fosse o demônio, nem mesmo o cumprimentou. Ele não ficou muito à vontade. Tony e Lefty foram levados até o porão, onde Buccieri mandou Tony se sentar numa cadeira. Tony disse que Buccieri não prestou a menor atenção a Lefty, que estava bem ali de pé no escuro. Daí Buccieri olhou para Tony e perguntou: 'Sabe o que aconteceu comigo?'.

"'Sei', Tony respondeu, 'e eu sinto muito.'

"'Eu não te perguntei isso', Buccieri falou, 'só responde a minha pergunta.'

"'Sim', disse Tony, 'ouvi falar a respeito.'

"'Você sabe quem pode se encaixar nesse *modus operandi*?'", Buccieri perguntou.

" 'Não,' Tony respondeu, meio que já um tanto incomodado com aquela chateação. Era como se estivesse respondendo a um tira num interrogatório.

"'Tem certeza?', perguntou Fiore.

"Agora Tony ficou puto e disse, meio sarcástico: 'Eu já respondi essa pergunta'.

"Antes que fechasse a boca, Tony disse, Buccieri o agarrou pelo pescoço e começou a estrangulá-lo ali mesmo. Tony achou que ia morrer, começou a perder a respiração, a sufocar e a se sentir fraco.

"Então ele percebeu que Lefty estava de pé ao seu lado e implorava que Buccieri parasse. Podia ouvir Lefty dizer que se Tony soubesse quem tinha feito aquilo ele já teria dedurado o cara. Lefty disse que Tony era um boçal, mas não teve a intenção de ser desrespeitoso. Tony disse que podia ver que Lefty falava bem no ouvido de Buccieri quando, por fim, Buccieri o soltou, dando um passo para trás. Tony engasgava e tossia, estava tonto.

"Buccieri olhou para ele e disse: 'Não quero ver você nunca mais em Cicero. Se eu descobrir que você sabia do que aconteceu na minha casa e não me contou, eu vou dar um fim em toda a sua família'.

"Tony disse que, já que Lefty salvou sua vida, os dois trataram de sair de lá antes que o velho mudasse de ideia."

04

Eu daria metade do que tenho para ser limpo como você. Permaneça assim.

Lefty fora talvez o empregado mais jovem que já trabalhara para Donald Angelini, o Mago das Probabilidades. Angelini e Bill Kaplan tinham a casa de apostas mais conhecida e com as melhores conexões de Chicago e tinham chefões da máfia como sócios e a polícia como escudo. Seus clientes eram ou donos da cidade ou a controlavam. Trabalhar para Angel-Kaplan significava que você era um veterano tarimbado das guerras de apostas. O escritório era repleto de sujeitos mascando charutos apagados, gente que não tinha passado nos testes para *Guys and Dolls*,[1] jogadores que viveram anos tentando não serem passados para trás por toda sorte de golpistas. Lefty estava no paraíso.

"Estava trabalhando na Angel-Kaplan havia alguns anos quando Gil Beckley alugou algumas suítes espaçosas no Drake Hotel e me convidou", disse Lefty. "Havia uma luta importante na cidade. Não me lembro exatamente quem lutava, mas estava me sentindo o tal. Tinha acabado de ser convidado para uma festa pelo mais importante operador e dono de casa de apostas dos Estados Unidos.

---

[1] Musical que estreou na Broadway, em 1950, e foi vencedor do Prêmio Tony de melhor musical, fazendo sucesso ao longo dos anos com várias montagens.

"Eu sabia que estava ganhando alguma reputação à época, e senti que foi o jeito que Gil conseguiu para me fazer parte dessa irmandade.

"Não havia clientes nesta festa, nenhum grande apostador. Nada disso. Todos ali eram profissionais, os maiores profissionais do ramo: agentes de apostas, analistas, operadores e alguns jogadores profissionais que ganhavam a vida apostando em esportes. Não tinha nenhum otário ali. Ou algum político.

"Eu jamais tinha visto Gil Beckley antes. Vinha falando com ele por telefone havia alguns anos, nos falávamos umas seis, sete vezes por dia, e éramos muito cordiais um com o outro.

"Agora que o conheci em pessoa, vi que é mesmo muito gentil. Ficou surpreso por saber que eu tinha apenas pouco mais de 20 anos. Havia uns quinze caras na festa, e cada qual era mais velho que eu por volta de 20, 30, 40 anos.

"Então Beckley foi me apresentando a todo mundo na suíte. Foi maravilhoso. Tinha comida e garotas por toda parte. Ele caprichou nas garotas.

"Aí, quando a festa já seguia por um tempo, ele me disse — ele me chamava de Lefty, não me chamava de Frank —, ele disse: 'Lefty, quero te dizer uma coisa. Você é um garoto, tem um futuro brilhante pela frente. Vou te dizer algo que você tem que valorizar pro resto da sua vida'.

"Ele falou: 'Eu daria metade do que tenho' — e quem falava era um homem muito rico naquela época — 'para ser limpo como você. Permaneça assim.

"'Você tem inteligência. Você tem a técnica', continuou. 'Permaneça limpo!'

"Nunca me esqueci daquelas palavras, mas na época eu não fazia ideia do que ele quis dizer. Não respondi. Mas ele estava me dizendo para levar o jogo a sério, não ser preso, cuidar da minha reputação, não me deixar rotular.

"Não dei ouvidos a ele. Não sabia como aquelas palavras eram importantes. Eu era muito jovem, tinha muita energia, muito ego, muitos desafios. Eu queria me tornar o melhor. Quem tem medo de ser preso? Corretagem de apostas? Multa de 50 dólares e dez dias de suspensão. Fodam-se os tiras.

"Mas Gil Beckley era sábio. Sabia tudo o que eu sabia e mais um pouco. Sabia o preço que se tinha de pagar por ser famoso. Ele me avisava para agir com segurança, com discrição, ficar fora dos holofotes. Não disse com essas palavras, mas pude perceber que ele quis dizer para eu manter uma distância segura para que não me associassem com mafiosos.

"Fiquei ouvindo Beckley e concordei com um gesto de cabeça. Mas meu sangue era jovem, estava pronto para conquistar o mundo. Sabia o que estava fazendo, eu daria conta.

"Cerca de uma semana depois da festa eu vi Hymie 'the Ace'. Soube que ele tinha sido convidado, mas não apareceu. Falei que ele tinha perdido uma senhora festa, que finalmente encontrara Gil Beckley e que ele era um grande sujeito.

"Ace olhou para mim como se eu estivesse enfermo. Não queria ouvir falar da festa, não dava a mínima para quem estava lá. Nem Gil Beckley, nem ninguém. Mas, até aí, Ace nunca queria saber de nada mesmo, não se interessava por fofocas de rua, por mafiosos ou por nada que não fosse o seu basquete. Ace nunca ia a festas, nunca ia a restaurantes ou estabelecimentos que pertencessem à máfia. Como resultado, Ace nunca foi preso em toda sua vida."

No dia 26 de maio de 1966, quando Gil Beckley tinha 53 anos, foi preso com outros dezessete, incluindo Gerald Kilgore, o editor do *J.K. Sports Journal*, de Los Angeles, e Sam Green, que comandava a *Multiple Sports Service of Miami*, numa batida policial de combate a suas operações de apostas, que, segundo o FBI, eram realizadas em Nova York, Maryland, Georgia, Tennessee, Carolina do Norte, Flórida, Texas, Califórnia e Nova Jersey. Foi julgado e condenado por violações às leis interestaduais de jogos, recebendo uma pena de dez anos de prisão. Em 1970, antes do julgamento de seu recurso, ele desapareceu. O FBI achou que ele havia sido assassinado porque os chefões da máfia tinham medo de que ele pudesse falar, caso tivesse de cumprir uma pena longa.

No início dos anos 1960, Tony Spilotro vivia vida de mafioso, estava ganhando dinheiro e o investia nas ruas. Recebia 100 dólares por semana a cada mil emprestados. Tinha equipes de arrombadores — como a de Frank Cullotta — operando na cidade inteira, e eles davam a ele entre 10% e 20% do que arrecadavam. Tony estava basicamente dentro do principal negócio da máfia: a franquia de crimes. E, claro, Tony era obrigado a dar uma percentagem de tudo o que ganhava para os chefões e soldados que mandavam nas ruas e estavam acima dele, pessoas como Joe "the Clown" Lombardo e Milwaukee Phil.

Tony era também um mestre na arte de roubar, conhecia os bandidos mais habilidosos em arrombamentos, alarmes e receptações. Conseguia juntar uma equipe e rapinar todo o local. Trabalhava principalmente com joias, sabia tudo sobre pedras preciosas, podia ter sido um joalheiro. De fato, depois, ele abriu uma joalheria.

No verão de 1964, Tony e sua mulher, Nancy — uma ex-recepcionista de chapelaria de Milwaukee — juntaram-se a seus amigos John e Marianne Cook em férias na Europa. John Cook tinha uma empresa de esqui aquático em Miami, mas para o FBI ele era um ladrão de joias internacional. Os Spilotro e os Cook voaram até Amsterdã, alugaram uma Mercedes-Benz e dirigiram até a Antuérpia, na Bélgica, capital europeia dos diamantes. A Interpol e a polícia local vigiaram cada um de seus passos.

A polícia belga monitorou sua chegada ao hotel. Vigiou Spilotro e Cook em visitas a dezenas de joalherias e lojas de atacado. Viram os dois checando sistemas de alarme, vitrines e segurança. Em seguida, os dois visitaram a loja de Solomon Goldenstein, um joalheiro local, que começou a suspeitar quando Cook usou um nome falso e lhe deu o endereço errado do hotel ao tentar fazer uma compra com cartão de crédito. O joalheiro ativou um alarme silencioso e, quando Spilotro e Cook deixaram a loja, foram presos. A polícia descobriu que Cook trazia consigo um estilingue potente e bilhas metálicas, um pequeno pé de cabra e chaves mestras para cadeados Yale.

Ao ser interrogado, Spilotro disse à polícia que estava com as chaves mestras porque tinha medo de ficar trancado do lado de fora do carro, e que o estilingue e as bilhas eram para seu filho.

Quando os policiais levaram Spilotro e Cook de volta ao hotel, encontraram as duas esposas à espera, de malas prontas. Ao revistarem a bagagem encontraram mais bilhas. As autoridades belgas mandaram que os Spilotro e os Cook fossem embora do país.

Os dois casais deixaram a Bélgica e seguiram em férias, dirigindo pelos alpes suíços até Mônaco, ficando alguns dias em Monte Carlo. Depois disso, e antes de retornarem para casa, foram a Paris.

Spilotro e Cook não sabiam que estavam sendo seguidos desde a Bélgica. Quando chegaram a Paris, policiais locais também os interpelaram. Dessa vez, a polícia francesa encontrou cerca de 25 gazuas.

Quando os Spilotro voltaram para Chicago, foram revistados pelos funcionários da alfândega, que encontraram envelopes de diamantes, incluindo dois que haviam sido costurados dentro da carteira de dinheiro de Spilotro. Os agentes alfandegários confiscaram o material, que ainda incluía gazuas e ferramentas para arrombamentos.

"Fui pegar Tony no aeroporto", disse Frank Cullotta, que era agora o braço direito de Spilotro. "Os tiras foram em cima de tudo o que eles tinham. Tony ficou surpreso, mas Nancy estava uma fera. Não creio que ele soubesse que Paris tinha alertado as autoridades norte-americanas ou que estava agora sob vigilância e seria ainda mais monitorado.

"Quando chegamos em casa, lembro-me que eles deram algo de comer ao pequeno Vincent, aí Tony pegou uma toalha branca e a pôs sobre a mesa da cozinha. Em seguida, Nancy curvou-se sobre a mesa e começou a soltar diamantes do meio dos cabelos. Caía um após o outro. Ele a tinha obrigado a escondê-los ali. O pessoal da alfândega pode ter confiscado alguns dos diamantes, mas acho que as pedras mais valiosas passaram com sucesso pelo crivo, dentro da colmeia de Nancy."

Dois meses depois, a polícia francesa descobriu que Spilotro e Cook haviam invadido uma suíte no Hôtel de Paris, em Monte Carlo, na noite de 7 de agosto, e roubado 525.220 dólares em joias e 4 mil dólares em cheques de viagem. A suíte era ocupada por uma rica norte-americana casada, que se hospedou lá com um jovem e ficou relutante em se envolver numa investigação. Quando concordou, Spilotro e Cook já estavam de volta aos Estados Unidos.

Spilotro e Cook foram condenados à revelia pelo tribunal criminal de Mônaco e receberam uma pena de três anos de prisão, se e quando porventura resolvessem voltar ao país.

"Eu já fazia parte do bando de Tony cinco anos antes de conhecer Lefty Rosenthal", disse Cullotta. "Ficava com seus arrombadores e capangas. Lefty, na parte das apostas. Mad Sam com a agiotagem e intimidação física. Tony gostava de manter todo mundo separado.

"Por exemplo, se ele quisesse que você o levasse de carro a algum lugar, ele não dizia quem estaria no local ou nada a respeito. Você apenas ia lá e aí, talvez, ele te diria qual o próximo passo. E, ao chegar lá, o sujeito que lá estivesse não tinha a menor ideia de que iria se reunir com você.

"Então, nesta tarde, recebi um telefonema de Tony me pedindo que fosse ao seu apartamento. Eu sabia que ele queria que eu fizesse algo para ele, mas não dizia o que ou nada do tipo, nem eu esperava que ele o fizesse. Simplesmente, fui até lá.

"Tony e Nancy tinham um belo e aconchegante apartamento de dois quartos no quarto andar de um prédio em Elmwood Park. Quando cheguei lá, vi que Tony estava jogando *gin rummy*[2] com um sujeito branco, alto e magro. Era Lefty.

"Nancy circulava pelo apartamento fazendo café ou falando ao telefone. Daí me postei atrás de Tony enquanto ele jogava, mas não disse nada. Às vezes, eu cochichava algo com Nancy, mas dava para ver que Tony estava dando uma surra no cara.

"É preciso dizer que Tony jogava *gin rummy* muito, muito bem. Costumava jogar com duzentos pontos de vantagem e nunca perdia, poderia até virar um jogador profissional. Uma noite ele estava no Jerry's Lounge, e ele e Jerry jogavam *gin* no bar. Jerry era constantemente interrompido pelos fregueses, então Tony me mandou assumir o bar.

"Fui para trás do balcão e eles ficaram jogando até Tony ganhar 15 mil dólares do sujeito. Jerry foi descendo do banco do bar e começou a chorar. 'Não posso pagar', ele disse a Tony. Tony falou: 'Ok, eu fico com o negócio'.

"Nunca vi Tony pagar. Ele te obrigava a jogar até a sorte dele voltar. No geral, se ele ganhasse 15 mil dólares do sujeito, ele me mandava levar o cara até o banco e eu ficava lá até o cara sacar o dinheiro, ele me entregava e eu levava para Tony.

"Num ganho de 15 mil dólares, Tony me dava 3 mil só para eu garantir que o sujeito não fugiria e, em seguida, eu trazer o dinheiro para ele. Era um homem muito generoso. Quando ele circulava pela cidade, era sempre quem ficava com a conta. Não importava: fossem vinte, trinta pessoas, Tony sempre pagava a despesa. E ficava puto se você quisesse dar a gorjeta, pois era ele quem dava também. Ninguém pagava sua comida.

"Finalmente, Lefty se levantou, disse que tinha sido o bastante. 'Chega', ele disse. Sei que os dois se conheciam há muito tempo. Lefty tinha acabado de perder cerca de 8 mil dólares e não tinha esse dinheiro com ele naquele momento, e disse que o providenciaria e o daria a Tony depois.

"Eu sabia que os dois eram íntimos, pois Tony não me pediu para ir com Lefty pegar o dinheiro. Apenas me pediu para levá-lo de carro até um ponto de táxi na esquina das avenidas Grand e Harlem, no limite entre Elmwood Park e Chicago.

---

2 Um tipo de jogo de cartas semelhante ao buraco.

"Essa foi a única razão de Tony me fazer ir até sua casa. Ele não queria que Lefty chamasse um táxi pelo telefone residencial, não queria nenhum registro de táxis pegando alguém no seu endereço. Assim, quando eu deixasse Lefty no ponto de táxi, ninguém saberia de onde ele estava vindo. Por isso, Lefty não ia à casa de Tony usando seu próprio carro. Não queria ninguém anotando a placa de seu carro em frente à casa de Tony. Naquela época, Tony era muito cuidadoso com relação a esses tipos de coisas, cauteloso ao extremo.

"Durante o trajeto, Lefty quase não falou. Ficou ali sentado, sorumbático. Acho que não estava acostumado a perder.

"Lefty era esquisito, indecifrável. Tony adorava sua companhia, pois já naquela época Lefty era um dos melhores analistas de jogos no país, talvez o melhor. Estávamos juntos numa noite de sexta-feira antes de fazermos nossas apostas. Tony perguntou a Lefty: 'Qual sua opinião sobre o Kansas?'. E Lefty disse apenas: 'Não tenho opinião'. Quando Tony perguntou a ele: 'E quanto ao Rutgers contra o Holy Cross?'. Lefty respondeu: 'Não tenho opinião'.

"Agora Tony tinha nas mãos uma lista impressa dos jogos universitários e suas cotações, longa como uma lista de compras, e foi dizendo jogo a jogo para Lefty, que ficou ali de pé, encostado no balcão do bar, bebendo sua água mineral Mountain Valley, assistindo à reprise de uma luta na TV e matando Tony por não falar nada.

"Finalmente, Tony explodiu. Pegou a lista e a enfiou na mão de Lefty. 'Toma, escolhe você. Escolhe você mesmo.'

"Quase sem tirar os olhos da luta, Lefty pegou a lista de Tony, fez duas rápidas marcações a lápis e a devolveu a Tony.

"Tony olhou para a lista. Lefty continuou olhando para a TV. 'Ei!' Tony falou. 'Que é isso? Eu tenho cem jogos aqui. Todos os times de basquete universitário do país vão jogar esse fim de semana e você só escolhe dois?'

"Silêncio total no bar. Ninguém ali queria ficar no meio daqueles dois. Lefty se virou para Tony como se Tony fosse um garotinho e disse: 'Só tem duas boas indicações'.

"'Claro, claro', Tony respondeu. 'Disso eu sei, mas e o Oklahoma contra o Oklahoma State? E o Indiana contra o Washington State? Deus do céu, olha essas cotações.'

"'Tony, eu te dei as duas boas indicações da lista. Esqueça o resto.'

"Então Tony se enfezou e começou a abanar a lista na cara de Lefty. 'Duas indicações em cem? É assim que você aposta?'

"Lefty olhou com desprezo para Tony, como se ele fosse um inseto. 'Achei que você quisesse ganhar', ele disse.

"'É claro que eu quero ganhar, mas quero me divertir um pouco também. Por que você não relaxa de vez em quando, por Deus?'

"'Quanto você está apostando?', perguntou Lefty.

"'Uns 2 mil, por aí... Quanto você está apostando?'

"'Estou investindo mais que isso', Lefty respondeu. Lefty quase nunca dizia que 'apostava'; dizia sempre que estava 'investindo', 'tendo uma opinião' ou 'tomando uma posição'.

"'Mais quanto?', Tony foi para cima dele. 'Você só tá apostando em duas porras de jogos. Quanto você apostou, porra?'

"'Você não vai querer saber', respondeu Lefty. "'Quero sim.'

"'Vai me ressarcir o dinheiro se eu perder?'

"'Poxa, fala. Só quero saber. Falei o meu, não falei?'

"Lefty chegou bem perto de Tony e disse bem baixinho, sussurrando — e olha que eu estava bem entre eles, observando seus movimentos labiais — quando falou: 'Pusemos 50 mil em cada'.

"Houve um dia em que Tony apostou cinquenta, 60 mil dólares num jogo de futebol ou de basquete, mas não naquele tempo. Tínhamos só vinte e poucos anos. Lefty tinha cerca de 30. Ele apostava para si e para alguns graúdos, gente da máfia, e todos nós sabíamos quem eram.

"'Ah, desculpa', Tony falou, pegando a lista e checando jogo por jogo de novo. 'Esqueci com quem eu estava falando. Eu não deveria nem estar vivo, estou apostando merreca aqui.'

"E assim que Lefty virou-se de novo para a tv, Tony lhe perguntou: 'E o West Virginia? Eles têm aquele garoto africano de mais ou menos dois metros. Como é possível eles perderem?'

"'Não tenho opinião sobre isso', Lefty respondeu, sem ao menos se virar.

"Aí Tony veio com tudo. Enrolou a lista num canudo e começou a bater com ela na cabeça de Lefty. 'Se eu perder, seu babaca', gritou Tony, 'você vai pagar o jantar de todo mundo.'

"Começamos a rir, até Lefty, e Tony virou-se para nós e disse: 'O babaca agora me fez pensar negativo.'"

05

Eu me recuso a responder, pois minha resposta pode me incriminar.

No fim dos anos 1950, antes do horror das drogas tomar conta do país, apostadores ilegais eram considerados como o inimigo público número um. O FBI havia iniciado prisões de conhecidos apostadores em todo o país. Leis federais foram criadas tornando crime a transmissão de resultados de jogos ou de corridas além dos limites interestaduais. As audiências do *Kefauver Crime Committee*[1] — uma das primeiras inquisições televisionadas — também dificultaram a vida dos xerifes locais e comissários de condados que permitiam a operação de corretores de apostas, operadores e cassinos ilegais em seus territórios em troca de algum pagamento. Mesmo Chicago, o lar de Capone, uma comunidade onde a polícia teve dificuldade em fechar um único bar clandestino dos 40 mil de Capone, estava começando a fazer pressão sobre os agenciadores ilegais da cidade.

---

1   Comitê do senado americano de investigação ao crime, teve sua formação em 3 de maio de 1950. Estes Kefauver, senador democrata do estado do Tennessee, foi seu presidente. Suas audiências eram itinerantes e televisionadas, chegando a visitar catorze grandes cidades em apenas quinze meses.

Em 1960, Lefty Rosenthal foi preso pela primeira vez como corretor de apostas ilegais. De repente, seu nome começou a constar das várias listas de AC — Apostadores Conhecidos — disponibilizadas para a imprensa pela *Chicago Crime Commission*.

Em 1961, aos 30 anos, Lefty Rosenthal foi embora.

"Decidi partir por conta própria parar de ganhar dinheiro para os outros", ele falou. ". "Senti que era a hora de começar a jogar para mim mesmo. Mudei-me para Miami. Meu pai tinha ido para lá com alguns de seus cavalos e me pareceu que era a coisa certa a fazer.

"Ia começar pequeno. Tinha 5 mil dólares para investir e dois outros caras entraram na sociedade com 5 mil cada. Eu tinha um capital de 15 mil dólares. Falei que iríamos começar com apostas de 200 dólares, depois duplicaríamos para 400 até chegarmos a mil dólares.

"Ao fim da temporada de jogos do basquete universitário, faltando duas semanas, tínhamos aumentado nosso capital de 15 mil para 750 mil dólares.

"Eu tinha amigos em diferentes partes do país. Costumávamos dar suporte uns aos outros. Eu os socorria e eles me socorriam.

"Um dia recebi uma ligação de um parceiro em Kansas City. Ele me disse que não achava que Wilt Chamberlain, que à época jogava no Kansas City, jogaria naquela noite.

"Chamberlain era o time. Se ele não jogasse, eles não ganhariam. Perguntei por que. Ele disse que não sabia, mas alguém, talvez uma enfermeira, tinha dito que os bagos de Chamberlain tinham inchado tanto que ele mal podia andar.

"Meu parceiro disse que a informação era firme, mas eu fui me certificar e descobri que os médicos de Chamberlain reiteravam esse diagnóstico.

"Corri. Não tinha nada a perder, pois sempre podia mudar minha aposta até o fim da semana. Fui até onde pude apostando contra o Kansas, antes do anúncio de que Chamberlain não iria jogar.

"Por ter me ligado com a dica, dei de presente ao meu parceiro uma aposta de 5 mil dólares naquele jogo. Chamberlain nunca deixara de jogar, exceto dessa vez.

"Além disso, quando fiz a aposta, contei aos corretores o que ficara sabendo. Esse é o tipo de cortesia esperada de um profissional. Mantenha seu corretor informado. Você conhece esses homens, fala com eles o tempo todo. Claro, primeiro você faz sua aposta e depois você conta a ele o que ficou sabendo. É a coisa certa a se fazer nesse negócio. Às vezes, eles te ouvem, outras, não. No meu caso, eles passaram a ouvir. Isso dava a eles uma oportunidade de descarregar parte do dinheiro do Kansas.

"Com uma aposta como essa, nós — meus sócios e eu — tentamos ganhar o máximo que fosse possível. Ligamos para agenciadores do país inteiro, tínhamos linhas telefônicas especiais instaladas em meu apartamento.

"Funcionários aposentados da companhia telefônica adaptavam nossos telefones de modo que tínhamos discagem rápida antes da discagem rápida existir. Quando escolhíamos um jogo e fazíamos nossas apostas, levava apenas de três a quatro minutos para a informação atravessar o país. Sem exagero, era o tempo que levava.

"Eu discava e falava logo com Washington, Nova Orleans, Alabama, Kansas City, praticamente toda parte, exceto lugares como Dakota do Norte, Dakota do Sul e Wyoming. Fazia minhas apostas no país inteiro. Os agenciadores conheciam meu codinome. Sabiam que, se eu perdesse, pagaria.

"Você tinha um valor combinado com um agenciador e ele tinha seu próprio sistema de classificação de crédito. Não era necessário recorrer a empresas especializadas para fazer consultas de crédito e solvência. Eles mesmos o avaliavam.

"Digamos que eles decidam que eu tinha um lastro de 25 mil dólares. Isso significava que minhas apostas com eles poderiam ir até esse limite. Apostávamos para todo lado, e quando chegávamos aos 25 mil dólares, acertávamos as contas: você enviava um mensageiro até nós ou nós enviávamos um mensageiro até você.

"Meus sócios e eu organizamos esse sistema como um negócio. Tínhamos vários laranjas fazendo as apostas para nós para não alertar a polícia. Tínhamos mensageiros expressos. Estafetas. Todos tínhamos funções distintas na operação. Você falava para o mensageiro: 'Olha, leve isto a Tuscaloosa'. Os mensageiros expressos geralmente queriam fazer parte da organização. Eram pessoas que conviviam conosco nos bares, ficavam com uma fatia do bolo, era uma troca. Eu era o sujeito que fazia os estudos, o analista.

"Eu vinha apostando de 20 mil a 30 mil dólares por jogo. Depois, nas duas últimas semanas da temporada, com toda a engrenagem funcionando de forma perfeita, perdemos 150 mil dólares. Tomei algumas boas pancadas. Mesmo assim, fechamos o ano com ganhos de 400 mil dólares em apostas iniciadas com os 15 mil dólares investidos, e assim demos a temporada por encerrada.

"Mas, ao fim e ao cabo, as probabilidades existem para te derrubar. Você tem de se equilibrar numa corda bamba. Quando eu era um garoto em Chicago, sempre ouvia os caras comentarem: 'No inverno os banqueiros de apostas vão para a Flórida e os apostadores comem bolas de neve'.

"Apesar de tudo, as coisas seguiram bem. Meu pai e eu tínhamos comprado juntos alguns potrinhos. Na verdade, comecei a passar mais tempo nas corridas. Tínhamos treze cavalos lá. Era preciso ficar atento, pois era um custo de cerca de 7 mil dólares por mês apenas para alimentá-los. Eu praticamente estava vivendo nas pistas, apenas amava ficar lá."

Nessa época, Lefty disse, ele recebeu a visita de um homem conhecido como Eli 'the Juice Man', que tinha uma loja em Miami, de onde ele enviava laranjas e toranjas para todo o país. Na verdade, ele era o intermediário para o Beach, o cara que fazia a coleta de dinheiro para garantir o salvo-conduto em toda Miami Beach. Eli sugeriu que Rosenthal pagasse a ele, para seu próprio bem, 500 dólares por mês.

Rosenthal respondeu a Eli que não estava fazendo nada fora da lei: fazia análises de jogos e trabalhava com cavalos de corrida. "Disse a ele que se eu estivesse fazendo corretagem de apostas faria de bom grado o pagamento, mas não era o que eu estava fazendo. Eu agora era somente um jogador", disse Lefty. "Cerca de uma semana depois, Eli 'the Juice Man' voltou e perguntou se eu tinha mudado de ideia. Dessa vez não fui tão gentil. Então uma coisa levou a outra e eu mandei ele se foder. Cometi o erro de mandá-lo fazer o que quisesse, e assim ele fez. No dia de Ano Novo, os tiras arrombaram minha porta e me prenderam."

A prisão foi feita pelo Chefe de Departamento de North Bay Village, Martin Dardis, e pelo Sargento Edward Clode, da Divisão de Segurança Pública do Condado de Dade. Lefty, naquela tarde, estava sentado na cama de pijamas assistindo a um jogo quando foi interrompido pela dupla. Ele transformou o que era para ser uma prisão de rotina num desastre.

A polícia mal chegou à sua porta e Lefty começou a vociferar que eles só estavam lá porque ele tinha se recusado a dar dinheiro a Eli "the Juice Man". "Qual o problema," perguntou. "Não levaram a parte de vocês? É por isso que estão aqui?"

Sua acusação ao Chefe Dardis foi uma quebra imperdoável do código de ética do ritual Kabuki entre polícia e bandido.

"Depois daquilo", Lefty agora admite, "virei presa fácil."

O Chefe Dardis depois declarou: "Quando cheguei ao quarto, o senhor Rosenthal estava sentado na cama. Estava com o telefone em uma das mãos e um pequeno livro preto na outra. O mandado de busca foi lido para ele por um assistente do xerife, ao mesmo tempo em que eu peguei o telefone dele e perguntei à pessoa do outro lado da linha quem ela era. Fingi que eu era Lefty.

"O homem respondeu: 'Aqui é Cincinnati'. E prosseguiu: 'Você tem dez e dez em Windy Fleet, e eu vou ficar com quatro e quatro disso'. Um tempo depois, descobrimos que Windy Fleet era um cavalo que correria no Tropical Park naquela tarde. Ele chegou em segundo."

Algumas semanas após sua prisão, contou Lefty, ele se envolveu numa briga de trânsito com dois homens que na verdade eram agentes federais. Lefty disse que ele e os agentes estavam numa rua lateral perto de Biscayne Boulevard. Ele estava a caminho de um badalado restaurante que ficava ali perto e descobriu que os dois eram agentes porque tinha acabado de levar uma multa de um guarda por não ter dado seta ao virar à direita. Os agentes o vinham seguindo bem atrás da polícia e começaram a xingá-lo enquanto ele era multado. Lefty disse que os tiras que o multaram confirmaram que os dois eram agentes do FBI.

"Uma noite, eu dirigia por uma estrada muito escura em Miami e dois agentes vinham bem atrás de mim", disse Rosenthal. "Isso aconteceu de verdade, juro que aconteceu. Era uma estrada bastante escura e estreita, e aquele carro cada vez chegando mais perto. Aí eles fizeram sinal para eu parar e eu parei. Os dois agentes se identificaram e começaram a me encher o saco, aí eu revidei. Um dos caras era bem grandão. Estávamos numa área perto de um bosque. Ele saiu do carro e me empurrou, me empurrou de verdade pro canto, e disse: 'Finalmente, te pegamos. Vamos te levar agora pro meio do mato e te dar uma coça que não vai sobrar nada'. E parecia que ele estava falando sério. Enquanto ele falava, quem, por coincidência, surgiu de carro no outro lado da estrada? Deus mandou em meu socorro: Tony Spilotro. Ele viu meu carro, parou, saiu do carro e tirou satisfações com os dois filhos da puta, encarou os dois — e ele tinha menos de um metro e sessenta. Ele falou: 'Seus filhos da puta escrotos, vocês não vão encostar um dedo nele'. Juro por Deus que foi assim.

"Bom, Tony e eu crescemos juntos. Eu costumava dizer que o conhecia desde o tempo em que ele estava na barriga da mãe. Frequentávamos os mesmos lugares em Chicago, mas nossa amizade aumentou a partir de North Miami. Tony vinha umas três vezes por ano, e a primeira pessoa que ele visitava era eu. O primeiro amor de Tony era, realmente, as apostas. Tony sentia, naquele tempo, que não podia jogar sem mim. Que se apostasse em algo sem saber minha opinião seria desastroso. Aí ele me ligava o tempo todo, me cercava sem trégua em busca da minha opinião, era frequente. Tony era um total viciado no que diz respeito às apostas.

"Uma noite estávamos jantando num restaurante italiano na Biscayne Boulevard com umas seis ou sete pessoas. Só homens: Tony, todos os caras que andavam com ele e eu. À mesa tinha uns sujeitos meio cascas grossas e, por alguma razão, um deles resolveu curtir com a minha cara. Não gostava de Frank Rosenthal, sabe-se lá por quê. Me xingou bem na mesa. Três minutos se passaram. Tony falou que tinha de ir ao banheiro. Chamou o garoto num canto. Porra, antes mesmo de se dirigirem ao banheiro ele disse poucas e boas ao sujeito! Puta merda. Quanto palavrão. 'Seu filho da puta. Eu vou arrancar sua cabeça fora se eu te vir falando com ele ou só olhando pra ele de novo. Agora você volta praquela porra daquela mesa e pede desculpas a ele, seu filho da puta.' O garoto voltou à mesa e pediu desculpas. Disse: 'Bom, eu não devia ter bebido. Eu bebi. Foi sem querer. Me perdoa?', eu disse: 'Claro, sem problema'."

Em 1961, o recém-nomeado procurador-geral Robert F. Kennedy começou a investigar as ligações entre a máfia, apostas ilegais e o *Teamsters Union*.[2]

O FBI já conhecia a maioria das personagens. Já sabia mais do que acontecia dentro da máfia do que muitos dos mafiosos. As conexões de Frank Rosenthal com o crime organizado de Chicago eram bem conhecidas. Em Miami, foi visto ao lado de chefões de Chicago como Turk Torello, Milwaukee Phil, Jackie Cerone e Fiore Buccieri. O FBI achava que, além de fazer apostas em Miami, ele também as bancava. Sua prisão pela polícia local lhe deu notoriedade suficiente para assegurar uma visita amistosa dos federais pedindo que virasse um informante em troca de imunidade — o que ele recusou — e, por isso, recebeu uma intimação do *McClellan Subcommittee on Gambling and Organized Crime*.[3]

---

2   Sindicato dos Caminhoneiros e Trabalhadores em Transportes, uma
     entidade fortíssima nos EUA, com milhões de afiliados em todo o país.
3   Comitê de combate ao crime organizado e apostas ilegais, que acabou por
     estender as investigações até os sindicatos, principalmente o Teamsters.

O senador McClellan não via charme algum naqueles sujeitos sem classe, com suas mulheres de unhas enormes desfilando a sua frente, acompanhados de advogados caríssimos que lhes entregavam cartões de visita com a Quinta Emenda finamente impressa neles.

O comitê juntou várias testemunhas que se dispuseram a depor sobre o poder da máfia no jogo ilegal e sua influência no universo esportivo, em que não era raro que oferecessem dinheiro a atletas e treinadores para que manipulassem resultados ou perdessem jogos.

Lefty arrumou um advogado, pegou um avião para Washington e lá viu-se acusado de tentar subornar Michael Bruce, um meio-campo de 25 anos da Universidade do Oregon, que declarou que, quando ele e seu time foram a Ann Arbor para um jogo importante contra a Universidade de Michigan, encontrou-se com Lefty e um outro apostador, David Budin, um ex-jogador de basquete de 28 anos e trapaceiro de carteado e que, depois de um tempo, descobriu-se ser um informante contratado do governo.

Bruce disse que a reunião aconteceu num quarto de hotel e que a ele foram oferecidos 5 mil dólares para que ele garantisse que seu time, que era o mais fraco, perdesse por uma diferença de oito pontos ao invés de seis. Bruce disse que fingiu aceitar a oferta de Lefty, mas logo relatou o ocorrido a seu treinador.

Lefty negou ter tentado alguma vez subornar alguém. Mas, quando foi depor diante do comitê de McClellan, seus advogados o avisaram de que se ele respondesse a uma pergunta — mesmo a mais inóqua — teria de responder a tudo o que lhe fosse perguntado, ou seria detido por desacato e, provavelmente, mandado para a prisão. Sua presença frente ao comitê foi um fiasco.

PRESIDENTE DO COMITÊ: O senhor é conhecido como Lefty?

SR. ROSENTHAL: Eu respeitosamente me recuso a responder à pergunta, pois honestamente acredito que minha resposta poderia me incriminar.

SENADOR MUNDT: O senhor é canhoto?

SR. ROSENTHAL: Eu respeitosamente me recuso a responder à pergunta, pois honestamente acredito que minha resposta poderia me incriminar.

PRESIDENTE: Sr. Rosenthal, de acordo com esta transcrição de seu depoimento no dia 6 de janeiro deste ano, 1961 [preso por conta de agenciamento ilegal de apostas]... lhe foi feita a seguinte pergunta: 'O senhor também é conhecido como Lefty?'. E sua resposta foi: 'Sim, senhor, é um apelido do beisebol'. Está correto?

SR. ROSENTHAL: Eu respeitosamente me recuso a responder à pergunta, pois honestamente acredito que minha resposta poderia me incriminar.

PRESIDENTE: O senhor já jogou beisebal?

SR. ROSENTHAL: Eu respeitosamente me recuso a responder à pergunta, pois honestamente acredito que minha resposta poderia me incriminar.

SR. ADLERMAN: Sr. Rosenthal, o senhor já trabalhou para a Angel-Kaplan como analista de jogos?

SR. ROSENTHAL: Eu respeitosamente me recuso a responder à pergunta, pois honestamente acredito que minha resposta poderia me incriminar.

SR. ADLERMAN: O senhor é apostador profissional e atua também na compensação de apostas?

SR. ROSENTHAL: Eu respeitosamente me recuso a responder à pergunta, pois honestamente acredito que minha resposta poderia me incriminar.

SR. ADLERMAN: O senhor conhece Fiore *"Fi-Fi"* Buccieri?

SR. ROSENTHAL: Eu me recuso a responder, pois minha resposta pode me incriminar.

SR. ADLERMAN: O senhor conhece Sam "Mooney" Giancana?

SR. ROSENTHAL: Eu me recuso a responder, pois minha resposta pode me incriminar.

SR. ADLERMAN: O senhor já tentou subornar algum jogador de futebol?

SR. ROSENTHAL: Eu me recuso a responder, pois minha resposta pode me incriminar.

SR. ADLERMAN: O senhor já tentou subornar especificamente algum jogador de futebol nos jogos Oregon—Michigan?

SR. ROSENTHAL: Eu me recuso a responder, pois minha resposta pode me incriminar.

Lefty fez uso da Quinta Emenda 37 vezes.

Lefty voltou para a Flórida, mas a pressão prosseguiu. Robert Kennedy conseguiu aprovar no Congresso uma lei proibindo a transmissão interestadual de qualquer informação sobre jogos, tornando ilegais os telefonemas de Lefty sobre contusões nos times, escalações, probabilidades e até mesmo as condições do tempo, e o sujeitando a prisão.

Em 1962, quando veio a tão esperada repressão do FBI aos apostadores e J. Edgar Hoover anunciou pessoalmente as detenções de centenas de apostadores e mafiosos por todo o país, Lefty estava entre os detidos. Durante o ano seguinte ele foi várias vezes preso por bancar apostas, analisar jogos, infrações de trânsito, uso de linguagem obscena, conduta desordeira, vadiagem e apostas ilegais.

O FBI plantou dois transmissores em seu apartamento. As escutas autorizadas pela justiça, que faziam parte da repressão do Departamento de Justiça aos jogos ilegais e à máfia, permaneceram no apartamento de Lefty por um ano e um dia. (Lefty só descobriu que estava sendo grampeado quando Gil Beckley foi indiciado num caso federal de extorsão: antes do julgamento, em meio às petições para revelação de todas as provas, um dos advogados de Beckley encontrou documentos oficiais do FBI reconhecendo a escuta na casa de Lefty.)

Em seguida a Comissão de Corridas do Estado da Flórida anunciou que a licença de Rosenthal para possuir cavalos de corrida ou mesmo entrar num hipódromo, numa quadra de *jai alai*[4] ou numa pista de corrida de cachorros tinha sido revogada em toda a extensão do estado. Apesar dos conselhos de seus amigos, Rosenthal insistiu em pedir uma audiência à Comissão de Corridas, o que serviu apenas para chamar mais atenção, de forma negativa, para ele.

Mais adiante, todas as acusações contra Lefty de atuar como agenciador de apostas foram retiradas ou arquivadas. Na verdade, as acusações em geral — a não ser uma infração de trânsito em Miami — foram retiradas sem irem a julgamento, antes de 1962, quando Rosenthal foi indiciado na Carolina do Norte por tentar subornar Ray Paprocky, um jogador de basquete de 20 anos da New York University (NYU). Mais uma vez, seu principal acusador acabou sendo David Budin, o mesmo informante do

---

4   Pelota basca, esporte que consiste em arremessar a bola contra a parede
    ou contra o adversário, separado do jogador por uma rede ou linha,
    usando a palma da mão, raquete, bastão de madeira ou cesta.

governo que afirmou presenciar a suposta tentativa de suborno em Ann Arbor — um episódio pelo qual Rosenthal nunca foi indiciado. De fato, as únicas queixas registradas no caso de suborno de Ann Arbor foram contra Budin, por hospedar-se no Dearborn Inn usando um nome falso.

Entretanto, no caso da Carolina do Norte, o advogado de Rosenthal, um profissional local familiarizado com jogadores e com os tribunais, disse a ele que o juiz da Carolina do Norte responsável pelo caso deixara bem claro que se Rosenthal insistisse em ir a julgamento e fosse declarado culpado receberia uma pena bem longa.

Lefty disse a seus advogados que não queria se declarar culpado. As negociações entre os promotores e os advogados de Lefty se seguiram por mais de um ano. Por fim, seus advogados disseram que os promotores e o juiz aceitariam uma não admissão de culpa da parte de Lefty: ele não reconheceria a acusação, mas não a contestaria e aceitaria o veredito da corte.

06

Você não imagina o alívio que eu senti só de me livrar daqueles maníacos.

Por volta de 1967, a briga de Frank Rosenthal com o estado da Flórida terminou e o estado da Flórida venceu. A Western Union parou de fornecer à Lefty's Select Sports Service o serviço de telégrafo e — o tiro de misericórdia — a companhia telefônica retirou as linhas da casa dele.

"A princípio eu tinha voltado para casa", disse Rosenthal. "Pensei que poderia continuar com meu negócio de apostas em Chicago, mas estava errado. Cheguei em Chicago a tempo de pegar a temporada de futebol e estava indo bem, exceto que foi ficando cada vez mais claro para mim que eu deveria estar fazendo minhas apostas em Las Vegas e não em Chicago.

"Eu tinha uma cobertura na Lake Shore Drive, em Chicago, e meus laranjas em Las Vegas para fazer as apostas para mim, mas fui ficando frustrado.

"Perguntava ao meu homem em Vegas: 'Como está *tal* jogo?'. Traduzindo: qual a cotação que os agentes de apostas de Las Vegas têm pro jogo?

"Ele foi checar e me telefonou dizendo: 'Sete'.

"Respondi: 'Vai fundo'.

"Aí ele me ligou de novo e disse: 'Agora está em seis e meio'.

"'Meu Deus!', eu disse, 'corre e me consegue o seis e meio'.

"Dois minutos depois ele voltou.

"'Agora é seis', ele disse.

"'SEIS!'

"'Que é que eu posso te dizer, Frank? A cotação está mudando.'

"Isso se seguiu semana após semana. Finalmente, lembro-me de um fim de semana quando eu realmente gostei do jogo. Em algum momento, ganhei a aposta, mas foi quando decidi que se eu fosse ganhar a vida apostando em esportes eu não poderia fazê-lo à distância. Teria de ir para Las Vegas, pegar minhas coisas e me mudar para lá, onde poderia me sentar, observar e acompanhar tudo de perto até estar pronto para cair dentro.

"No dia da minha partida, combinei com Tony de me pegar na porta do Belmont Hotel, me levar de carro até a fazenda de Fiore para me despedir e de lá até o aeroporto. E, claro, Tony estava atrasado.

"Buccieri tinha uma casa de veraneio em Lake Geneva, no estado de Wisconsin. Ficava a cerca de uma hora de carro de Chicago. Era uma propriedade gigantesca com cavalos, jardins e um estande de tiro ao alvo e tiro ao prato onde Fiore se divertia nos fins de semana.

"Quando Tony finalmente chegou, já estava mais de uma hora atrasado. Tony estava sempre atrasado. Atrasou-se para o próprio casamento, é sério. Mas chegar atrasado na casa de Fiore era burrice, pois Fiore odiava que o fizessem esperar.

"Tony finalmente apareceu com dois amigos. Um deles agora está preso, um sujeito muito perigoso, um verdadeiro marginal. Eu diria que era o sujeito mais filho da puta que eu já conheci em toda minha vida, ou seja, todo mundo que eu já conheci.

"Ele me odiava muito, visceralmente, odiava todo mundo. Odiava até Tony, mas tinha medo dele. Não acredito que Tony soubesse o quanto aquele sujeito o odiava, mas eu sabia.

"Tony fazia gato e sapato do sujeito. 'Faz isso! Faz aquilo!' Tony o xingava. Vi o cara chegar a um tal grau de humilhação ao ser enxovalhado por Tony num quarto de hotel, gritando com ele e cutucando seu peito com o dedo, que ele segurou as próprias orelhas e começou a bater com a cabeça contra a parede. Eu estava lá, eu vi. Tony apenas ria.

"Quando enfim chegamos à casa de Fiore, mal tivemos tempo de tomar um café. Acho que Fiore desistiu de nos esperar. Saiu para cavalgar, mas depois voltou, então pudemos nos encontrar por alguns instantes antes de eu partir. Creio que, no fundo, ele apenas queria dizer adeus. Me abraçou, eu voltei para o carro e seguimos para o aeroporto.

"Fiquei furioso com Tony, pois ele estava bastante atrasado. Me ferrou com Fiore e agora eu iria perder meu maldito voo para Vegas. Porra! Naquela época havia pouquíssimos voos diretos para Vegas partindo de Chicago.

"Ele não disse nada, mas começou a correr. Entramos na rodovia. Pelo menos, como motorista, Tony era excelente, era uma de suas características. E nesse momento ele dirigia a cerca de 140 km/h. Estávamos no meio do trânsito e ele nos desviava dos carros. Eu estava no banco do carona em pânico.

"Tinha dois caras no banco de trás e eles também estavam aterrorizados. E, sem que déssemos conta, eis que surgem as sirenes: os tiras.

"Assim que ouvi as sirenes falei: 'Maldição! Agora é que eu vou perder a porra do meu voo.'

"Ele permaneceu calmo e falou: 'Não vai perder porra nenhuma. Só cala a boca!'

"O barulho das sirenes foi ficando mais alto, mas ele não diminuiu a velocidade. Agora tínhamos duas viaturas nos perseguindo e a gente voando. Ele permaneceu na frente dos tiras por quilômetros, cortando carros, cantando pneus e dizendo o tempo todo: 'Não se preocupe. Você vai pegar seu voo, não se preocupe'.

"Finalmente, ainda com a viatura vindo a nosso alcance, ele embicou para o aeroporto e parou bem em frente ao meu terminal. Mandou um dos caras correr e despachar minhas malas. Em seguida mandou o outro ir segurar o portão de embarque.

"O primeiro sujeito pulou do carro e foi para a frente da fila com minhas malas. Quando o atendente disse algo a ele, ele respondeu algo e o funcionário se encolheu. O outro seguiu para o portão de embarque e conseguiu que o mantivessem aberto para eu passar.

"Quando enfim entrei no avião e ele decolou, você não imagina o alívio que senti só de ficar livre daqueles maníacos."

Lefty estava a caminho de Las Vegas, bem como sua ficha criminal. A Comissão do Crime de Chicago preparou um alerta para a polícia de Las Vegas avisando que Frank "Lefty" Rosenthal, 38 anos, agenciador de apostas, analista de cotações e operador da máfia, estava prestes a chegar à cidade. A Comissão do Crime enviava com frequência os currículos dos membros do crime organizado e de seus associados para Las Vegas como parte de um programa não oficial de troca de informações de inteligência que já existia há anos. A polícia de Las Vegas foi informada de que Lefty Rosenthal já havia sido detido pelo menos uma dúzia de vezes por apostas ilegais, e de que estas detenções não resultaram em condenações, de que ele havia aceitado não contestar uma acusação de tentativa de suborno a um jogador de basquete universitário na Carolina do Norte em 1961, e de que fez uso da Quinta Emenda por 37 vezes quando se viu frente a frente com um subcomitê do Congresso que investigava conexões entre apostas ilegais e a máfia.

"Não tinha uma semana que eu tinha chegado a Las Vegas quando bateram à minha porta", disse Rosenthal. "Lembro-me que estava gripado. Eram os tiras.

"Deixei-os entrar. 'Em que posso ajudá-los?'

"'O senhor está preso.'

"'Por quê?'

"'Roubo a residência', responderam.

"'Loucura!', falei. Eu estava surpreso de verdade. Sabia que não tinha feito nada.

"'Não dê uma de esperto', eles disseram, e me algemaram. Saí com eles pela recepção do hotel, eles me levaram à sede da Polícia Metropolitana para dentro da sala de Gene Clark.

"Clark estava sentado. O chefe dos detetives, completamente frio, um sujeito forte, corpulento. Ele disse: 'Sabe, você não parece tão durão como sua fama'.

"'Sr. Clark', eu respondi, 'Concordo'.

"'Não quero saber do seu sarcasmo', ele disse.

"'Não estou sendo sarcástico', respondi.

"Vi ele acenar com a cabeça para os detetives que haviam me trazido, e eles saíram da sala. Agora eu estava só e algemado.

"'Quero você fora dessa cidade até a meia-noite de hoje, e que não volte', disse ele. 'Não queremos tipos como você por aqui. Entendeu?'

"'Acho que sim', respondi.

"'Então, quando você está indo embora?'

"'Não sei', respondi.

"Ao ouvir isso, ele se levantou da cadeira, veio por trás de mim, agarrou meu pescoço com força e começou a apertá-lo. Apertou tanto que comecei a sufocar. Fiquei tonto. Senti que ia desmaiar, então ele me soltou.

"'Fica o aviso, Lefty', ele disse. Ele me chamou de Lefty. 'Esteja fora daqui até meia-noite, pois tem uma porção de buracos no deserto e você não vai querer entrar num deles.'

"Quando eles me soltaram, liguei para Dean Shandell, um amigo meu no Caesar's. Era um figurão, conhecia todo mundo, um sujeito influente. Eu sabia que ele era colado com o xerife. Contei a ele a história, ele me disse para encontrá-lo no bar Galleria. Era por volta das oito, nove da noite. Fui até lá e começamos a conversar. Perguntei a ele: 'O que está acontecendo aqui? Por que fui detido por roubo a residência no meu próprio quarto de hotel?'.

"Nesse instante vimos chegar ninguém menos que o Chefe dos Detetives, Gene Clark, e os dois outros que me levaram preso mais cedo.

"'Você não tem boa memória, não é?', ele falou. 'O último voo saindo daqui está prestes a partir.'

"Dean levantou-se e disse: 'Por que não deixa ele em paz?'.

"'Cuide de sua vida', Clark falou para Dean. 'É uma ordem do xerife.' E assim ele me levou preso de novo. Depois de passar uma noite em cana, me puseram num avião para Chicago na manhã seguinte.

"Após alguns dias ligando para várias pessoas, consegui voltar. O xerife disse a Dean que eles só me importunaram por conta da minha ficha suja. O FBI e os tiras de Chicago disseram que eu tinha todo tipo de conexões, mas naquele momento a verdade era que eu estava total por conta própria. Então voltei.

"Mudei-me para o Tropicana Hotel. Passava o tempo todo no quarto lendo os jornais ou ia até o Rose Bowl Sports Book[1] com Elliott Price. Ficava na mesma rua do Caesar's, e era um lugar onde se faziam e operavam

---

1   Casa de apostas situada na esquina da Strip com Sands Ave.

apostas. Eu apostava de dentro do Rose Bowl. Aí de noite ia até o Galleria, no Caesar's e me encontrava com caras como Toledo Blacky, Hunchback Bobby, Jimmy Caselli e Bobby Martin.

"Faturava bem aos domingos, foi uma ótima temporada. A segunda-feira era sempre um dia especial, segunda-feira à noite era o máximo. Naquele tempo, eu era bastante focado: apostava contra os maiores agentes do país e com vantagem.

"Naquela temporada eu ganhei todos os jogos noturnos de segunda-feira, exceto um. Depois de um tempo, a graça estava em ficar observando a mudança na cotação e saber que aquilo acontecia por minha causa.

"Via o jogo começar às seis. Tranquilo e estável, sem mistério. A partida não deveria terminar com resultado abaixo de cinco ou acima de sete, um ponto a mais ou a menos. Mas naquela época, quando eu atuava, eu podia aumentar a diferença para até três pontos.

"Eu ia para casa assistir a cada jogo e desligava até o telefone. Se estivesse apostando alto, eu nunca assistia com ninguém. Via sozinho, ficava muito concentrado. Não queria distrações.

"Nesse meio tempo, conheci Geri, uma dançarina do Tropicana. A garota mais linda que eu já tinha visto: alta, escultural, de uma postura incrível. Todo mundo que a conhecia se encantava na mesma hora. A garota tinha um tremendo charme, não importava aonde fôssemos, todos se viravam para olhá-la, causava impacto.

"Quando a conheci, ela também surrupiava fichas nas mesas dos cassinos. Ela era garota de programa. Saía com alguns caras fixos e faturava em torno de 500 mil dólares por ano.

"Costumava me encontrar com ela depois do trabalho, mas quanto mais nós saíamos, mais comecei a gostar dela. Percebi que estava começando a mudar meu comportamento quando fui vê-la dançar no Trop. Quando ela surgiu, vi que dançava com os seios nus. De repente, aquilo me incomodou. Saí. Mais tarde disse a ela que a tinha visto mas tive de sair antes do show acabar.

"Ela não deu muita importância, só achou que eu era um cara ocupado. Não acho que Geri tenha sequer suposto que eu estava começando a sentir algo por ela.

"Ela costumava dançar e cumprir seus trampos da noite para depois ir se encontrar comigo no Caesar's. Uma noite disse que tinha um compromisso no Dunes e me encontraria mais tarde.

"Não sei, mas fiquei curioso. Quis saber o que estava aprontando e com quem estava. Então fiz o que nunca havia feito: fui até o Dunes vê-la em ação.

"Quando cheguei lá o lugar estava em polvorosa. Ela jogava dados sem parar numa das mesas, e o cara com ela ganhando uma fortuna, as fichas se amontoando. Ela deve ter conseguido uns 60 mil dólares para o sujeito, pelas fichas de 100 dólares empilhadas à sua frente. Ela olhou ao redor e, quando me viu, fechou a cara. Eu sabia que ela não gostava que eu fosse vê-la. Lançou os dados mais uma vez e saiu do jogo.

"Nesse meio-tempo, ela conseguiu uma pequena fortuna para o sujeito. Claro, cada vez que ela jogava, notei que pegava escondido pequenas fichas pretas de 100 dólares das pilhas e as enfiava em sua bolsa.

"Quando o sujeito estava prestes a trocar as fichas por dinheiro, Geri olhou para ele e perguntou: 'E a minha parte?'.

"O cara olhou para sua bolsa e disse: 'Você já está com ela ali dentro'.

"É ponto pacífico que, depois que uma garota dá um lucro desses para você, você dê a ela 5, 6, 7 mil dólares. Geri não tinha conseguido nada parecido, mesmo em fichas de 100 dólares.

"'Quero minha parte', gritou. O sujeito pegou sua bolsa, ia esvaziá-la bem ali na nossa frente. Mas antes que conseguisse fazê-lo, Geri partiu para cima dele, pegou as fichas da mesa e as jogou para cima o mais alto que conseguiu.

"De repente chovia fichas pretas de 100 dólares e verdes de 25 por todo o cassino. Caíam e quicavam pelas mesas, sobre as cabeças e ombros das pessoas, e rolavam pelo chão.

"Em poucos segundos, todo mundo no cassino estava caçando as fichas: jogadores, crupiês, gerentes de salão, seguranças — todos no chão à caça das fichas do homem.

"O cara que estava com ela gritava e tentava juntar o máximo de fichas. Os seguranças e crupiês davam a ele seis e enfiavam três nos bolsos. Era uma selva.

"Aí eu já não conseguia tirar os olhos dela. Postava-se como uma rainha. Ela e eu éramos as duas únicas pessoas em todo o cassino que não estavam agachados no chão. Ela olhava para mim e eu para ela.

"'Gostou, né?', disse ela, e se dirigiu à porta. Foi quando eu descobri que estava apaixonado."

07

Você nunca ficou com ninguém como eu, né?

Quando Lefty a conheceu, Geri McGee já se virava em Las Vegas há cerca de oito anos. Tinha casa própria, sustentava uma filha de 11 anos, Robin Marmor, cujo pai foi seu namorado de escola, Lenny Marmor. Sustentava a mãe doente, Alice, e sua irmã, Barbara, que fora abandonada com dois filhos pequenos pelo marido. De vez em quando, Lenny Marmor visitava Geri e a filha durante dois ou três dias, geralmente para pegar dinheiro emprestado para algum negócio da china. Às vezes, o pai de Geri, Roy McGee, um mecânico de automóveis da Califórnia e há muito tempo separado de sua mãe, vinha fazer uma visita.

Geri faturava de 300 mil a 500 mil dólares por ano afanando fichas de jogos e se divertindo com altos apostadores. Ganhava cerca de 20 mil dólares por ano como dançarina no Tropicana e esse emprego lhe dava o direito a um cartão de trabalho, uma espécie de carteira assinada, emitido pelo Gabinete do Xerife de Las Vegas, atestando que exercia um emprego remunerado. A posse de um cartão de trabalho a protegia de perseguição da polícia de costumes de Las Vegas e dos seguranças de hotel ao trapacear nos cassinos.

"Todo mundo amava Geri porque ela distribuía dinheiro a torto e a direito", disse Ray Vargas, um ex-manobrista no Dunes Hotel. "Ela andava com outra beldade naquela época, Evelyn. Geri era loira, Evelyn era ruiva. Faziam muito sucesso.

"Geri sabia que tinha de tratar bem as pessoas, e assim o fazia. Ou seja, todo mundo em Las Vegas com um pouco de inteligência se envolve em alguma trapaça. Ninguém sobrevive apenas do salário de manobrista ou de crupiê. Essa é a particularidade de Las Vegas. Quem vive lá, mesmo sem querer, se envolve em algum golpe. Por isso está lá.

"Geri se saía bem porque dava uns trocados a todo mundo toda vez que ganhava um bom dinheiro. Se precisasse de estimulantes para manter um grande apostador ligado um bom tempo, ela conseguia. Na maioria das vezes, tirava a grana de algum otário, mas e eu com isso? Ela sempre trazia o dinheiro, e eu precisava dele. Minha concessão para explorar o estacionamento naquela época me custava 50 mil dólares por ano, dados ao gerente do cassino apenas por me deixar locar o espaço."

Las Vegas é uma cidade de subornos, uma cidade no deserto repleta de mãos a serem molhadas. Um lugar onde uma nota de 20 dólares pode comprar aprovação, uma nota de 100, adulação, e uma nota de mil, canonização. Há histórias de crupiês ganhando milhares de dólares em gorjetas de altos apostadores com sorte, e se espera até mesmo que grandes jogadores, paparicados com mordomias nos cassinos, façam uma aposta vultosa, de algumas centenas ou milhares de dólares, como retribuição à casa pelas cortesias. Las Vegas é uma cidade onde todo mundo cuida de todo mundo. *Maîtres* de grandes shows não somente pagam por seus empregos, como muitas vezes dão uma percentagem de suas gorjetas semanais aos homens que lhes empregam. Garotas astutas como Geri davam gorjeta a todo mundo a seu redor. Distribuíam seu dinheiro na expectativa de vê-lo retornar multiplicado por dez.

"Geri era apaixonada por dinheiro", disse Frank Rosenthal. "Para ela, uma noite estava perdida se ela não voltasse para casa com dinheiro no bolso. No início ela me tratava como se eu fosse um babaca caretão, um dos seus trouxas. Não podia perder tempo.

"Tive de dar a ela um broche com um diamante de dois quilates em formato de coração só para ela começar a sair comigo. Quando a gente saía, me pedia dinheiro para deixar de gorjeta para a moça do banheiro. Normalmente, eu dava a ela uma nota de cem. Esperava que ela me devolvesse algum troco, mas ela nunca devolvia. Nunca trouxe um centavo de volta.

"Falei sobre isso com ela uma vez e ela me respondeu que perdeu tudo jogando Vinte-e-um no caminho de volta à nossa mesa. Sabia que estava mentindo. Eu não ligava para o dinheiro, só não queria que achasse que eu era um dos seus otários. Ela possuía uma agenda Rolodex com seus nomes, conhecia homens do país inteiro, clientes. Ligavam para ela quando estavam para chegar à cidade. Eram como amigos: com alguns ela bebia, com outros, apostava. Saía com alguns, e havia outros que ela fazia o serviço completo. Tudo dependia do que ela iria ganhar. Se ela não achasse que o veria de novo ou que não ganharia algum dinheiro com você, esqueça. Você já era.

"Naquela época, Geri trabalhava o tempo todo. Carregava a família inteira nas costas, tinha de sustentar uma casa com a mãe, a filha, a irmã e os dois sobrinhos. Tinha também um ex-namorado que era o pai de sua filha. Sustentava-o também, principalmente depois que ele foi preso por cafetinagem em Los Angeles." As acusações a Marmor por cafetinagem foram retiradas depois de um tempo.

Geri McGee e sua irmã, Barbara, cresceram em Sherman Oaks e estudaram na Van Nuys High School com Robert Redford e Don Drysdale.[1] Seu pai, Roy McGee, trabalhava em postos de gasolina e oficinas mecânicas. Sua mãe, Alice, foi hospitalizada por doença mental. Quando ficava bem, fazia serviços de passadeira.

"Éramos, talvez, a família mais pobre do bairro", disse Barbara McGee Stokich. "Trabalhávamos como babás, limpávamos quintais, dávamos comida às galinhas e coelhos dos vizinhos. Não era nada divertido. Quando éramos pequenas, ganhávamos nossas roupas dos vizinhos. Geri odiava aquilo mais que tudo.

"Geri começou a sair com Lenny Marmor no ensino médio. Era o cara mais descolado da escola, usava óculos escuros dentro de sala de aula. Geri tinha só 15 anos. Ela e Lenny costumavam dançar colados horas a fio. Dança de salão. Era uma senhora dançarina. Se te visse fazer um passo, conseguia copiar imediatamente.

---

1   Jogador de beisebol do Los Angeles Dodgers.

"Eles ganharam campeonatos e prêmios dançando em concursos por todo o Valley[2] e no Hollywood Palladium.[3] Geri ganhou concursos de maiô e fez alguns bicos como modelo. Ninguém na família gostava de Lenny, mas ele estava sempre por perto, agindo como se fosse seu empresário. Ela não queria que o víssemos com aqueles óculos escuros.

"Nosso pai não gostava mesmo de Lenny. Tentou separá-los, conversou com o diretor da escola. Meu pai sempre quis ser policial. Uma vez ficou com tanta raiva de Lenny que foi até sua casa e deu uma surra nele.

"Mas Lenny era malandro e convenceu Geri de que seu próprio pai fora cruel com ele. Fez com que ela sentisse pena dele desde a época em que estavam nos primeiros anos do curso secundário. Aí Geri começou a se encontrar com Lenny às escondidas.

"Em 1954, quando Geri se formou, nossa tia Ingram, irmã de meu pai, que tinha herdado muito dinheiro quando seu marido morreu, se ofereceu para mandar Geri para a Woodbury Business School,[4] para onde também me mandou dois anos depois. Mas Geri não queria ir para Woodbury, ela queria ir para a Universidade da Califórnia em Los Angeles (UCLA) ou a Universidade do Sul da Califórnia (USC). Nossa tia negou, não queria fazer mais por Geri do que faria para mim. Então Geri disse: 'Não, obrigada. Não quero ir para Woodbury. Não é bom para mim'. Em vez disso, conseguiu um emprego como balconista na Thrifty Drugs. Não gostou. Aí conseguiu um emprego de caixa no Bank of America. Também não gostou. Em seguida, conseguiu um serviço administrativo no departamento pessoal da Lockheed Aerojet. O gerente de lá gostou bastante dela. Ela conseguiu que ele me contratasse como estenógrafa dos engenheiros. Eu conseguia abreviar 180 palavras por minuto.

"Ela possuía um apartamento, Lenny foi morar com ela e começou a levá-la a festas em Hollywood para conhecer pessoas, e ela continuou dançando e participando de concursos de maiôs.

---

2   Vale de São Fernando, um vale urbanizado situado a noroeste de Los Angeles e onde há grande concentração de estúdios de cinema e TV e, no passado, também era sede de empresas ligadas a tecnologia aeroespacial, como a Lockheed e a Rocketdyne.
3   Famoso salão de danças situado na famosa Sunset Boulevard, em Hollywood.
4   Faculdade situada em Los Angeles que oferecia cursos de graduação nas áreas de administração e negócios, foi uma das primeiras do oeste dos EUA a admitir alunas mulheres.

"Em 1958, nasceu a filha deles, Robin, e Lenny convenceu Geri a mudarem-se para Las Vegas. Ele a convencia a fazer qualquer coisa. Costumava dizer que era jogador profissional de sinuca, que era vendedor de carros, mas a verdade era que eu não me lembro de tê-lo visto trabalhar um dia sequer. Ele ficou em Los Angeles, mas dizia que ela poderia ganhar muito dinheiro em Vegas. Nossa mãe se mudou com ela para lá para ajudá-la a cuidar de Robin.

"Quando Geri chegou a Las Vegas, por volta de 1960, trabalhou como garçonete e vedete. Nosso pai ia visitá-la uma vez ou outra, mas ficou bastante aborrecido quando viu o que Geri fazia. Foi um baque para papai. Ele percebeu o que estava acontecendo, mas para não perder a filha preferiu aceitar seu estilo de vida.

"Ela já estava saindo com Frank em 1968 quando tive de ir morar com ela depois que meu marido me abandonou. Geri foi muito generosa comigo, eu não teria conseguido sobreviver sem ela. Ela obteve conquistas, fazia bons investimentos na bolsa de valores. Economizou dinheiro, mas sabia que não duraria para sempre. Dizia que já havia passado dos 30 anos, que não duraria para sempre.

"Um dia, estávamos eu e ela conversando com uma de suas amigas chamada Linda Pellichio. Geri nos contava sobre os diferentes tipos de homens que quiseram casar com ela, homens de toda parte que a pediram em casamento, em Nova York e na Itália. Mas ela sentia que não podia ir embora. Tinha Robin, mamãe, Lenny, e nosso pai. Pensava na possibilidade de se casar com Lenny. Dizia que ele vivia atrás dela propondo casamento, mas eu lhe contei que Lenny tinha acabado de ser preso em Los Angeles por cafetinagem e por isso queria se casar tão depressa. Contei a ela que Lenny só queria se casar porque ela possuía dinheiro para mantê-lo longe da cadeia e pagar seus advogados, mas ela já sabia disso. Olhou para mim e Linda e perguntou: 'O que devo fazer?'. Linda Pellichio tinha a resposta. Nunca vou me esquecer. 'Case-se com Frank Rosenthal', Linda respondeu. 'Ele é muito rico. Case com ele, pegue o dinheiro dele e depois peça o divórcio.'

"Geri disse: 'Não posso me casar com ele. Tem três casas em Gêmeos, repleto de dualidades'. Geri acreditava em horóscopo. 'Gêmeos é a cobra. Você tem de ter cuidado com a cobra.'

"Naquela época Geri também estava saindo com Johnny Hicks. Ela adorava Johnny Hicks e ele teria se casado com ela, porém seus pais eram muito ricos. Eram donos do Algiers Hotel, e não queriam que ele se casasse com ela. Perderia tudo. Na situação em que se encontrava, Johnny tinha uma carteira de investimentos que lhe rendia 10 mil dólares por mês. Acho que teria se casado com ela se pudesse.

"Ela passou a falar cada vez mais em casamento. Não queria viver mais daquele jeito. Me disse que iria encontrar alguém para casar."

Lefty Rosenthal foi casado brevemente quando tinha por volta de 20 anos e se esquivava da ideia de se casar de novo. Geri não era exatamente o tipo de garota para se apresentar à família. Não parecia nem de longe que iria um dia sossegar, cada encontro era uma aventura. "Quando começamos a ficar juntos", disse Lefty, "ela estava saindo com Johnny Hicks, que era cerca de dez anos mais novo que Geri. Vinha de uma família muito rica, eram donos do Algiers Hotel e do Thunderbird Casino. Gostava de bancar o durão, era amigo de uma turma que costumava espancar prostitutas. Esse era o tipo do sujeito.

"Geri saía com ele antes de eu chegar. Eles saíam, e se alguém tentava paquerá-la ou a importunava, Hicks batia com gosto no cara. Pra valer.

"Ele gostava de chutar o sujeito quando ele já estava no chão. Um verdadeiro brigão de rua.

"Fui com Geri ao Caesar's uma noite. Estávamos com Bert Brown, um jogador amigo meu, e Bobby Kay, o anão que administrava o Galleria, no Caesar's. Do nada, Geri falou: 'Vamos para o Flamingo'. Disse que queria dançar. Ela sabia que eu não dançava, mas queria ir dançar. Assim era o namoro com Geri. Certo? Certo.

"Fomos para lá, nos sentamos numa mesa no corredor, aí chegou Johnny Hicks com mais três ou quatro caras, e um deles era Bates, um típico arruaceiro de boate. Assim que Hicks veio até minha mesa, vi que me olhou atravessado. Ele sabia que eu estava namorando a sério com Geri. Agora ela estava comigo, nada de enrolação. Pela forma que me olhou, vi que haveria confusão, mas não podia fazer nada.

"Então, em vez de ficar sentada quietinha e evitar problemas, Geri decide dançar. Falei: 'Você sabe que eu não danço, Geri'. Então ela se levantou e começou a dançar com Bert Brown.

"Estava tudo bem até eu ver Hicks se levantar e bater no ombro dela. Bert Brown recuou. Pude ver Geri e Hicks conversando, mas não conseguia ouvir o que diziam.

"Geri começou a dançar com Hicks. De repente vi que ele pôs as mãos em seus ombros e meio que a sacudia com força.

"Saí do sério. Lembro-me de partir para cima dele, de voar em sua direção, me chocar com ele e nós dois cairmos no chão. Ele era mais forte que eu e me dominou, ficou em cima de mim e começou a me estapear e a arranhar meu rosto com as unhas. Alguns seguranças e seu próprio amigo Bates o tiraram de cima de mim e o afastaram. Ao ser afastado, me chutou e só não atingiu minha cabeça por uma questão de centímetros.

"Fiquei louco. Voltei ao Trop, onde estava morando, e peguei uma arma na mala. la encontrar o filho da puta e matá-lo. Dava para ver que estava fora de mim.

"Saí em busca de Hicks. Meu rosto sangrava bastante. Bobby Kay e Geri imploravam para eu me acalmar, mas eu não lhes dava ouvidos. Logo Elliott Price e Danny Stein, do Caesar's, me seguraram e me levaram de volta ao meu quarto e eu me acalmei.

"O que eu esperava? Estou saindo com uma das garotas mais bonitas da porra do estado, talvez do país, então que Deus me ajude!

"E como ela era bonita. Rapaz!

"Eu era um completo idiota. Ingênuo, entende? E dizia para mim mesmo: 'O que estou fazendo com essa mulher? Como eu a consegui?'.

"Bom, nesse período, ela uma vez me fez uma pergunta, meio que num tom de deboche. Foi bem interessante. Estávamos prestes a ir para a cama, ela me olhou e abriu um pequeno sorriso. 'Você nunca ficou com ninguém como eu, né?', perguntou, sorrindo. 'Esteve?'

"Eu sabia que ela estava certa, mas perguntei o que ela queria dizer: 'Alguém como você?'.

"'Você sabe exatamente o que eu quero dizer', ela falou. 'Você nunca ficou com alguém como eu, alguém parecido comigo. Esteve?'

"'Bom, pra falar a verdade, Geri', disse, 'Não, nunca estive.'

"Pensei nela, bem ali na minha frente, e sabia que ela estava certa. Mal podia acreditar que era toda minha. Nunca tinha ido para a cama ou feito amor com alguém parecido com ela.

"Ela só ficou olhando para mim e continuou a sorrir."

Frank e Geri casaram-se em 1º de maio de 1969, em cerimônia oficializada pelo Juiz de Paz Joseph Pavlikowski.

"Nunca houve qualquer dúvida", Lefty falou. "Eu sabia que Geri não me amava quando nos casamos. Mas eu estava tão encantado por ela quando lhe propus casamento que achava que poderia formar uma bela família, um belo relacionamento.

"Antes de nos casarmos, conversamos sobre o fato de podermos construir ou criar uma forma de amor, admiração, respeito. O que é o amor? Falei com ela sobre isso. Mas eu não me deixei enganar.

"Ela se casou comigo pelo que eu representava: segurança, força. Um sujeito bem relacionado, respeitado, provavelmente, daria um bom pai. E ela estava ficando velha. Não queria mais aquela vida: roubar fichas de cassino, trepar com seus jogadores. Queria ser respeitável, largar seu emprego no Tropicana.

"Quando namorávamos, alguns dos meus amigos me alertaram sobre ela. Diziam: 'Escuta, essa garota vai te deixar na miséria. Você não conhece o passado dela'.

"Veja bem, naquela época eu era considerado um sujeito todo certinho. E era. E essas pessoas, creio eu, se preocupavam comigo. E elas tentavam me dizer: 'Não faça isso'. Eles me viam o tempo todo com ela. Estava realmente envolvido.

"Algumas dessas pessoas a conheciam há alguns anos, eu a conhecia há alguns meses. Mas achava que era mais esperto que elas. Eu era o analista, eu era isso, eu era aquilo.

"E eu poderia modificar Geri. Pouco me importava se ela bebia muito. E daí? Paro com isso num dia. Eu não sabia nada sobre alcoolismo. Como eu ia saber? Eu nunca bebi. Só sabia fazer análises, análises e análises. Era tudo o que eu sabia.

"No meio da nossa festa de casamento, ela se levantou e foi até uma cabine telefônica dar um telefonema. Quando saí para ver se ela estava bem, pude ouvi-la conversando com Lenny Marmor. Pude ouvi-la dizer a ele que tinha acabado de se casar com Frank Rosenthal. Enquanto ela falava, vi que chorava. Pude ouvi-la falar: 'Lenny, sinto muito. Eu te amo. É a melhor coisa que eu posso fazer'. Estava se despedindo do amor de sua vida. Ela desligou e me viu. Disse-me que era algo que tinha de fazer. Disse para ela que entendia, mas que o passado agora tinha ficado para trás. Agora estávamos casados. A vida seria diferente. Tirei o copo de bebida de sua mão e voltamos para a festa.

"Então nos casamos. Foi fantástico, uma noite inesquecível. Talvez uns quinhentos convidados: a família dela, minha família, amigos, caviar, lagostas, champanhe Cristal para quinhentas pessoas. Uma capela foi construída no Caesar's Palace. Não faço a menor ideia do quanto tudo custou. Minha festa de casamento não me custou um centavo, foi toda bancada."

08

Ele não é como um filho, ele é meu filho.

Lefty Rosenthal estava com 41 anos. Estava de saco cheio da vida de apostador independente. Administrava um escritório de apostas chamado Rose Bowl e tinha sido preso seis vezes num período de quatro meses. Estava cansado de trabalhar dezoito horas por dia e do constante assédio da "Dona Justa". Era hora de sair fora, conseguir um trabalho fixo, estabelecer-se. Claro, Las Vegas talvez seja a única cidade no mundo onde estabelecer-se significa trabalhar em um cassino.

"Em 1971, a pressão chegou a um ponto que Geri me pediu para parar de apostar e conseguir um emprego normal", disse Rosenthal. "Trazer alguma respeitabilidade à família, agora que tínhamos um filho. Queria que tivéssemos uma vida normal. Geri se sentia excluída, dizia que Steven se sentia excluído. Vi que devia isso a ela, pelo menos tentar viver uma vida normal por um tempo. Ela disse: 'Pegue a mesma energia que você tem para apostar todas as semanas e use-a dentro de um cassino'. Disse a ela que tudo bem e preenchi algumas fichas de emprego. Eu tinha alguns amigos no Stardust e consegui um emprego como fiscal de salão, é um degrau acima do crupiê. Ganhava 60 dólares por dia, cumpria uma jornada de trabalho que durava de oito a nove horas diárias. Ficava responsável pela vigilância de quatro mesas de Vinte-e-um."

O Stardust Hotel & Cassino foi construído em 1959. Foi o primeiro hotel cassino de muitos andares da região, e de acordo com os Federais passou por vários proprietários ligados à máfia de Chicago. Era famoso principalmente por ter o maior letreiro em Las Vegas — tinha 932 lâmpadas só na letra A — e por ser o lar do Lido Show. Era considerado um lugar de apostadores miúdos — onde jogadores perdiam de modo lento e sistemático, e não de forma espetacular, os grandes jogadores iam ao Caesar's e ao Desert Inn.

"Na minha primeira noite de trabalho fui levado até Frank Cursoli, gerente de Vinte-e-um", disse Rosenthal. "Bobby Stella, um vice-presidente do Stardust que eu conhecia de Chicago, me levou até Cursoli. Ele falou umas abobrinhas sobre cassinos e eu não entendi nada.

"Então, na minha primeira noite, comecei a ser chamado pelo alto-falante. Não conseguia pegar o recado de onde eu estava, mas vi o olhar de Cursoli tipo: 'Que porra de sujeito é esse?', e ele perguntando a Bobby Stella: 'Quem é esse cara? Por que ele não responde quando é chamado?'.

"E Bobby respondeu: 'Calma. Calma. Você não conhece ele. Relaxa'. Em outras palavras, Bobby tentava fazer Cursoli entender que eu não era um empregado qualquer.

"Quando perguntei a Cursoli quando poderia ter uma pausa de descanso — minha úlcera estava começando a dar o ar da graça — ele me olhou atravessado. 'Eu te digo', ele respondeu, como se eu fosse um imbecil. Voltei muito puto pro meu posto. Não estava acostumado a ter de implorar por um copo de leite quando sentisse vontade.

"Vi Bobby Stella passando. Ele também me viu e se aproximou. Falei: 'Ô, Bobby, esse cara é doido? Qual o problema dele?'. 'Relaxa, relaxa', Bobby me disse, e foi até Cursoli e conseguiu que ele me desse uma pausa de quinze minutos.

"Ao fim do meu primeiro turno de trabalho, quando minha mulher me pegou eu não conseguia ficar de pé, minhas pernas doíam. Falei: 'Geri, chega'.

"Mas ela me convenceu a voltar. E quanto mais eu me inteirava do negócio, mais me afastava das apostas nos esportes. Ao fim do primeiro ano, eu tinha limitado todas as minhas apostas à Liga Nacional de Futebol Americano (NFL). Desisti até do basquete universitário.

"Nunca tinha pensado na hipótese de trabalhar num cassino até minha mulher sugerir, mas quando comecei a trabalhar lá aquilo me deixou intrigado. Nunca tinha visto um negócio onde as pessoas eram tão ávidas a entregar de mão beijada seu próprio dinheiro. Dê a elas um drinque grátis e um sonho e elas lhe darão suas carteiras.

"Uma noite fui de carro até o Henderson para um jantar rápido com uma pessoa. Era um lugar pequeno. Tinha uma mesa de dados e duas de Vinte-e--um. Vi um trailer estacionar e de dentro saírem um sujeito com a família, e todos se dirigiram ao restaurante. Ainda estavam a uns 45 km de Vegas, mas era sua primeira parada.

"Pararam porque havia uma placa do lado de fora onde estava escrito ALMOÇO, 49 CENTAVOS — 24 HORAS POR DIA. O sujeito entrou por causa de um almoço barato e começou a jogar Vinte-e-um. Enquanto eu fiquei por lá ele já tinha perdido 2,4 mil dólares. Nunca chegou até Vegas, simplesmente pôs a família de volta no trailer e voltou para casa."

Lefty nunca se esqueceu disso. Resolveu aprender tudo o que pudesse sobre o negócio. "Eu tinha centenas de perguntas e nenhuma resposta", ele disse. "O pessoal das antigas não queria me dizer nada, para eles tudo era segredo. Tive de aprender tudo por conta própria.

"O que aprendi é que não havia nenhum segredo. Era quase que impossível para um cassino não ganhar dinheiro. Alguns deles tinham de ganhar o dobro ou três vezes mais, pois as pessoas que os administravam eram tremendamente preguiçosas ou desonestas.

"Via gerentes de cassinos de papo pro ar, viviam numa zona de conforto. Eu nunca poderia ser desse jeito.

"Meu trabalho consistia em ficar na minha área, mas em noites de grande movimento eu circulava além dela, ia por trás dos crupiês para ver se eles estavam levantando muito alto as cartas fechadas. Aí eu ia até eles e dizia: 'Que belo dez de espadas você tem aí'.

"Descobri que era prática comum em cassinos de fraco movimento que um trapaceiro se sentasse atrás de um crupiê inexperiente para vê-lo deixar à mostra suas cartas fechadas e alertar seu cúmplice que jogava na mesa do crupiê desastrado. Faziam uso de sinais com a cabeça, olhos, mãos e até de transmissores de impulsos elétricos. Alguns deles eram trapaceiros errantes — vigaristas profissionais de cassino — e haviam sido fotografados, constando da Lista de Exclusão. Chegavam usando barbas falsas, perucas, próteses de nariz. Tinham parceiros contando cartas, girando a roleta, lançando dados adulterados nas mesas de jogos e usando ímãs especiais para ganhar nas máquinas caça-níqueis. Criavam todo tipo de distração para que um deles pudesse aplicar um golpe numa mesa de Vinte-e-um — isso, no geral, só é possível com a ajuda do crupiê e do gerente de área do cassino — e arrancar de você algumas centenas de milhares de dólares, os quais você nunca mais verá de novo.

"Comecei a buscar pequenos sinais, pistas. Descobri que se as mãos de um lançador de dados não estivessem abertas após ele os lançar ele poderia ter algo preso à palma da mão. Tem pessoas tão ágeis que não é possível vê-las pôr dados falsos sobre a mesa, trabalham em equipe e são especialistas. A pessoa que passa os dados batizados pode ser uma simpática velhinha. Normalmente, não é o lançador. O cara que rola os dados falsos sobre a mesa, muitas vezes, deixa o jogo logo depois. Não dá para evitar que um especialista leve para a mesa dados manipulados, mas seu gerente de área ou de turno deve estar apto a pegá-lo assim que o jogo começar.

"Após um tempo você começa a aprender todos os truques. Aprende a ter cuidado com distrações: pessoas derramando drinques, pedindo um cigarro ao crupiê, iniciando uma discussão com ele ou o interrompendo e pedindo que troque o dinheiro. Aprendi a detectar uma *sub*, uma meia comprida costurada à roupa do crupiê para ele escorrer as fichas que roubar das mesas. Uma pista para detectar uma *sub* é que crupiês desonestos estão sempre se tocando. Olhei para ver se as botas de um crupiê estavam para fora de suas calças. Pegue botas abertas na parte de cima e, nove entre dez vezes, você encontrará fichas dentro delas. Na primeira semana trabalhando no cassino peguei em flagrante um crupiê enfiando fichas embaixo do relógio de pulso.

"Havia também os *turns*, que é como eles chamam os caras que ajudam a fraudar as máquinas caça-níqueis. Chamam-se *turns* porque desviam a atenção dos fiscais de salão com perguntas do tipo: 'Por favor, pode me dizer onde fica o banheiro?', enquanto seus cúmplices cercam as máquinas bloqueando a visão — e um outro do bando abre a máquina ou enfia ímãs dentro delas, produzindo ganhadores. Não demora muito tempo. Um bom adulterador consegue acesso à engrenagem da máquina em segundos.

"Alguns anos depois, quando eu dirigia o lugar, recebi um telefonema de Bobby Stella, pai, meu gerente de cassino, dizendo que um sujeito vestido de caubói estava nos massacrando. O garoto jogava em todos os seis lugares da mesa de Vinte-e-um de 100 dólares, e já tinha ganhado cerca de 80 mil dólares.

"Quando cheguei lá, perguntei a Bobby se ele conhecia o garoto. Era hóspede do hotel? Sabia seu nome? Ninguém sabia nada dele. Era uma tremenda falha, uma péssima administração do negócio. Um jogador como aquele era para o gerente de área cercá-lo com mimos como hospedagem grátis, bebida grátis, tudo grátis. Tinha de se sentir muito bem-vindo. Ele é *O Cara*, e você tem de envolver o sujeito de tal forma para que, primeiro, ele volte e perca, e, segundo, ter tempo de descobrir quem é esse filho da puta e se ele é honesto.

"Vou te contar uma coisa: não existe dono de cassino no país que veja um sujeito entrar em seu estabelecimento, ganhar 80 mil dólares e não saber, no fundo, no fundo, que o desgraçado está roubando. Eu sabia que ele estava roubando. Bobby sabia que ele estava roubando. Só não sabíamos como ele estava roubando.

"Também sabíamos que ele estava sendo malandro pela forma com que fazia as apostas. Deixava passar boas mãos e apostava nas mais difíceis. Jogava lavandas [fichas de 500 dólares] em apostas estúpidas e ganhava. Não estava cometendo erros normais suficientes para ser considerado um sujeito honesto.

"Mandei que o deixassem jogar à vontade. Não queria o bafo de seguranças em seu pescoço ou um fiscal de salão de sentinela no cangote do crupiê. Eu procurava alguma coisa e a primeira coisa que vi foi a forma com que ele separava e pegava suas fichas. Antes de fazer suas apostas ele segurava algumas fichas e as ficava manipulando muito nervoso entre os dedos, como um crupiê profissional. Então a partir dali vi que o filho da puta era um profissional. Ele ganhava de nós e se exibia para a plateia.

"Contornei a mesa por trás e vi que nosso crupiê era fraco. Não fechava as mãos em concha o suficiente. Levantava demais sua carta fechada quando tinha de mantê-la protegida. E esse é o tipo de fraqueza que trapaceiros errantes buscam. Eles circulam pelos corredores à procura de crupiês fracos do mesmo jeito que leões farejam antílopes. Bobby e eu subimos para observá-lo pelo *Eye in the Sky*, a câmera de observação, e lá vimos um outro sujeito inclinado sobre a mesa atrás do crupiê do vencedor: ele via qual era a carta fechada do crupiê e avisava ao amigo.

"Desci ao salão e vi que o olheiro usava algum tipo de aparelho eletrônico que tinha no bolso. Imediatamente, enviei uma mensagem ao sr. Armstrong: 'BJ dezessete', que era um código para que um segurança fosse cercar a mesa de Vinte-e-um número dezessete. Não queria que aqueles caras saíssem com um centavo dali.

"Por haver muita gente ao redor da mesa, não queríamos criar problemas, então mandamos um dos seguranças à paisana ficar bem próximo do ganhador e, enquanto outro segurança distraía a multidão por um instante, nosso homem acionou uma máquina de choque contra o peito do sujeito e ele desabou no chão.

"Levantamos ele aos gritos de 'Ataque cardíaco! Ataque cardíaco!', e o pusemos num depósito nos fundos. Os seguranças fizeram uma cena, disseram que iriam pôr seus ganhos num lugar seguro. E no instante em que o tiramos do salão, a jogatina foi retomada como se nem ele, nem o dinheiro que ganhou tivessem jamais estado lá.

"Arrancamos suas calças e encontramos a aparelhagem eletrônica que ele usava para receber os sinais. Para mim, era prova suficiente. Perguntei se ele era destro ou canhoto. Quando ele disse 'destro'. Dois dos seguranças agarraram sua mão direita, a seguraram na ponta da bancada, e um outro bateu nela com força algumas vezes com um martelo. 'Bom, agora você é canhoto', falei. Então trouxemos seu cúmplice e dissemos que ele receberia o mesmo tratamento, a não ser que os dois saíssem do Stardust e dissessem a todos os seus camaradas que agora nosso cassino estava proibido para eles. Eles nos agradeceram, pediram desculpas e disseram que falariam para todo mundo que conheciam. Tiramos fotos dos dois, anotamos suas identidades e os liberamos. Nunca mais voltaram.

"Os grandes jogadores vêm de todos os extratos da sociedade. São dentistas, advogados, cirurgiões cardiovasculares, corretores, homens de negócios, comerciantes, industriais, todo tipo de gente anônima. Não costumávamos receber altos apostadores e tubarões como Adnan Khashoggi[1] no Stardust.

"Mas tínhamos o Lido Show, e Khashoggi gostava. Naquela época, o Lido era a maior atração de Las Vegas. Recebíamos uma ligação do Caesar's e disponibilizávamos assentos para Khashoggi na primeira fila. Cobríamos de regalias celebridades e artistas, estivessem ou não hospedados conosco. Khashoggi quase sempre chegava com oito, vinte acompanhantes, e nós o paparicávamos com champanhe Dom Pérignon gelada, caviar, tudo.

"No fim da noite ele nos dava uma aposta de cortesia por nossa hospitalidade. Algo em torno de algumas centenas ou mil dólares. Gostava de jogar e podia perder entre 5 mil e 2 milhões de dólares. Nada se comparava a Khashoggi no jogo de dados. Eu costumava ficar lá observando. O homem tinha crédito ilimitado.

"Uma vez foi até à joalheria. Tipo alguém que entra e compra um iogurte. Comprou uma joia de 100 mil dólares para uma garota. Quando sacou o cartão de crédito para pagar, a pobre da vendedora achou que sua venda iria pelos ares. Mas quando checou o limite do seu cartão Visa, o resultado é que ele tinha uma linha de crédito de 1 milhão de dólares.

"Quando Khashoggi aparecia num cassino, metade das garotas bonitas de Beverly Hills pegavam um avião até onde ele estava. Era um senhor jogador, mas havia alguns asiáticos que ficavam ombro a ombro com ele. Alguns jogavam até mais pesado, homens que despejavam dois, três, 4 milhões em apostas e alguns meses depois voltavam e apostavam tudo de novo."

---

1   Bilionário saudita negociante de armas.

A maioria das pessoas que trabalhava no Stardust sentia que o repentino surgimento de Lefty Rosenthal como gerente de salão ia muito além do desejo de mudança de hábitos de um homem de meia idade em atendimento ao pedido de sua mulher. "Lefty na verdade nunca começou como um crupiê iniciante", disse George Hartman, um ex-crupiê de Vinte-e-um do Stardust que deu a Lefty os primeiros ensinamentos sobre o cassino. "Ele conhecia todos os chefões do lugar. Começou como gerente de salão, mas em uma semana todo mundo o tratava como se ele fosse o chefe, mesmo que seu cargo não justificasse esse tipo de tratamento. A notícia se espalhou.

"Sempre soubemos que Chicago controlava o Stardust. Alan Sachs era de Chicago. Bobby Stella, o gerente do cassino, e Gene Cimorelli, o chefe de turno, eram ambos também de lá, bem como dezenas de chefes de área, gerentes de salão e crupiês. O fato de Lefty ser de Chicago apenas tornou mais claro que ele era um sujeito com boas conexões, mas quem ousaria perguntar?

"O problema de muitos cassinos naquele tempo era que ninguém nunca soube a quem eles pertenciam. Não me importa o que dizia a hipoteca: a propriedade da maioria dos cassinos era tão enrolada e com um passado tão cheio de sócios, sócios ocultos, meios-sócios, laranjas e testas de ferro que ninguém fora do meio conseguia entender, e muitas das pessoas de dentro também não."

A importância e o poder de Lefty no Stardust eram tão explícitas que em dois ou três meses os agentes da Comissão de Controle de Jogos começaram a questionar se não se deveria exigir de Lefty um pedido de licença de empregado em posição-chave.

Rosenthal tinha uma autorização para trabalhar, mas a diferença entre obter uma licença para jogos e uma autorização de trabalho é a diferença entre um grande apostador e um apostador de máquinas caça-níqueis. "Tanto a permissão de trabalho como a licença para jogos necessitam de uma checagem minuciosa do FBI", disse Shannon Bybee, um membro da Comissão de Controle de Jogos à época, "mas para dar uma licença de jogos para ser proprietário ou gerente de um cassino, queremos saber tudo, inclusive sobre todos os lugares onde a pessoa trabalhou desde os 18 anos de idade. Nós a avaliamos, checamos todas as suas contas bancárias, aplicações em Bolsa e empréstimos. Entrevistamos os banqueiros e corretores da Bolsa. Enviamos investigadores para checar bens, não importa onde estejam. Enviamos investigadores ao redor do mundo para averiguar os bens de um candidato, e o candidato tem de pagar adiantado por sua própria investigação."

Jeffrey Silver, advogado da Comissão de Controle de Jogos de Nevada, estava em seu escritório àquela época quando Downey Rice, um agente aposentado do FBI de Miami, apareceu. "Downey veio em busca de informações relevantes ligadas a um caso em que estava trabalhando na Flórida", disse Silver. "Começamos a conversar, ele me perguntou o que estava rolando e eu disse que nada tão importante, estava fazendo um levantamento de rotina a respeito de um sujeito chamado Frank Rosenthal, que estava pleiteando uma licença. Downey ficou em silêncio por um instante e então falou: 'Ah, você quer dizer Lefty'. Perguntei se ele conhecia Frank Rosenthal e ele respondeu: 'Eu fui um dos agentes que o investigou na Flórida'. Temos muito material sobre Lefty.

"Eu já havia recebido uma investigação preliminar acerca de Rosenthal vinda de nosso chefe de investigações, mas era limitada exclusivamente ao passado de Lefty em Nevada. Não havia nenhuma menção a quaisquer problemas na Flórida ou em qualquer outro lugar. Estávamos prestes a iniciar audiências públicas para a licença e acabei descobrindo o passado de Lefty por acaso.

"Então Downey começou a me contar como Lefty foi acusado de subornar um jogador de basquete na Carolina do Norte e aceitou a acusação sem contestá-la, que havia uma outra tentativa de suborno a um jogador universitário, seguiu dizendo das audiências no Congresso em que Lefty foi interrogado sobre tudo isso. Fiquei ali sentado, anestesiado. Ele me perguntou se eu tinha cópias da transcrição. Respondi: 'Ainda não'. Ele disse que achava ter as transcrições guardadas em sua garagem, e eu falei que adoraria vê-las. Cerca de uma semana depois, chegou para mim um pacote do Senado Federal contendo os livros verdes das audiências e neles encontrei Lefty sendo interrogado com perguntas bem específicas sobre suas atividades.

"Peguei aquilo tudo, fui conversar com o investigador chefe do conselho e sugeri que aprofundássemos mais a investigação sobre Rosenthal. Descobrimos que um dos atletas que Lefty supostamente tentou subornar era agora advogado em San Diego. Conseguimos uma declaração juramentada dele, e foi assim que começamos a reunir material acerca da licença de Lefty."

"Não fazia mais de três ou quatro meses que eu trabalhava no cassino", disse Rosenthal, "quando a Comissão de Controle de Jogos veio com tudo para cima de mim. Uau. Frank Rosenthal está no cassino. Shannon Bybee pôs uma pressão judicial danada sobre mim e fez de tudo para me tirar de lá. Insistia que para eu trabalhar no cassino teria de ter uma licença de funcionário com posição-chave no cassino, então vi que minha busca por uma licença naquele tribunal de exceção seria uma perda de tempo.

"Nesse meio tempo comecei a evitar quaisquer confrontos. Tentava me manter no local da forma que podia, na esperança deles irem embora e a pressão da comissão de controle passar. Então mudei de emprego. Arrumei um emprego no hotel que não estava sob o regulamento dos jogos, daí não teria de lidar com a comissão de controle. Tornei-me executivo do departamento de relações públicas do hotel. Mandei fazer cartões de visita, trabalhava como RP, mas, acredite, não deixava de acompanhar o que acontecia nos salões ou nas mesas do cassino.

"Eu não podia trabalhar nos salões. Não podia dar crédito aos jogadores. Não podia me envolver de jeito algum com os jogos. Mas na realidade eu funcionava como braço direito de Bobby Stella. Quando alguém queria me perguntar algo, vinha a mim e nós conversávamos. Você não precisa estar no salão para gerir um cassino. E pouco a pouco fui fazendo, na encolha, a maioria do serviço de Bobby.

"Bybee continuava tentando me pegar. Era insuportável para ele que eu tivesse me indisposto com a comissão de controle. Essa comissão era capaz de tornar a vida de um cassino bastante difícil, e, depois de um tempo, Alan Sachs, o presidente do cassino, estava pronto a me demitir. Ele disse às pessoas que não queria sofrer nenhum tipo de pressão."

Sachs não via nenhum motivo para manter Lefty Rosenthal por perto. Rosenthal era inteligente, um trabalhador dedicado. Mas trabalhadores dedicados se encontra às dezenas a preço de banana, não valem um minuto da atenção da Comissão de Controle do Jogo. Eddy Torres, dono do Riviera, no outro lado da rua, tentara convencer Sachs de que Lefty tinha ótima reputação em Chicago, sua cidade natal. Mas quem não tinha? O próprio Sachs era filho de um dos primeiros transportadores de dinheiro desviado pela máfia nas priscas eras de Vegas. Sachs gostava bastante de Lefty, não era nada pessoal. Ele apenas não queria confusão.

"Em meio a tudo isso", disse Rosenthal, "um amigo meu me ligou. Planejava fazer uma visita a Vegas. Sou um joão ninguém. Estou tentando manter o meu emprego e ele me liga para se hospedar no hotel meio que incógnito. Naquele tempo, a chegada em Las Vegas de um figurão como esse era tipo uma visita papal.

"Al Sachs o conhecia pelo nome, mas nunca tinha se encontrado com o homem. E eu me senti na obrigação — como uma gentileza para Sachs, por causa do frenesi sobre o nome do sujeito — de pelo menos perguntar: 'Tudo bem se esse cara ficar hospedado no Stardust?'. Se não estivesse, o próprio sujeito teria dito que ficaria em outro lugar. Nada demais. Falei: 'Al, o motivo da vinda dele aqui é só para fazer uma visita de alguns dias. E ele quer se encontrar comigo quando puder'.

"Lembro-me que Sachs meio que hesitou e disse: 'Sem problema. E, Frank, você não acha que eu tenho de demonstrar algum respeito e me encontrar com ele em particular?'. Respondi: 'Claro, Al, acho que sim. Fica à vontade, você que sabe'.

"Al tinha muito cuidado para se manter limpo, e estava certo.

"Quando meu amigo voou até Las Vegas, registrou-se no Stardust normalmente, com a diferença de que o fez usando um nome falso. Então me enviou uma mensagem pelo *bip*, aí eu fui ao seu quarto e pusemos um pouco a conversa em dia.

"Então eu disse a ele que Al Sachs, o presidente do hotel, queria lhe dar boas-vindas. Ele me disse — era esse tipo de pessoa: 'E quem disse que eu quero falar com ele, porra? Não quero aborrecer o cara. Não quero piorar a pressão em cima do homem'. E completou: 'Deixa isso pra lá, Frank'.

"Eu respondi: 'Não, acho que ele vai se sentir ofendido. Acho que ele sente que te deve esse tipo de gentileza'. Lembre-se que o homem agora é um figurão em Chicago.

"Então eu o convenci de que seria o melhor para ambos que houvesse pelo menos um aperto de mãos. Sessenta segundos e acabou. Voltei para o cassino e falei com Sachs. Disse: 'Ele está no quarto dele'. Então Al ficou superanimado e providenciou uma reunião que, mais secreta, impossível.

"Eis a reunião de Al: ele foi até os fundos da cozinha do Aku Aku, que àquela hora estava fechada, não havia ninguém ali. Tive de trazer meu amigo pelo elevador e atravessar o salão vazio do Aku Aku de forma que ele não fosse visto. Passei com ele pelas portas oscilantes até a cozinha vazia. Lá estava Sachs à nossa espera.

"Fiquei esperando perto das portas para me certificar de que o homem sabia onde estava, e à medida que ele caminhou em direção a Sachs, vi Sachs, a cerca de seis metros adiante, correr de braços abertos e dar um abraço apertado em meu amigo. Detalhe: Sachs era o presidente do Stardust Hotel & Casino e nunca tinha visto este homem em sua vida.

"Enquanto saía, pude ouvir as vozes dos dois, pois a cozinha estava num silêncio sepulcral. E ouvi Sachs dizer: 'Poxa, que prazer. Estou muito contente. Isso é algo que eu nunca vou esquecer.' Então ele disse: 'Sabe, estou realmente encantado de ter Frank por perto. Sei que ele é como um filho pra você.'

"Meu amigo, bastante sério, disse: 'Você está enganado.'

"Sachs perguntou: 'O que você quer dizer?'

"E meu amigo respondeu: 'Não, ele não é como um filho, ele é meu filho'. Foi a última coisa que ouvi, e continuei andando. Depois de um tempo as coisas foram se acalmando e eu voltei aos salões do cassino."

09

Tony era capaz de tirar qualquer pessoa do sério.

Tony Spilotro era dez anos mais novo que seu velho amigo Frank Rosenthal, mas por volta de 1971 suas vidas, estranhamente, seguiam paralelas. Ambos eram figuras públicas pelas razões mais erradas. Ambos tinham sido presos inúmeras vezes, no caso de Lefty por uma série de pequenos delitos, no de Tony por uma série de delitos consideravelmente menores do que os que ele tinha de fato cometido. Ambos lidavam com suas prisões processando as autoridades. Como resultado de toda essa pressão, os dois optaram por mudar de vida indo para o Oeste.

Tony ainda estava em Chicago em 1971, onde logo se tornou o provável sucessor dos criminosos de sua categoria. "Após matar Billy McCarthy e Jimmy Miraglia", disse Frank Cullotta, "Tony subiu muito rápido. Primeiro começou a trabalhar para Crazy Sam DeStefano como seu cobrador. Crazy Sam era um agiota tão louco que uma vez algemou o cunhado a um aquecedor, quase o matou de porrada, mandou que seu bando mijasse nele e em seguida o exibiu num jantar de família.

"Depois Tony foi trabalhar para Milwaukee Phil Alderisio, e eu tenho de dizer que foi Milwaukee Phil quem preparou Tony para a organização. Phil faturava alto. Foi o primeiro a arrumar um jeito de extorquir os corretores de apostas esportivas. Antes de Milwaukee Phil, só os corretores de corridas de cavalos pagavam a taxa para operação nas ruas. Phil mudou isso e começou a pegar os caras na rua a torto e a direito.

"Por um tempo, por volta de 1962, 1963, Tony tornou-se pagador de fianças. É verdade. Podia circular pelos tribunais do Condado de Cook, ficar por dentro do que acontecia nos tribunais, dar uma olhada nas salas onde eram guardados os registros dos processos. Os caras da organização conseguiram isso para ele. Trabalhava com Irwin Weiner, na South State Street. Weiner costumava soltar todo mundo sob fiança. Pagou a fiança dos caras de Milwaukee Phil, de Joey Lombardo e de Turk Torello.

"Agora Tony tinha cerca de seis ou sete caras negociando apostas para ele em diversos escritórios e algum dinheiro de agiotagem nas ruas. Um dia Tony veio à minha casa e me deu 6 mil dólares de um roubo que tínhamos feito. Ele me disse: 'Sabe, Frank, isso é muito dinheiro. Por que você não investe como eu e entra no negócio de agiotagem?' Ele prosseguiu: 'Nesse momento eu estou com algum dinheiro na rua. Não estou te pedindo para investir tudo, mas por que você não investe, tipo, 4 mil? Ganharia 400 dólares por semana, os 4 mil continuariam intactos, e a qualquer momento que quisesse poderia simplesmente pegar de volta'.

"Bom, na verdade eu não estava a fim de dar a ele 4 mil, então ofereci 2 mil. Tony disse que tudo bem, mas argumentou que era 1961 e o dinheiro estava ficando escasso, por isso havia uma grande demanda. Ele achava aquilo engraçado.

"Bom, dei a ele 2 mil e ele os pôs nas ruas. Toda semana eu recebia 200 dólares em dinheiro vivo. Além disso, tínhamos a contabilidade dos agiotas e costumávamos receber um percentual do que eles ganhavam, então tudo funcionava muito bem. Eu gastava muito bem também. Sempre gostei de carros novos em folha, então peguei meu Ford 1961, fui até o representante da Cadillac de Hope Park e troquei por um Coupe de Ville azul. Era um carro que eu sempre quis ter.

"Uma noite Tony me levou à North Avenue Steak House, na Mannheim Road, uma churrascaria de propriedade da máfia. Foi onde Tony quis me apresentar a alguns figurões. Essa foi a noite em que realmente decidi trocar de gangue.

"Jackie Cerone estava de pé no bar com Crazy Sam DeStefano e uma loura. Os três estavam bêbados, e não havia ninguém mais intragável do que Jackie Cerone quando estava bêbado. Quando entramos, perguntei a Tony quem era o babaca careca e barulhento que estava no bar.

"Acho que falei um pouco alto demais, pois Tony me mandou falar mais baixo e me explicou quem eram os dois caras. Naquele exato momento, Jackie Cerone agarrou a garçonete pelo braço e mandou que ela chupasse o pau dele ali no bar. Ela disse não, ele deu um murro em seu rosto e correu com ela dali.

"Aí Crazy Sam DeStefano veio até nós e começou a falar o quanto Jackie Cerone era otário. Crazy Sam também estava muito bêbado aquela noite. Então Jackie Cerone se aproximou e perguntou a Tony quem era aquele seu amigo, ou seja, eu. Tony me apresentou a Sam e Jackie. Foi assim que conheci Jackie Cerone.

"Ficamos por lá apenas cerca de uma hora. Eles faziam todo tipo de baderna e zoeira. Aquele Jackie Cerone era um cara muito, muito truculento. Qualquer garota que se aproximava ele a puxava, não queria saber se estava ou não acompanhada.

"Era terrível ficar perto dele, pois você ficava pisando em ovos, tinha de ter cuidado com as palavras. Nesse meio-tempo ficamos todos lá, como idiotas, rindo com Jackie e fazendo-o se sentir 'o cara'. Enfim fomos embora. Entramos no carro e fomos a outro lugar só para nos vermos livres deles.

"Deixei meu dinheiro circulando pelas ruas por mais dois meses, mas fiquei bastante irritado por ter de ficar puxando o saco daquela gente, por ter de ter cuidado o tempo todo e por causa da briga que foi para me livrar do meu carro. Tony queria mesmo ser alguém importante dentro da organização, eu não.

"Então finalmente falei com meus botões: 'Foda-se esse bairro! Fodam-se esses caras!'. Falei para Tony: 'Vou pro leste'.

"Ele respondeu: 'Do que você está falando?'. Então disse a ele que queria continuar com a gangue dele, 'mas vocês estão meio parados e eu quero mais movimento.' Continuamos grandes amigos, mas disse a ele que queria mais ação e então me liguei a uma quadrilha de assaltantes do East Side."

De acordo com o agente aposentado do FBI William Roemer, que acompanhou a ascensão de Spilotro durante os anos 1960 e escreveu sobre isso em seu livro *The Enforcer*: "Tony tinha um jeito especial de irritar as pessoas. Na época ele era um agente de fianças, e o peguei me seguindo ao sair da academia de ginástica. Ele dirigia um Oldsmobile verde, era bom naquilo. Ficava bem distante, mas o vi fazendo alguns retornos e percebi que estava na minha cola. Deixei que me seguisse até o Columbus Park, onde esperei por ele numa área deserta.

"Eu sabia o que ele queria. Tentava descobrir com quem eu estava me encontrando, quem eram meus informantes, pois estávamos processando Sam Giancana e Milwaukee Phil, e eles sabiam que tínhamos informantes infiltrados. Era o que ele fazia para a organização ao circular pelo tribunal o dia inteiro.

"Ele me perdeu de vista por um tempo, mas continuou na busca. Quando estava a cerca de seis metros de mim, apontei minha arma e perguntei: 'Procurando por mim, parceiro?'.

"Ele se assustou, mas só por um segundo, e se recompôs muito rápido. 'Só dando um passeio. Não é um parque público?'

"Olhei-o de cima a baixo. Naquele instante eu não sabia que era Spilotro. Usava um chapéu fedora, do tipo que Sam Giancana costumava usar. Vestia um suéter cinza e gravata, calças cinzas e mocassins pretos. Era muito baixinho, mas parecia rijo. Musculoso. Nem um pouco frágil, muito pelo contrário.

"Quando me identifiquei e perguntei quem era, ele respondeu: 'Não é da sua conta, porra! Não quero saber quem você é, seu babaca, e você não tem o direito de me questionar se não tiver um mandado'.

"Falei que era da minha conta sim, e agarrei seu braço esquerdo, prendi-o às suas costas e peguei sua carteira. Sua carteira de motorista dizia tratar-se de Anthony John Spilotro. Era para eu ter suspeitado, eu o tinha visto do lado de fora da casa de Sam DeStefano. Perguntei a ele sobre De Stefano e ele respondeu que nunca tinha ouvido falar dele. Perguntei por que estava me seguindo, ele respondeu: 'Quem está te seguindo? Só estou caminhando no parque'. Quando lhe disse que não acreditava, ele falou: 'Caguei pro que você acredita.'

"Este era Tony. Em vez de ir com a maré e me dar uma volta tentando ser gentil, dava respostas grosseiras. Até tentei ser simpático com ele, disse que ele ainda era um cara novo, um agente de fianças. Que deveria se livrar de toda a merda em que estava metido.

"'Certo, que nem você, otário', respondeu. 'Vi como você vive. Vi sua casa. Tremendo magnata! Vive numa cabeça de porco encravada no meio das usinas siderúrgicas. Que grande merda. Devo viver que nem você?'

"Como eu disse, Tony tinha um jeito de te tirar do sério. Avisei-o de que se o visse de novo perto de minha casa eu consideraria isso um problema pessoal.

"Mesmo assim ele não se intimidou. 'Foda-se, seu babaca', ele disse. E eu lá no meio do parque com uma arma apontada para ele. Eu tinha mais de um metro e oitenta de altura e pesava mais de cem quilos. Se ele estivesse me seguindo saberia que eu treinava boxe todos os dias na academia Y.[1] Em contrapartida, ele media um metro e sessenta, pesava pouco mais de sessenta quilos e curtia com a minha cara num ponto ermo do parque. Esse era Tony. Te desafiava a matá-lo.

"Empurreio-o de volta à área do estacionamento. 'Se manda daqui, seu merdinha', falei, e ele se afastou, entrou no carro e foi embora.

"Depois disso, toda vez que eu conversava com meus amigos da imprensa sobre Spilotro, sempre o chamava de 'aquele merdinha'. Sandy Smith, do *Tribune*, Art Petacque, do *Sun-Times*, e posteriormente John O'Brien, do *Trib*, começaram a usar o apelido 'the Ant' quando escreviam sobre ele. Acho que naquele tempo 'bostinha' não era adequado para a grande imprensa."

Nos idos de 1970, Spilotro aparecia nos jornais quase todos os dias. Fazia caras e bocas para os fotógrafos ao entrar e sair das audiências da Comissão do Crime. Insistiu até em mover uma ação contra a polícia e a Receita Federal pelos 12 mil dólares confiscados numa batida que estourou uma sessão de jogatina. A polícia declarou que o dinheiro era fruto de apostas ilegais e a Receita apreendeu a quantia como garantia contra uma possível sonegação de impostos.

Spilotro perdeu a ação. Para piorar, essa ação permitiu aos agentes federais terem acesso aos seus registros fiscais. Não perderam tempo e o acusaram de ter entrado com um pedido de hipoteca fraudulenta ao dizer que era empregado de uma fábrica de cimento. Os agentes da Receita mostraram que ele tinha declarado que seu único rendimento naquele ano, 9 mil dólares, veio unicamente de apostas que ganhou. Não havia qualquer declaração de rendimentos provenientes de uma fábrica de cimento.

"Tony não podia atravessar a rua sem que alguém o seguisse", disse Cullotta. "A coisa estava quente. Muitos de sua gangue, incluindo eu, estavam com um pé na prisão, e ele também, a não ser que saísse da cidade. Na minha festa de despedida — eu tinha pego uma pena de seis anos por roubos, arrombamentos e agressões —, Tony disse que ele, Nancy e o filho iriam de férias para o Oeste, que talvez se mudasse para Las Vegas e que eu deveria ir visitá-lo assim que fosse solto. Fiquei com isso na cabeça e fui hibernar por seis anos."

---

1 Abreviatura de YMCA — Young Men's Christian Association. No Brasil, é a ACM — Associação Cristã de Moços.

Na primavera de 1971, bem à época em que Frank Rosenthal começou a pensar em ir trabalhar no Stardust, Tony Spilotro alugou um apartamento em Las Vegas, e no dia 6 de maio de 1971 um caminhão de mudanças da Transworld Van Lines estacionou em frente à casa de Spilotro em Oak Park com uma equipe de funcionários e começou a encher o veículo com os móveis e utensílios. Alguns minutos depois, dois carros com agentes da Receita Federal pararam na rua e eles começaram a fazer um inventário do que estava sendo retirado da casa.

Spilotro logo suspeitou que assim que o caminhão estivesse lotado com os bens de sua família os agentes iriam apreender o veículo para uma liquidação fiscal. Então ele mandou os funcionários da Transworld Van Lines descarregarem o caminhão e pôr tudo de volta na casa. Em seguida, ligou para seu advogado e entrou com um processo contra a Receita. Autoridades federais o haviam forçado a deixar a cidade, ele disse, e agora estavam interferindo em "seu direito constitucional de viajar e residir em qualquer parte dos Estados Unidos."

Em uma semana os promotores retrocederam, e a Transworld Van Lines voltou para fazer a mudança de quatro toneladas de bens de Spilotro, incluindo nove engradados de louças, nove caixas de papelão contendo roupas, 45 caixas de utensílios de casa, um colchão de berço, quatro criados-mudos, uma mesa de jantar e seis cadeiras, três aparelhos de TV, uma máquina de costura, um relógio de parede, três cômodas, um divã, um sofá para duas pessoas, seis espelhos, seis cadeiras avulsas, quatro mesas e móveis de jardim. De acordo com o conhecimento de carga, os itens foram avaliados em 9,9 mil dólares, e a maioria deles estavam arranhados ou lascados.

No manifesto de carga, em que estava escrito "Contato Local, pessoa responsável pelo pagamento final", os Spilotros escreveram "Frank ou Jerry Rosenthal."

"A primeira vez que Tony foi a Las Vegas com Nancy foi para visitar", disse Frank Rosenthal. "Férias curtas, pouco antes de eles decidirem se mudar para cá. Ele falou: 'Vamos dar uma volta'. Saímos da cidade de carro rumo ao deserto, e conversamos sobre o que estava acontecendo em Chicago.

"Ele disse que a situação estava muito complicada lá e me perguntou se eu faria alguma objeção a eles se mudarem para cá. Por que a pergunta? Acho que ele falou de sacanagem. Ele queria apenas se garantir para que, quando a coisa ficasse feia, ele pudesse dizer: 'Porra, eu te perguntei, não perguntei?'.

"No caminho, eu o avisei de que aqui era muito diferente da nossa cidade. Disse a ele que os tiras tinham fama de serem superdurões, que muita gente que era presa por aqui poderia aparecer enterrada no deserto antes mesmo de conseguir ir a julgamento.

"Tony não disse nada. Eu sabia que se Tony viesse para Las Vegas, era melhor ele se comportar muito bem."

De acordo com o FBI, quando Spilotro chegou ele não tinha a autorização da organização para começar a extorquir ninguém ou dar início ao tipo de operação de agiotagem que poderia pôr em risco o esquema de desvio de dinheiro nos cassinos, a fonte principal de dinheiro dos mafiosos. "Tony era sagaz", disse o agente aposentado do FBI Bud Hall. "Sabia até onde podia ir com os chefões da organização em Chicago. Joe Aiuppa, por exemplo, era o tipo de sujeito que não queria saber de confusão. Aiuppa não dava a mínima para Spilotro, mas Tony sabia que, uma vez estando aqui, seria deixado à própria sorte."

"Quando voltamos para casa, ficou claro que Nancy e Geri tinham tomado uns drinques. Estavam ambas de porre. Tony fingiu estar enfezado, começou a gritar com Nancy: 'Você não pode fazer isso. Está me envergonhando. Frank não vai querer a gente por perto se você continuar a agir desse modo'.

"Ele tentava me fazer crer que tudo ficaria bem, que os dois teriam comportamento exemplar.

"Bom, algumas semanas depois eles vieram para ficar, e foi como uma sinalização para o FBI. A coisa começou a se complicar, eles começaram a vigiar a mim e ele. E, de uma certa forma, eu não os culpava. Eles achavam — todo mundo achava — que Tony tinha vindo para a cidade com instruções de Chicago, que ele era o braço forte na cidade e eu era o homem da organização dentro dos cassinos.

"Não podia haver nada mais longe da verdade do que isso, mas Tony se aproveitou dessa percepção incorreta. Corroborou esse sentimento. Estimulou isso. Falava com as pessoas: 'Sou o conselheiro de Frank'. 'Sou o protetor de Frank'.

"Até Geri achou que ele era meu chefe. Um dia fui ao *country club* com alguns executivos e um deles falou que meu chefe estava no canto. Dei uma olhada esperando encontrar um dos donos do Stardust, e em vez deles lá estava Tony jogando cartas. Quando demonstrei irritação, o sujeito disse que estava só brincando, mas esta era a percepção em toda a cidade no começo.

"Ele estava na cidade havia apenas uns dois ou três dias quando o xerife Ralph Lamb me chamou. Ele falou: 'Diga ao seu amigo que eu o quero fora da cidade em uma semana'. Tentei defender Tony. Falei: 'Ralph, eu não sou responsável por esse sujeito, mas ele vai se comportar. Dê uma chance a ele'. Não adiantou nada. Ele queria Tony fora da cidade.

"Dei o recado a Tony, mas acho que o aniversário dele era por aqueles dias ou algo do tipo, só sei que ao invés de Tony deixar a cidade naquele fim de semana, seus cinco irmãos chegaram. Todos homens de bem, um era dentista, mas o xerife Lamb os deteve assim que chegaram à cidade e jogou todos na cadeia por algumas horas.

"Ele manteve Tony preso no aquário dos bêbados a noite inteira. É um buraco úmido onde eles ficam com uma mangueira ligada porque todo mundo na cela tem piolho.

"Quando Spilotro enfim saiu, estava uma fera. Gritava: 'Eu vou matar aquele filho da puta', mas acabou se acalmando. A verdade é que ele tinha todo o direito de ficar na cidade, e houve uma trégua, mesmo não sendo ele e o xerife Lamb o que você chamaria de amigos.

"Não creio que Tony tenha sequer imaginado, quando veio para cá, o que estava por vir. Não acredito que ele tivesse um plano. Acho que as coisas foram evoluindo dia após dia e, o mais importante, ele foi deixado em paz para se estabelecer sem qualquer interferência."

Tony, Nancy e seu filho de 4 anos, Vincent, instalaram-se num apartamento, e Nancy se acostumou a ser uma esposa de Las Vegas. Lefty e Geri os ajudaram nesse processo: Lefty indicou o Bank of Nevada para Tony, e Geri apresentou Nancy a seus cabeleireiros e manicures favoritos do Caesar's Palace. Geri e Nancy tornaram-se grandes amigas, iam juntas às compras, faziam companhia uma à outra quando os maridos estavam muito ocupados e não podiam vir jantar em casa (o que acontecia com frequência) e jogavam tênis de três a quatro vezes por semana no Las Vegas Country Club, onde Lefty conseguiu que entrassem para sócios.

Contrastando com os elegantes Rosenthals, seus carros de luxo e casa dentro do campo de golfe, Nancy e Tony viviam de forma modesta. Andavam em carros populares e compraram uma casa de três quartos na Balfour Avenue, uma área de classe média. Nancy matriculou o pequeno Vincent na escola católica Bishop Gorman, participava da associação de pais e professores e dava queixa na delegacia do bairro quando a bicicleta de seu filho era roubada na frente de casa. Tony ia com frequência aos jogos da Little League,[2] onde sentava-se nas arquibancadas ou atrás do técnico junto aos outros pais na torcida pelos filhos.

Tony abriu uma loja de presentes no Circus Circus[3] chamada Anthony Stuart Ltd., e Nancy frequentemente trabalhava lá. Tony passava a maior parte do tempo no salão de pôquer no Circus ou no Dunes, emprestando dinheiro a juros extorsivos para crupiês quebrados. Não demorou muito até que quase todos os crupiês dos dois cassinos devessem dinheiro a ele.

Sua agiotagem, extorsão e jogos de cartas viciadas logo chamaram tanta atenção que a encenação de casal perfeito dos Spilotros caiu por terra. Tony transportou um bloco de cimento para o muro dos fundos de sua casa para poder observar por cima da cerca se tinha sido seguido aquele dia. Normalmente tinha. Agentes o pegaram se divertindo madrugada adentro com as meninas mais jovens e ingênuas que chegavam à cidade. Nesse meio tempo, Nancy foi presa por dirigir embriagada. Na ocasião, ela deu o nome de Geri, não o de Tony, como a pessoa a ser chamada numa emergência.

Tony estava na cidade havia menos de duas semanas e os Federais já o tinham grampeado. O FBI em Chicago alertou Las Vegas de que ele estava a caminho. Eles o seguiram até uma de suas primeiras reuniões no meio do deserto, e nessa reunião lhe foi pedido que ajudasse um frigorífico ligado à máfia a conseguir negócios com todos os grandes hotéis de Las Vegas. Depois o seguiram até uma reunião com os representantes do sindicato local dos chefs de cozinha. Mais tarde, esses representantes tinham reuniões com os principais compradores nos hotéis cassinos, e quando o verão chegava, todos os hotéis estavam comprando suas carnes do frigorífico indicado.

"Costumávamos detê-lo a cada três ou quatro meses pelos mais variados motivos", disse o sargento-detetive William Keeton, da polícia de Las Vegas, "por conta de alguma queixa nós o prendíamos, e ele chiava, dizia que era armação de alguém para vê-lo em cana, e em seguida o liberávamos.

---

2 Liga infantil de beisebol.
3 Situado em Las Vegas, é um complexo turístico composto de parque temático, hotel e cassino.

"Mas Tony gostava da publicidade. Ele era um tipo inconstante, convencido, também era um tanto carismático. A Comissão do Crime de Chicago tinha nos enviado uma foto de um sujeito cuja cabeça Tony tinha supostamente espremido num torno. De vez em quando, eu olhava para ela para me lembrar do quão perigoso ele era. A cabeça do sujeito fora comprimida até chegar a uns doze centímetros de largura, depois Tony jogou fluido de isqueiro em seu rosto e ateou fogo. Os globos oculares tinham saltado para fora.

"Em setembro de 1972, nós o prendemos com um mandado judicial por um homicídio ocorrido em Chicago em 1963. Foi preso sem direito à fiança — normal num caso de homicídio — e ficou à espera de transferência para Chicago. Acho que Tony não queria passar a noite atrás das grades, pois logo Rosenthal apareceu no tribunal numa audiência de fiança para ele. Não foi a atitude mais inteligente que Lefty tomou, mas creio que ele não tinha escolha."

"Tony estava na cidade havia cerca de um ano quando recebi uma ligação dele", disse Frank Rosenthal. "Ele estava preso. 'Você tem de responder por mim, tem de fazer isso por mim', ele disse. 'Preciso de você como testemunha para um pedido de fiança.'

"Acabou que era algo ligado com um homicídio em Chicago lá pelos idos de 1963. Falei: 'Porra, Tony, estou trabalhando no cassino, prestes a ganhar uma licença de jogo'.

"Tentei fazê-lo entender que talvez não seria bom para mim ir ao tribunal e ficar em evidência por causa dele numa audiência de fiança por um crime de homicídio. Seria um sinal de alerta para a Comissão de Controle de Jogos.

"'Eu preciso muito', ele disse. 'Você tem de fazer isso por mim.'

"Então fui ao tribunal. Dei garantias a ele, que foi solto mediante uma fiança de 10 mil dólares. Tony me jurou que não tinha envolvimento com o caso. Foi bastante convincente. No dia seguinte, vasculhei os jornais para ver se meu nome tinha aparecido ligado ao caso. Tive sorte, não tinha."

"Levaram Spilotro de volta a Chicago para julgamento", contou o agente do FBI Bill Roemer. "Ao ser denunciado, declarou-se inocente e disse que não fazia ideia de onde estava no dia do homicídio. Ele disse que sabia que o Presidente Kennedy foi assassinado uma semana depois e ia usar essa data para tentar recapitular onde estava no dia do assassinato de Foreman.

"Ele foi bastante malandro. Disse que iria pedir à sua família para procurar em seus registros, disse que tinha esperança que encontrariam algo que pudesse provar que ele não estava na cena do crime.

"Aí, cerca de um mês antes do julgamento, um dos dois acusados junto de Tony, Crazy Sam DeStefano, foi morto a tiros em sua garagem. Dois tiros de escopeta. A mulher de Sam e o guarda-costas tinham saído trinta minutos antes para visitar uns parentes.

"Tony estava preocupado com Crazy Sam. Tinha tentado conseguir que seu caso fosse separado do dele. Sam tinha acabado de ser condenado a três anos de prisão por ameaça a uma testemunha do governo num caso de narcóticos e tinha comparecido a uma audiência anterior numa cadeira de rodas, de pijamas e com um megafone na mão. Tony tinha muito medo de que Sam influenciasse o júri. Falava-se também que Sam tinha câncer e que seu medo de morrer na prisão o estava levando a trair seus corréus, respectivamente seu irmão, Mario, e Tony. Ficamos sabendo que Tony havia apelado em segredo ao chefão da organização, Anthony Accardo, alegando que Mad Sam iria acabar com ele."

Spilotro saiu vitorioso do caso. Sua cunhada Arlene, que era casada com seu irmão John, foi testemunhar. Ela declarou que no dia do assassinato, ela, o marido, Nancy e Tony passaram o dia inteiro juntos comprando móveis e eletrodomésticos, almoçando e discutindo sobre paletas de cores de tintas. O júri retirou as acusações contra Tony.

"Eu estava lá naquele dia", disse Roemer. "Quando foi dado o veredito, Tony ergueu os braços triunfante. Depois olhou para nosso grupo de agentes da lei, onde eu estava sentado. Spilotro tinha um largo sorriso de escárnio no rosto. Seus olhos se fixaram por um instante em mim.

"Quando ele saiu da sala do julgamento, agora um homem livre, fui até o corredor e falei para ele: 'Você ainda é um bostinha'. 'A gente ainda vai te pegar.' Falei de modo muito calmo.

"Tony olhou para mim e sorriu. 'Vai se foder', disse ele."

cassino
PAGANDO PRA VER

Parte 2

10

Você não sabe no que está se metendo.

Em 1971, quando Frank Rosenthal foi trabalhar no Stardust, o hotel cassino estava à venda. "Ele era propriedade da Recrion Corporation, que também era dona do Fremont", disse Dick Odessky, diretor de relações públicas do Stardust, "e os grandes acionistas queriam vendê-lo. Eles tinham subido muito o valor de suas ações e estavam loucos para se livrar delas. Mas a SEC[1] desconfiou e os forçou a assinar um compromisso de que não venderiam suas ações.

"Era como estar diante de um suculento filé e não poder comê-lo. Se alguém tentasse vender as ações estaria em apuros com os tribunais. Então a única forma dos acionistas terem seu dinheiro era vender toda a empresa.

"Del Coleman [o presidente da Recrion] representava os grandes investidores e havia uma tremenda pressão sobre ele para vender, e vender muito bem.

"Mesmo depois que Al Sachs assumiu como presidente do *Stardust*, a pressão para vender a empresa continuou. E foi nessa época que surgiu Allen Glick."

---

1   *Securities and Exchange Commission* — equivalente no Brasil à Comissão de Valores Mobiliários, órgão controlador de negócios da Bolsa de Valores.

Allen Glick era mais durão do que aparentava. Em 1974, quando o incorporador imobiliário de San Diego de 31 anos repentinamente se tornou o segundo maior operador de cassinos na história de Las Vegas, muitas das autoridades estaduais de controle de jogos e donos de cassinos ficaram estarrecidos. Até então o impacto de Glick na cidade tinha sido mínimo. Ele chegara em Las Vegas havia apenas um ano, quando ele e três sócios conseguiram um empréstimo de 3 milhões de dólares para construir um estacionamento para trailers no terreno do falido Hacienda Hotel Cassino, na parte sul da Strip, onde os aluguéis eram mais baixos.

A aparência e o estilo de Glick — ele era baixo, calvo e sério — escondiam sua garra. Poucos a seu redor sabiam que o jovem, calculadamente bem-educado Glick — que falava tão baixo que às vezes era quase inaudível — passou dois anos pendurado num helicóptero Huey no Vietnã, onde ganhou uma Estrela de Bronze.

"O Vietnã me ensinou que a vida é curta", disse Glick. "Lembro-me de escrever ao meu cunhado dizendo que não acreditava que voltaria para casa. Então quando voltei decidi que não faria o que não quisesse fazer. Primeiro, eu não queria de jeito algum ser advogado. Fiz bacharelado pela Ohio State University e me graduei em Direito pela Case Western Reserve University, mas a única coisa que eu sabia era que não queria exercer a advocacia. Segundo, eu queria viver em San Diego em vez de Pittsburgh, onde cresci. Consegui um emprego com um amigo de minha irmã no departamento jurídico da American Housing, a maior construtora de edifícios residenciais de San Diego, então Kathy, as crianças e eu fomos de carro para lá. Foi assim que comecei no mercado imobiliário.

"Em fevereiro de 1971, depois de cerca de um ano trabalhando na American Housing, me associei a Denny Wittman, um sujeito agradável, meio rebelde, num empreendimento imobiliário que envolvia grandes terrenos e edifícios comerciais.

"A primeira vez que fui apresentado a Las Vegas foi em 1972. Denny Wittman ficou sabendo que havia um terreno de vinte e quatro hectares na ponta sul da Strip que poderia virar um ótimo estacionamento para trailers. O único problema do terreno era que o falido Hacienda Hotel estava construído dentro dele, e o cassino tinha contra si três pedidos de penhora da Receita Federal. Não sei por que, mas eu simplesmente achei que, em vez de derrubar tudo e transformar num estacionamento, talvez pudéssemos levantar dinheiro para reabrir tanto o hotel como o cassino. Mas Denny Wittman não queria investir num cassino. Era um sujeito religioso, tinha problemas com essa proposta e pediu para sair.

"Naquela época eu tinha um total de 21 mil dólares de reserva, mas juntando esse chamariz e com a ajuda de Denny a inflar o valor de tudo o que nossa pequena incorporadora possuía, conseguimos levantar um empréstimo de 3 milhões de dólares junto ao First American Bank do Tennessee, onde havíamos feito negócios antes e tínhamos amigos.

"Eu tinha de conseguir uma licença da Comissão de Jogos de Nevada como proprietário de um cassino em Las Vegas, e lá estava eu, aos 29, 30 anos de idade, proprietário de um cassino de Las Vegas. No espaço de um dia, todo mundo na cidade tinha uma proposta de negócios para mim.

"Cerca de cinco meses depois, Chris Caramanis, que era dono de um serviço de voos fretados que os hotéis usavam, disse que o King's Castle em Lake Tahoe também estava falindo, tendo sido executado pelo fundo de pensão do Teamsters, e sugeriu que levantássemos dinheiro e assumíssemos o King's Castle do mesmo modo como fizemos com o Hacienda.

"Foi como conheci Al Baron, o gestor de patrimônio do Fundo de Pensão do Teamsters dos Estados Centrais. Chris me apresentou a ele, achei que iria me encontrar com alguém tipo um banqueiro respondendo pelo patrimônio de um fundo de pensão de muitos bilhões de dólares. Em vez disso, dei de cara com esse sujeito grosso, charuto no canto da boca, que olhou para mim e disse: 'Que diabos você tá fazendo aqui?'. Naquela época, Al estava irritado demais por causa de uma operação para tirar o falido King's Castle das mãos do Teamsters ter ido por terra.

"Quando disseram a ele que eu tinha conseguido levantar o dinheiro para comprar o Hacienda, ele perguntou: 'Você tem algum dinheiro?'.

"Respondi: 'Não, mas posso conseguir um empréstimo'.

"Baron estava tão louco para o Teamsters se ver livre do falido King's Castle que disse que em duas semanas estaria de volta a Las Vegas, e aí eu deveria fazer uma proposta.

"Quando voltou, mostrei a ele minha proposta e ele ficou uma fera. 'Eu não tenho tempo para ler isso', ele falou. Tudo o que ele queria era que eu arrumasse o dinheiro para a hipoteca e assim livrasse o Teamsters do problema.

"Bom, o negócio não se concretizou, mas pouco tempo depois me envolvi na construção de um gigantesco complexo de escritórios para o governo em Austin, no Texas, que seria ocupado pela Receita Federal, gabinetes do Congresso e várias agências do governo. Era um negócio maior do que poderíamos financiar com nossos empréstimos habituais junto aos bancos, então pensei: vou ligar para Al Baron. Liguei para ele três vezes, deixei recados, e ele nunca me retornou. Por fim, depois de quatro dias, sua secretária falou que eu não deveria me dar ao trabalho de ligar mais para ele.

"Falei que tudo bem, mas queria que ele soubesse que o governo tinha entrado em contato comigo e eu precisava falar com ele. Cerca de três segundos depois ele me ligou de volta. Quando disse a ele que tinha sido contactado pelo governo para a construção de um imenso complexo governamental, ele começou a me xingar de tudo que é nome. Usou todo tipo de palavrão e obscenidades que se possa imaginar.

"Mas em meio aos xingamentos, eu devo ter conseguido fazê-lo entender que aquilo era um projeto do governo federal e uma grande oportunidade, pois ele finalmente disse: 'Tudo bem, seu filho da puta, me mostre a porra da proposta de empréstimo'.

"Baron e os representantes do Teamsters adoraram o negócio com o governo que eu trouxe para eles, porque era totalmente legal e porque Denny Wittman, os nossos sócios de Austin e eu fizemos todo o trabalho, daí o Teamsters virou senhorio do governo.

"Depois veio a transação da Recrion. Eu ouvi falar que ela estava à venda e que Morris Shenker, o dono do Dunes, estava em negociações para comprá-la de Del Coleman. Acabou que Shenker oferecia a Coleman apenas 42 dólares por ação. Meus contadores tinham feito uma análise dos números e concluíram que podíamos pegar emprestado o quanto precisássemos para comprar o Stardust e o Fremont e ainda sobraria dinheiro para cobrir nossos custos.

"Era o negócio do século. Na mesma hora, telefonei para Del Coleman em Nova York para marcar uma reunião. Peguei um voo da madrugada e me encontrei com ele em sua mansão na 77 East Street, no início da manhã de sexta-feira. Del Coleman era um homem muito sofisticado, e creio que era casado ou noivo de uma modelo famosa à época.

"Disse a ele que queria comprar a empresa. Falei que já era proprietário do Hacienda Hotel & Cassino e que tinha o suporte de minha incorporadora ao oferecer pelo menos dois dólares a mais por ação do que o proposto por Shenker. Falei que precisaria de um tempo para levantar o dinheiro, mas que tinha certeza de que não teria problema em fazê-lo.

"Coleman respondeu de cara que já estava em negociações com Morris Shenker. Na verdade, os advogados estavam providenciando a papelada naquele exato momento, mas eu não sabia. Ele disse que se eu tivesse o dinheiro disponível ele seria obrigado a avisar os acionistas, o que significava que eu teria a possibilidade de fazer uma oferta pública.

"Ele acrescentou que, se eu estivesse falando a sério, eu teria até o meio-dia de segunda-feira para chegar com um pagamento em dinheiro vivo de 2 milhões de dólares, não reembolsáveis, e me daria 120 dias para levantar o restante do dinheiro. Concordei com o negócio, mas tremi. Teria de dar a Coleman 2 milhões de dólares em espécie na segunda-feira ao meio-dia e, mesmo que eu fosse capaz de levantar esse montante, era sexta-feira à tarde e os bancos estavam fechados no fim de semana. Liguei para Denny Wittman, falei que precisava de um empréstimo daquela quantia. Ele sabia o que estava em jogo e propôs que eu usasse dois Certificados de Depósito da nossa empresa no valor de 500 mil dólares cada, do First American Bank em Nashville, Tennessee. Depois falou que talvez eu pudesse conseguir uma carta de crédito de 1 milhão de dólares no mesmo banco, com o qual tínhamos uma ótima relação.

"Liguei para Steven Neely, o presidente do banco, e disse a ele do que eu precisava. 'Você tá maluco', ele disse. Falei para ele que era o negócio do século.

"'Se estiver falando sério, você tem de vir aqui hoje à noite', disse Neely. Desliguei, entrei em contato com as companhias aéreas e descobri que não havia mais voos indo para lugar algum perto de Nashville que pudesse me levar lá a tempo.

"Peguei um carro até o aeroporto Teterboro, em Nova Jersey, e fretei um Learjet para me levar lá. Eu não tinha dinheiro, mas passei o cartão de crédito, que graças a Deus foi aceito, e consegui pagar a viagem.

"Quando aterrisei em Nashville, Neely me viu saindo do jatinho e me perguntou onde eu o tinha conseguido. Disse a ele que um amigo havia me emprestado, não quis dizer que eu tinha acabado de estourar o meu cartão de crédito. Fomos até sua casa e trabalhamos a noite inteira fazendo o levantamento dos bens e garantias para a carta de crédito.

"Wittman voou para cá no dia seguinte. Formalizou todas as promessas que eu precisava fazer, o banco então me deu a carta de crédito e estava tudo feito no domingo de manhã. Peguei o avião de volta para Nova York.

"Liguei para Coleman do aeroporto. 'Del, já estou com o seu dinheiro e não quero esperar até segunda de manhã.'

"'Você está com os 2 milhões de dólares?', perguntou ele.

"'Estão na minha maleta', respondi.

"Fui ao encontro dele, preenchemos a papelada e Coleman disse que na segunda de manhã ele iria notificar a SEC e interromper a negociação das ações da Recrion.

"Voei de volta a San Diego na segunda de manhã, cheguei antes de amanhecer e comecei fazer listas de possíveis investidores. Liguei para Al Baron, pois o pessoal da Teamsters tinha em seu poder as hipotecas do Stardust e do Fremont, além disso, eu sabia que eles haviam gostado do projeto de construção de escritórios do governo que eu trouxera. Imaginei que eles gostariam de participar do pacote.

"Quando contei a Al Baron o que tinha feito e que iria fazer uma oferta pelas ações da Recrion, ele disse: 'Presta atenção, eu vou te dar o melhor conselho que você jamais recebeu: cai fora desse troço, cancela o negócio. Você não tem noção do que está fazendo, não sabe no que está se metendo'. Ele disse que de maneira alguma iria se envolver na confusão que eu estava criando. Quando me lembro disso, vejo que ele sinalizou para mim o quanto pôde.

"Uma vez que o Teamsters não parecia boa coisa, pedi às pessoas do setor de investimentos para tentar encontrar outras fontes de dinheiro. Alguém do mercado, em Los Angeles, me sugeriu um sujeito chamado J. R. Simplot, investidor de Idaho, que estava interessado. Fui me encontrar com ele. Era um homem muito discreto, vestia um terno de 200 dólares. Disse-me que tinha algumas participações em hotéis e que me daria o dinheiro, mas queria ficar com 51% do negócio.

"Não fazia a menor ideia de quem ele era. Quando voltei ao escritório, liguei para Kenny Solomon, do Valley Bank, e pedi a ele para fazer uma checagem numa pessoa chamada Simplot. Ele respondeu que não precisava checar. Disse que o sr. Simplot poderia me dar os 62,7 milhões de dólares apenas preenchendo um cheque de sua conta-corrente. Simplot era dono da maior plantação de batatas dos Estados Unidos e, provavelmente, não tinha uma só batata-frita do McDonald's que não viesse dele.

"Mas eu não queria perder o controle da empresa. Então liguei de volta para Al Baron e disse que na manhã seguinte ele teria a notícia de que eu tinha me associado a J. R. Simplot e que juntos iríamos comprar a Recrion e tomar o controle do Teamsters no Stardust e no Fremont.

"Baron respondeu: 'Não faça nada até eu te ligar de volta'. Ele me ligou de volta. Disse: 'Venha a Chicago para uma reunião'.

"'Por que eu deveria ir?', perguntei. 'Vai me emprestar o dinheiro?' Ele respondeu que ainda não sabia.

"No dia seguinte, voei até Chicago e fui ao escritório do fundo de pensão, onde me encontrei com Al Baron. 'Agora que você está no jogo', ele disse, 'está na hora de saber como se joga', e me explicou como o sistema funcionava.

"Ele disse que eu precisava conhecer um controlador do fundo de pensão, pois só os controladores podiam pleitear empréstimos. Disse que a partir daí esse controlador levava o pedido de empréstimo ao gestor de ativos para o seu devido parecer, o pedido era a seguir encaminhado a um comitê executivo, que poderia dar ou não parecer favorável, e aí o pedido iria à votação por todo o conselho.

"Depois Baron me levou a uma visita guiada pelo prédio e me apresentou a Frank Ranney, que voltava do almoço com Frank Balistrieri. Baron me disse que Ranney era o controlador do fundo do Teamster de Milwaukee e membro do comitê executivo, composto por três homens, que supervisionavam todos os empréstimos a oeste do Mississippi, ou seja, Las Vegas.

"Baron disse que Balistrieri seria minha ligação com Frank Ranney. Balistrieri era um homem muito quieto e elegante. Falou que ajudaria com prazer e na próxima vez que fosse a Las Vegas iríamos nos encontrar.

"Na próxima vez que me encontrei com Balistrieri, ele veio até o Hacienda. Falamos sobre o empréstimo e dos termos do pedido, e ele disse que me ajudaria. Disse-me que após eu apresentar a proposta de empréstimo em Chicago eu deveria ir de carro até Milwaukee, onde teria uma reunião com seus filhos. Eu não sabia exatamente como nem onde Balistrieri se encaixaria, mas não queria àquela altura ter mais um assunto para pensar, e Baron havia falado que Balistrieri era minha conexão primordial a Frank Ranney, o controlador do fundo e membro do comitê executivo que levaria adiante meu pedido.

"Depois que apresentei o pacote, fui para Milwaukee, onde me encontrei com seus dois filhos, John e Joseph, ambos advogados. Balistrieri disse que gostaria que seus filhos se envolvessem na operação de alguma maneira. Falou que Joseph o havia ajudado a administrar casas de espetáculos e era profundo conhecedor do ramo de entretenimento, e seria útil nesse tipo de função no Stardust. Não me comprometi a nada, disse apenas que poderíamos discutir esse assunto quando fechasse o negócio.

"Quando cheguei em casa, liguei para Jerry Soloway. Era um advogado da Jenner & Block, um escritório cujos serviços eu havia usado. Pedi a ele que fizesse uma checagem num sujeito chamado Frank Balistrieri. Disse a ele o que sabia e desliguei. Eu era esperado no escritório do Comissão de Controle de Jogos. Shannon Bybee, um dos membros da comissão, relatou que teve uma 'sensação estranha' sobre eu comprar uma das maiores empresas do estado com apenas um ano vivendo lá e me perguntou se eu poderia por favor passar pelo detector de mentiras. Meu advogado disse que isso era impróprio e desnecessário, e Bybee concordou, mas insistiu dizendo que dormiria melhor se tivesse a certeza de que eu estava completamente limpo. Eu sabia que estava limpo, então acabei fazendo o tal teste de mais ou menos duas horas que eles usam para casos de crimes capitais, e passei sem a menor dificuldade. Foi o que convenceu Bybee e acabou me dando a licença para jogos que eu precisava para estar apto a comprar o empreendimento.

"Alguns dias depois de passar pelo detector de mentiras recebi um telefonema de emergência de Jerry Soloway, que estava histérico. Queria saber se Frank Balistrieri era o homem certo. Disse que sim, e ele perguntou: 'O que você está fazendo com ele?'.

"Disse a Jerry que fui jantar com ele, que ele tinha vindo para se encontrar comigo no Hacienda, ido a restaurantes com ele, ido à sua casa, me encontrado com seus filhos, visitado seu escritório de advocacia.

"Soloway ficou uma fera. Disse que eu não podia ser visto com Balistrieri, pois ele foi identificado pelo FBI como o chefão da máfia de Milwaukee. Disse que minha licença para jogos poderia estar ameaçada pelo simples fato de eu ser visto conversando com uma personalidade tão notória do crime organizado.

Disse a Jerry que ele devia estar equivocado. Eu tinha me encontrado com Balistrieri no escritório do fundo de pensão do Teamsters. Ele tinha acabado de voltar de um almoço com Frank Ranney, um dos controladores do fundo.

"Ele respondeu que não queria saber onde eu tinha me encontrado com Balistrieri, que o cara era o chefão do crime organizado de Milwaukee.

"Não dormi bem naquela noite. A primeira coisa que pensei foi: o que teria acontecido se Jerry tivesse me dito isso antes de eu passar pelo detector de mentiras? Então me lembrei de que havia falado ao telefone com Balistrieri sobre o progresso do pedido de empréstimo praticamente todos os dias. Também tinha sido visto com ele por toda parte.

"Por outro lado, não achava que houvesse algo que eu pudesse fazer. O que diria a ele? Eu sei que você é o chefe da máfia em Milwaukee, então não me ajude a conseguir o empréstimo? Eu estava agora absurdamente cauteloso, mas sentia que poderia lidar com o problema.

"Na próxima vez que ele ligou, estava feliz. Falou que tinha conseguido a aprovação do comitê executivo para o empréstimo de 62,7 milhões de dólares para a compra, mas que Ranney tinha dito que havia uma discussão acerca da segunda parte do empréstimo, de 65 milhões. Bill Presser, o fiel depositário de Cleveland, resistia em conceder a segunda parte do empréstimo. Precisávamos do dinheiro adicional para reformar e expandir o Stardust.

"Balistrieri disse que queria se encontrar comigo em Chicago para falar sobre a segunda parte do empréstimo. Fiquei apavorado com a possibilidade de ser visto com ele, mas precisava que o pedido de empréstimo fosse aprovado. Ele disse que queria me encontrar no Hyatt Hotel, perto do Aeroporto O'Hare. Fui para lá. Quando cheguei ao quarto dele, ele disse que o comitê executivo estava naquele momento estudando a segunda parte do meu empréstimo: a primeira parcela de 20 milhões de dólares para começar a reforma. O restante viria um pouco mais tarde e seria usado para expandir o Stardust e construir uma luxuosa torre para mais hóspedes. Tudo isso já tinha sido acertado e acordado em princípio, uma vez que as propriedades precisavam de grandes melhorias para se manterem competitivas no mercado.

"Bill Presser ainda se opunha, disse Balistrieri, e só tínhamos duas semanas para aprovar o pacote completo do empréstimo. Agora eu vejo que ele estava aumentando a pressão.

"Então ele me lembrou da promessa que eu tinha feito de empregar seus filhos na nova corporação, aí eu disse que resolveríamos isso assim que o negócio fosse fechado. Balistrieri então me pediu para ir com ele até Milwaukee para visitar seus filhos.

"Concordei. No dia seguinte nos encontramos no escritório de advocacia de seus filhos, e Balistrieri disse que gostaria de ter algo oficializado. Deixou a sala e seus filhos, Joe e John, discutiram um acordo, na verdade, um acordo de opção em que, por 25 mil ou 30 mil dólares, eu não me lembro bem, eles teriam o direito de comprar 50% da nova empresa se e quando eu decidisse vendê-la.

"'Sem isso', afirmou um dos filhos, 'seu pedido vai ser recusado amanhã.'

"Perguntei se poderíamos falar disso mais tarde, depois de fechado o negócio.

"Eles disseram que não.

"Eu já tinha jurado à Comissão de Controle de Jogos que não tinha sócios. Eu sabia que os Balistrieris jamais ganhariam uma licença.

"Falei que gostaria de fazer o acordo, mas já tinha declarado ao estado que não tinha nenhum sócio. Eles sugeriam que eu pusesse uma data posterior na opção.

"Perguntei se eles achavam que podiam ganhar a licença, eles responderam que obter a licença não seria problema. Comecei a achar que aquela gente estava vivendo numa ilha da fantasia. Não pareciam saber quem eram ou o peso da fama que tinham. Ou não sabiam que eu sabia e simplesmente estavam levando adiante uma embromação. Seja o que for, sentia-me como Alice no País das Maravilhas.

"Falei que iria assinar, mas eles teriam de me prometer que não fariam nada com relação à opção. Concordaram.

"Naquela noite mudei de ideia. Liguei para Joe e disse que não podia ir adiante com o acordo de opção. Se a comissão de controle descobrisse, tudo estaria comprometido. Eu perderia tudo.

"Falei que se o negócio estivesse condicionado à opção, por mais que odiasse, eu teria de pular fora do negócio. Falei que respeitava seu pai e era grato pelo que ele tinha feito, mas não podia pôr em risco tudo o que tinha, incluindo o Hacienda. Falei que não havia o menor problema em mantê-los como meus advogados — com frequência, os mantive ao custo de 50 mil dólares anuais —, mas aquela opção poderia destruir tudo.

"Minutos depois ele me ligou de volta. Falou: 'Meu pai vai te ligar dizendo que é o "Tio John". Ele quer falar com você'. Tio John! Ele nunca tinha usado codinomes antes. Por quê? Eu não fazia a menor ideia, tampouco podia fingir surpresa, pois não queria que eles soubessem que eu sabia quem eles eram.

"Balistrieri ligou, identificou-se como Tio John, e disse: 'Você não pode desistir'.

"Falei: 'Não posso fazer isso do jeito que está'.

"'Tem certeza?', perguntou.

"Falei: 'Sim, e simplesmente vou ter de arcar com as consequências'.

"'Você está de me decepcionando', Balistrieri falou. Parecia bem triste.

"Então seu filho Joe ligou de volta falando que eles iriam retirar a opção e que arrumaríamos uma solução depois do negócio fechado.

"Falei para ele não retirar a opção, mas para mandá-la para mim. Eu já tinha destruído minha cópia e não queria outra circulando por aí e indo parar na comissão de controle.

"'Não confia em mim?', perguntou Joe, quase magoado.

"Disse a ele que não era uma questão de confiança, era uma questão de negócios. Ele disse que me enviaria a cópia, mas claro que nunca enviou.

"Cerca de uma semana depois o empréstimo saiu, aprovado por unanimidade. A discussão no conselho acerca do meu empréstimo não durara mais que dois minutos. Ao final, Bill Presser, o chefão do Teamsters em Chicago, que foi o mais relutante dos conselheiros, falou: 'Boa sorte', e fim.

"Consegui o empréstimo do Teamsters no valor de 62,7 milhões de dólares em 67 dias."

No dia 25 de agosto de 1974, mais de 80% dos acionistas da Recrion venderam suas ações para a Argent, a empresa de Allen Glick. O nome da empresa vinha das iniciais de Allen R. Glick Enterprises e, claro, significava "dinheiro" em francês, uma língua na qual ninguém ligado à transação era fluente.

"Fiquei eufórico", relembrou Glick. "Joe Balistrieri ligou dizendo que seu pai estava vindo a Chicago e queria fazer um jantar de comemoração.

"Falei que não achava uma boa ideia, mas Joe insistiu: 'Você não pode dizer não ao meu pai'.

"Eu não queria me encontrar com ele nem num restaurante no fim do mundo, mas acabamos no Pump Room do Ambassador Hotel em Chicago. Ele era bastante conhecido no lugar. Garçons, *maîtres*, todos vinham falar com ele. Pediu champanhe Dom Pérignon. Durante todo o jantar eu pensava 'se essa noite o FBI o estivesse seguindo, seria o fim da minha vida em Vegas.

"Perto do fim do jantar ele disse que se eu tivesse dúvidas com relação ao empréstimo, especialmente a respeito dos 65 milhões de dólares adicionais para a reforma e expansão, eu deveria falar apenas com ele. Eu não deveria tentar discutir com outros conselheiros ou representantes do sindicato sobre qualquer coisa que tínhamos feito. Falou que nós dois tínhamos estabelecido um padrão bem-sucedido e esse seria o padrão a ser mantido.

"Então, quando estávamos saindo, Frank me falou: 'Você tem de me fazer um favor, Allen. Tem um sujeito morando em Las Vegas, ele está trabalhando para você agora. Ajudaria muito se você desse mais valor a ele, ele pode te ajudar'.

"'Quem é?', perguntei.

"'Não posso te dizer agora', respondeu.

Assim terminou a noite.

"Uma semana depois, recebi uma ligação de Tio John. Disse que queria que eu me encontrasse com o sujeito que ele havia mencionado. Eu estava no balneário de La Jolla, e Balistrieri disse: 'Ele vai aí te encontrar. Quero que dê a ele uma promoção. Mais dinheiro. Ok?'.

"Perguntei: 'Quem é ele?'.

"Ele respondeu: 'Seu nome é Frank Rosenthal. Se você não gostar dele, liga pra mim que eu dou um jeito nele'. Ele disse que havia pessoas no fundo de pensão que ficariam bastante favoráveis a conceder o restante do meu empréstimo se eu promovesse Rosenthal. Quando hesitei por um instante, pude sentir a mudança no seu tom de voz. Parecia aborrecido. Depois que concordei, ele pediu que eu me encontrasse com Rosenthal assim que pudesse.

"Liguei para Rosenthal logo depois de falar com Balistrieri. Ele disse que estava esperando pelo meu telefonema.

"Rosenthal veio a La Jolla. Foi à minha casa. Falou para mim que Al Sachs era um imbecil. Falou que havia um enorme potencial na empresa, ele era muito bom. Além disso, era extremamente astuto. Ele pode ser um demônio — eu, pessoalmente, acho que é —, mas é bastante esperto.

"Disse a ele que sabia de sua competência com jogos e que o colocaria como meu assistente ou como um consultor. A princípio, ele aparentou estar de acordo. Disse que entendia e que faria o que eu mandasse, que ficou grato pela promoção e que daria o melhor de si.

"Pediu-me que eu oficializasse sua promoção por escrito, e também pediu um aumento. Dei a ele o documento e o aumento.

"No dia seguinte, fui me informar com o presidente da Comissão de Jogos. Descobri que Rosenthal era um gênio no que diz respeito a números, um mestre em análises de probabilidades, conhecia todos os jogos de um cassino. Também descobri que ele talvez nunca conseguiria uma licença."

Frank Rosenthal voltou a Las Vegas com um novo cargo e um aumento que elevou seu salário de 75 mil para 150 mil dólares por ano. Imediatamente, começou a fazer mudanças nas operações do cassino. "Quase todos os executivos o viam como o homem que detinha total autoridade", disse Glick. "Era para ele se reportar a mim, mas ele não o fazia. No começo, quando eu o questionava sobre isso, ele não era desrespeitoso. Mas todos os dias eu ficava sabendo que ele acumulava um pouco mais de poder. Soube que quando ele percorria o cassino, os crupiês costumavam ficar em estado de alerta. Ele demitia um crupiê por não se postar em frente a ele de mãos cruzadas, mesmo com a mesa vazia. Contratava quem bem quisesse, trocava certos fornecedores. Sem minha autorização prévia, trocou a empresa de aluguel de carros, a agência de publicidade e tentou trazer para o Lido Show sua própria empresa de venda de ingressos.

"Quando essas ações chegavam ao meu conhecimento, eu mandava suspender ou revogar, mas era difícil se antecipar a elas. Enquanto eu desfazia algo que ele tinha aprontado, ele estava na cozinha ensinando os cozinheiros a cozinhar.

"Eu viajava todos os dias de minha casa em San Diego até Vegas, e sempre que chegava à cidade ouvia as histórias sobre o que ele tinha feito na minha ausência. Então, por alguns dias, tinha confrontos quase diários com ele. Eu o via em ação. Era o tipo de homem que segurava o cigarro à espera de alguém para acendê-lo. Podia ser cruel com as pessoas. Não xingava, não elevava o tom de voz, mas você preferia tomar um soco na cara a ser advertido por ele.

"Montou para si um escritório que mataria Mussolini de inveja. Era quatro vezes maior que qualquer outro ali. Como não gostou do revestimento de madeira que encomendou, mandou arrancar tudo e trocou por outro. Tinha um ego gigantesco. Para ele, não bastava ser o chefão nos bastidores, tinha de fazer com que todos soubessem.

"Finalmente, em outubro de 1974, chamei-o ao meu escritório. Eu tinha acabado de chegar da Califórnia. Era uma segunda-feira. De novo, fiquei sabendo de algumas coisas que tinham ocorrido nos cassinos no fim de semana e vi que tinha chegado a hora de mandá-lo embora.

"Encontrei ele no café do Stardust, o Palm Room.

"Falei: 'Vamos para o fundo do café. Quero te explicar umas coisas'.

"Disse a ele o que já tinha dito repetidas vezes: que ele tinha de controlar suas ações e que era para ele ter trabalhado dentro dos parâmetros que eu havia estabelecido em nossa reunião na Califórnia em setembro.

"Disse que ele mentiu para mim repetidas vezes, que era cheio de subterfúgios e que até ficara sabendo que ele tinha mandado minha secretária informá-lo acerca da minha movimentação diária, aonde eu ia e o que fazia. Falei que aquilo era intolerável.

"Ele pareceu surpreso. Perguntou se minha secretária tinha me dito aquilo. Disse que sim. E, em vez de pedir desculpas por me espionar, falou que ia demiti-la.

"Foi quando compreendi que não estava lidando com um homem normal. Estávamos no fundo do café, era um espaço reservado. Ele hesitou por um instante e então se levantou e se afastou da mesa. Aí se aproximou de novo, dava para ver sua pressão subindo.

"Ele disse: 'Acho que está na hora de termos uma conversa, Glick'. Me chamou pelo sobrenome. Ele sempre me chamava de Allen, mas me chamou pelo sobrenome como se estivesse preparando terreno.

"Prosseguiu: 'Está na hora de você saber o que está acontecendo aqui, de onde eu venho e qual o seu lugar. Fui colocado neste posto não para ajudá-lo, mas para ajudar outras pessoas e fui instruído a não tolerar nenhuma lengalenga sua, muito menos a ouvir o que quer que você tenha a dizer, pois você não é meu patrão'.

"Comecei a discutir com ele e ele disse: 'Deixa eu te interromper aqui'. E continuou: 'Quando eu digo que você não tem escolha, não falo apenas levando em conta a parte administrativa, mas falo levando em conta a parte ligada à saúde.

"'Se você interferir em alguma das operações do cassino ou tentar prejudicar qualquer coisa que eu quiser fazer aqui, eu garanto que você não sairá vivo dessa empresa.'

"Me senti como se tivesse acabado de chegar de outro planeta. Eu era um homem de negócios, e tudo o que fiz até então foi nos moldes do mundo dos negócios, e isso era quase que totalmente uma subcultura diferente. Não sabia o que fazer com aquilo. Ao me lembrar da conversa que tive com Jerry Soloway sobre Frank Balistrieri, percebi que caí numa armadilha.

"Disse a ele que o queria fora do hotel. Ele respondeu: 'Estou ouvindo o que você está me dizendo, mas quero que me ouça com atenção. Quando falei que você não sairia dessa empresa vivo, eu quis dizer que as pessoas que represento têm esse poder e muito mais. Você deve me levar muito a sério. Você é um homem inteligente, mas não queira me testar'.

"Depois de me recuperar, fiquei numa espécie de estado de choque. Liguei para Frank Balistrieri e disse: 'Você me meteu em algo que eu não queria, ou eu não teria aceito nada desse tipo'. Falei: 'Considerei a contratação dos seus filhos como advogados da empresa como parte do negócio, e não tenho nenhum problema com relação a isso, mas tenho com essa situação de agora'.

"Relatei a ele a conversa que tive com Rosenthal, e ele foi bastante conciliador. Disse que me daria um retorno, mas eu deveria falar sobre esse assunto apenas com ele, Frank Balistrieri. Se outra pessoa se aproximasse e eu falasse com ela, estaria desrespeitando sua vontade. Foi bastante incisivo, mas eu não o contestei.

"Em poucos dias Balistrieri me ligou de volta. Explicou-me por telefone que entendia a situação, mas naquele momento não havia nada que pudesse fazer, que eu deveria seguir o conselho do sr. Rosenthal e mantê-lo no posto.

"Falei da menção que Rosenthal fez sobre 'sócios', e afirmei que eu havia comprado a empresa com meu próprio esforço, reconhecendo que ele havia me ajudado a conseguir o empréstimo do fundo de pensão, mas que não havia sócios.

"Mas Balistrieri respondeu: 'O que o sr. Rosenthal lhe disse está correto'."

Por vários meses, Glick se esquivou de Rosenthal. Tinha medo de entrar em confronto com ele, então tentava limitar suas atividades: excluía-o das reuniões, tentava mantê-lo fora do circuito, anulava suas ordens, rejeitava suas sugestões. Enfim, numa noite de março de 1975, o pior pesadelo de Allen Glick se tornou realidade. Ele jantava no Palace Court Restaurant, no Stardust, quando Rosenthal ligou. "Disse que era uma emergência, que eu tinha de me juntar a ele numa reunião. Perguntei qual era a emergência, ele respondeu que não podia dizer pelo telefone, mas que eu tinha de encontrá-lo. Respondi que não iria, que poderíamos resolver o que quer que fosse de manhã.

"Então ele retrucou: 'É uma emergência e você não tem escolha'.

"Falei: 'Ok, onde é?'.

"Ele disse: 'Kansas City'.

"Achei ridículo. Falei que não poderia chegar lá antes das três ou quatro da madrugada. Ele replicou: 'Nós vamos aí te pegar ou você vem de livre e espontânea vontade'. Ele disse que me encontraria no aeroporto. À época, a empresa tinha alguns jatinhos da Lear e, por volta das duas e meia, três da madrugada, aterrissei em Kansas City.

"Rosenthal estava me esperando com um carro no aeroporto e me apresentou ao motorista, Carl DeLuna, um sujeito extremamente mal-humorado e vulgar. Rosenthal o chamava pelo apelido de 'Toughy'.

"Então começamos a andar em círculos, pois percebi que passávamos pelos mesmos lugares repetidas vezes. Ficamos uns vinte minutos rodando, rodando, e ninguém falava nada. Finalmente, chegamos num hotel. Fomos até o terceiro andar. Era uma suíte com uma porta meio aberta e que se comunicava com o outro quarto.

"A suíte estava muito escura. Quando entrei fui apresentado a um senhor de cabelos brancos chamado Nick Civella. Não fazia ideia de quem era Nick Civella. Era apenas o chefão da máfia de Kansas City. Estendi minha mão para cumprimentá-lo e ele disse: 'Não quero apertar sua mão'.

"Tinha uma cadeira e uma mesa de canto com um abajur aceso sobre ela. Ele mandou que eu me sentasse. Vi Rosenthal sair da sala, fiquei só com DeLuna e Civella, mas podia ouvir pessoas entrando e saindo do outro cômodo através da porta intercomunicante da suíte, pois a porta ficava bem atrás de mim.

"Civella me xingou de tudo quanto foi nome e falou: 'Você não me conhece, mas se eu pudesse escolher, você não sairia vivo desse quarto. Porém, dadas as circunstâncias, se me ouvir, talvez você saia'.

"Quando falei que a luz estava ofuscando meu olhos, ele respondeu que ele poderia aliviar o desconforto arrancando-os fora. Depois falou: 'Você não honrou nosso trato. Você nos deve 1,2 milhões dólares, e vai ter de deixar Lefty fazer o que bem entender'.

"Fiquei pasmo. Respondi que não sabia do que ele falava. Estava sendo sincero.

"Ele olhou para mim e retrucou, pondo uma arma sobre a mesa: 'Você vai começar a me falar a verdade agora ou não sairá vivo daqui'.

"Perguntou sobre meu acordo com Balistrieri. Quando eu respondi que não havia nenhum acordo, ele disse: 'O quê?', meio surpreso. Falou que queria saber sobre o acordo que disseram a ele que eu tinha feito com Balistrieri.

"Respondi que o único acordo que eu tive com Balistrieri era o de contratar os filhos dele, e contei sobre a opção, mas expliquei que ela fora anulada e que iríamos pensar em algo, agora que o negócio foi fechado.

"Posteriormente, descobri que Civella não sabia de meus acordos com Balistrieri sobre contratar seus filhos e sobre a opção deles de terem 50%. Ele achava que Balistrieri tinha recebido uma comissão em dinheiro de 1,2 milhão de dólares por ter intermediado meu empréstimo. Uma vez que Civella também achava que tinha me ajudado a conseguir o empréstimo através de seu controlador — Roy Williams, o chefão do Teamsters de Kansas City e próximo presidente de todo o sindicato —, ele também se sentia no direito de receber 1,2 milhão de dólares.

"Balistrieri havia pedido para eu nunca falar com ninguém a respeito do nosso acerto, mas senti que nessas circunstâncias eu não tinha escolha. Também comecei a entender o porquê de Balistrieri insistir que eu não falasse com mais ninguém.

"Civella era um sujeito durão mas esperto. Quando começou a me fazer perguntas, pude ver que ele estava juntando os pontos. De repente, teve um estalo e se levantou. Falou que eu ainda tinha um compromisso com ele e que ele queria que o dinheiro fosse pago.

"Quando respondi que não sabia como a empresa poderia pagar a ele esse montante, ele disse: 'Deixa que Lefty cuide disso'.

"Disse ainda que por não gostar de mim ele iria cuidar pessoalmente para que eu não conseguisse os empréstimos adicionais do Teamsters para reformas e expansão.

"Em seguida falou: 'Tira ele daqui', e mandou DeLuna levar Lefty e eu de volta ao aeroporto, e 'vai de carro até Milwaukee e arranca da cama aquele filho da puta e traz ele aqui'.

"Dessa vez, demorou apenas cinco minutos para irmos do hotel de volta ao aeroporto, e todo esse tempo DeLuna ficou reclamando por ter de dirigir até Milwaukee para recolher Balistrieri, como se Balistrieri fosse uma trouxa de roupas sujas.

"Quando me encontrei com Rosenthal na manhã seguinte disse a ele que não podia aceitar as condições de Civella de dar dinheiro a ele e aceitar sócios, aí Rosenthal disse que na verdade eu não tinha mais nenhuma autoridade. Completou dizendo que eu não poderia mais decidir meu próprio destino.

"Quando contei a Balistrieri de minha reunião com Civella e da ameaça de corte de nossos empréstimos adicionais, Balistrieri disse que não havia mais nada que pudesse fazer para me ajudar. Falou que os assuntos ligados ao fundo de pensão estavam agora fora de seu alcance."

11

Sabe quem sou eu?
Eu controlo esta cidade.

Quando Tony Spilotro chegou à cidade em 1971, Las Vegas era um lugar relativamente calmo. Os chefões estavam ganhando tanto dinheiro com seus negócios ilegais, tais como agenciamento ilegal de apostas, agiotagem e desvios de dinheiro dos cassinos, que havia um esforço orquestrado da máfia em manter a cidade limpa, segura e calma. As regras eram simples. Conflitos tinham de ser resolvidos em paz. Não podia haver tiroteios ou explosões de carros na cidade. Corpos não podiam ser deixados em malas de carros no aeroporto. Assassinatos por encomenda aconteciam fora da cidade ou os corpos desapareciam para sempre no vasto deserto que cercava a cidade.

Antes de Tony chegar, os problemas da máfia eram encarados de forma tão complacente que Jasper Speciale, o maior agiota da cidade, operava de dentro do seu restaurante, o Leaning Tower of Pizza, e suas garçonetes trabalhavam como cobradoras depois do expediente. Os criminosos pés de chinelo da cidade — traficantes, corretores de apostas, cafetões, e mesmo os caras que trapaceavam nas cartas — agiam sem precisar pagar. Las Vegas era uma cidade aberta: mafiosos de diferentes famílias ao redor do país não precisavam de nenhuma autorização para perambular pela cidade, extorquir dinheiro de grandes apostadores, dar um golpe de crédito num cassino e ir para casa. Não se ouvia falar de cobranças de taxas feitas pela organização aos moldes de como acontecia em Chicago.

"Tony pôs um fim a tudo isso", disse Bud Hall Jr., o agente aposentado do FBI que passou anos espionando a vida de Spilotro. "Tony mudou a maneira como os negócios eram feitos em Las Vegas, tomou conta do lugar. A primeira coisa que fez foi trazer alguns de seus homens e impor uma taxa de operação a cada corretor de apostas, agiota, traficante e cafetão na cidade. Alguns resistiram, como um corretor chamado Jerry Dellman. Ele acabou morto a tiros num assalto à luz do dia na garagem nos fundos de sua casa. Ninguém tentou esconder o corpo. Era um recado de que havia um gângster de verdade na cidade.

"Tony entendeu muito rápido que poderia controlar Las Vegas do jeito que quisesse, pois os chefões estavam a 2.500 quilômetros de distância e não contavam com o mesmo tipo de olheiros pelas ruas de Las Vegas como tinham em Elmwood Park."

"Quando Tony foi para Las Vegas pela primeira vez, quase ninguém sabia quem ele era", disse Lefty. "Lembro-me que tínhamos esse cara extremamente arrogante, John Grandy, responsável por todas as montagens do mobiliário e compras no cassino. Ninguém se metia a besta com John Grandy. Se alguém pedisse a ele alguma coisa, ele respondia: 'Por que você tá me enchendo o saco? Cai fora!'. Eu tinha o maior cuidado ao lidar com ele.

"Uma manhã Tony veio me ver. Grandy estava lá dando ordens a três ou quatro operários que montavam algumas mesas de Vinte-e-um para crupiês. Segurava uma grande quantidade de materiais de construção, olhou ao redor e viu Tony vindo em minha direção, então falou para Tony: 'Ei, vem cá! Segura isso aqui! Eu te digo o que fazer com isso daqui a pouco'.

"Nunca vou me esquecer daquilo. A tralha pesava mais ou menos uns 15 ou 20 kg. Tony ficou tão surpreso que segurou o material por um segundo antes de varejar tudo de volta para ele.

"'Toma', Tony falou: 'segura você. Quem que você pensa que é? Da próxima vez que falar comigo desse jeito, te jogo pela porra da janela!'. Falou desse jeito.

"Grandy olhou para mim. Olhei para Tony, que cuspia fogo. E Grandy fez o que Tony mandou: Grandy pegou a tralha de volta e não disse porra nenhuma. Tony falou que me encontraria no café e saiu.

"Quando Tony saiu, Grandy falou: 'Ei! Quem é esse babaca? Quem ele pensa que é?'. Respondi: 'O cara não trabalha aqui. Não importa quem ele é'.

"Mas Grandy sabia que tinha algo errado. Foi até o cassino, viu Bobby Stella e levou Stella até o café para dar uma checada em Tony.

"'Bobby, quem é aquele sujeito de merda? Que porra ele pensa que é?' Grandy estava possesso.

"Bobby viu que ele apontava para Tony e tentou acalmá-lo. 'Pega leve. Fica calmo.'

"'O que você quer dizer com "pega leve"?'

"Bobby respondeu: 'Esse é Tony Spilotro'.

"Grandy, perplexo, disse: 'Puta merda! Puta merda!'. Aparentemente, ele conhecia o nome, mas não a pessoa. Foi direto até Tony e pediu desculpas umas quatro ou cinco vezes. 'Sinto muito, muito mesmo. Eu nunca quis ofendê-lo. As coisas aqui estavam um tanto agitadas e eu não sabia quem era você. Aceita minhas desculpas?' Tony disse que sim e olhou para o outro lado. Grandy saiu de lá correndo."

Frank Cullotta saiu da prisão após cumprir seis anos por assalto a um carro-forte da Brinks, e Spilotro voou até Chicago para sua festa de boas-vindas. "No meu bolo de aniversário estava escrito 'Enfim Livre'", comentou Cullotta. "Veio todo mundo, todos me deram envelopes, e no fim da noite eu tinha cerca de 20 mil dólares, mas o que mais me alegrou foi ter tantos caras ao meu lado, felizes por mim. Eu ainda estava em liberdade provisória [condicional], então não podia sair logo de Chicago, mas Tony falou que assim que eu fosse liberado era para ir para Nevada.

"Quando cheguei, Tony já controlava a cidade. Tinha todo mundo em sua folha de pagamentos: no gabinete do delegado; no tribunal, abastecendo-o com minutas do grande júri, dentro das empresas de telefonia para informá-lo sobre grampos telefônicos.

"Tony cobria toda a cidade, de forma abrangente, saía nos jornais o tempo todo, garotas chegavam de Rolls-Royce para sair com ele. Todo mundo queria ficar perto de um gângster: estrelas de cinema, todo mundo. Eu não conseguia entender que porra de atração era aquela, mas era assim que funcionava. Acho que é uma espécie de sensação de poder, sabe? Creio que as pessoas pensavam, sei lá, esses caras são barra-pesada, então se eu precisar fazer algo, eles fazem pra mim.

"Ele sabia que eu era um ladrão dos bons e falou que podíamos ganhar um bom dinheiro. Tony estava sempre precisando de dinheiro. Gastava rápido, gostava de apostar em esportes e nunca parava em casa. Era um cara legal, sempre pagava a conta, não importava se tinha dez, quinze pessoas conosco, ele sempre ficava com a conta.

"Ele me disse: 'Escuta, junta uma turma. E, não importa o que você fizer com os caras, você tem o meu ok. Só me dá a minha parte. Comigo você tem carta branca'.

"Fui atrás de Wayne Matecki, Larry Neumann, Ernie Davino, gente da pesada, e começamos a cair em cima de todo mundo: agenciadores de apostas, agiotas, traficantes, cafetões. Porra, pegamos muito pesado. Batíamos neles, atirávamos em seus cães de guarda. Temer o quê? Eu tinha o ok de Tony. Na verdade, parte do tempo era Tony quem nos indicava quem atacar.

"Aí, depois de roubá-los e assustá-los, eles corriam para Tony em busca de proteção e pedindo para que ele nos tirasse de seus calcanhares. Eles nunca suspeitaram que era Tony o mandante dos roubos.

"Ganhamos muito dinheiro arrombando e roubando casas. Viviam cheias de dinheiro vivo e joias. Falo de 30, 40, 50 mil dólares em notas de vinte e de cem guardadas em gavetas de cômodas. Uma vez encontrei quinze notas de mil dólares ao lado da cama de um sujeito. Mas onde é que eu vou conseguir me livrar dessas notas? É difícil de se livrar de notas de mil dólares. Os bancos pedem que você se identifique se tentar trocá-las. Então passei todas no Stardust, entreguei-as a Lou Salerno, ele as jogou na gaveta e me entregou 15 mil em notas de cem.

"Como você acha que levantei dinheiro para o meu restaurante, o Upper Crust? Consegui o dinheiro em dois dias. Eu, Wayne e Ernie roubamos as casas de dois *maîtres* e conseguimos mais de 60 mil dólares. *Maîtres* ganham notas de 20 dólares a noite inteira de pessoas em busca de boas mesas. Bom, pegamos as notinhas de vinte de volta. Um desses *maîtres* também tinha um relógio Patek Philippe de 30 mil dólares, que vendemos para Bobby Stella por 3 mil. Bobby acabou dando ele de presente.

"Conseguíamos informações por meio dos funcionários do cassino, de porteiros, do balcão de recepção, de analistas de crédito, de agentes de viagens. Mas nossas melhores fontes eram os corretores de seguros que vendiam às pessoas as apólices dos bens que iríamos roubar. Eles nos davam a informação completa, que tipo de joias as pessoas tinham e por quanto estavam seguradas, onde eram guardadas, qual tipo de sistema de alarme. As pessoas tinham de informar tudo isso nas apólices quando faziam seguro.

"Se as portas, janelas e sistemas de alarmes causassem dificuldade, abríamos direto a parede. Abrir as paredes foi ideia minha, eu inventei, muito simples. Quase todas as casas em Vegas têm as paredes externas feitas de estuque, então basta uma marreta de uns dois quilos e meio que faça um buraco grande o suficiente para entrar na casa. Aí você usa um alicate para afastar a trama de metal que a reveste. Depois é só bater um pouco mais até alcançar a parede de gesso da parte interna, e lá está você dentro da casa.

"Isso só era possível em Las Vegas, pois lá as casas eram de estuque e cercadas por muros altos para manter a privacidade. As pessoas mantêm piscinas e outras coisas ao ar livre e gostam de manter suas vidas resguardadas. Ninguém conhece seu vizinho. Ninguém deseja conhecer seu vizinho. Esse é o tipo de cidade, é o tipo de lugar onde, se alguém ouvir um barulho vindo da casa ao lado, trata de ignorar. Fizemos essa operação tantas vezes que os jornais nos apelidaram de A Gangue do Buraco na Parede. Os tiras nunca souberam quem nós éramos.

"'Seus porcos filhos da puta', Tony costumava dizer, orgulhoso de nós. 'Olha só o que eu criei.'

"Era tudo muito bem orquestrado. Conseguíamos entrar e sair de uma casa dentro de três, no máximo cinco minutos. E toda vez que fazíamos uma operação, tínhamos um sujeito num carro de fuga com um rastreador interceptando as chamadas da polícia. Tínhamos até um decodificador para interceptarmos o FBI. Foi Tony que nos forneceu os decodificadores e as frequências da polícia.

"Mas não importa o quanto faturávamos, nós sempre precisávamos de mais dinheiro. Dinheiro de roubo de casas vai embora fácil. Sempre tínhamos de dividir em quatro partes: para mim e meus dois rapazes, e aí Tony sempre ficava com a parte dele. Num ganho de 40 mil dólares, Tony ficava com 10 mil. Só para ficar em casa. Ele ficava com uma parte igual toda vez.

"Às vezes, se precisássemos de dinheiro e os negócios estivessem fracos, praticávamos assaltos à mão armada. Foi assim com o Rose Bowl. Naquele tempo, o Rose Bowl pertencia ao sujeito que era dono do restaurante Chateau Vegas, então Tony me passou todas as informações e disse: 'Você vai precisar de um cara sem antecedentes criminais'. Então importei um garoto de Chicago com a ficha limpa, alguém que ninguém conhecia. Não podíamos usar ninguém conhecido porque, de cara, não era para estarmos praticando esse tipo de roubo. Se os chefões descobrissem que Tony estava praticando assaltos à mão armada bem no centro da cidade, ele não ficaria por aqui por muito tempo. Mas ninguém em nossa cidade natal sabia que estávamos praticando roubos em residências e assaltos. Era nosso pequeno segredo.

"A velha que gerenciava o Rose Bowl e seu guarda-costas apareceram no estacionamento dos fundos, exatamente como Tony tinha dito, com uma valise de dinheiro. Foi em direção ao carro, o guarda-costas ficou de prontidão a vigiando. O garoto que eu tinha trazido à cidade caminhou na direção dela, apontou uma arma e arrancou a valise de sua mão.

"O sujeito que tomava conta dela tentou dar uma de herói, então meu garoto o derrubou com um tapa e ele caiu de bunda no chão. Meu garoto era durão. Agora está preso por outra coisa, cumpre pena de quarenta anos.

"O garoto saiu correndo pelo quarteirão paralelo à Strip, tem uma capela lá. Ernie Davino o esperava. Larry Neumann ficou num estacionamento bem perto, como garantia, caso o garoto precisasse de ajuda. Quando ele pulou dentro do carro junto de Ernie, Larry já tinha entrado no banco de trás. Ao chegarem à rua, eu também a alcançava. A quatro quarteirões dali repartíamos o dinheiro enquanto ouvíamos a polícia chegando ao estacionamento do Rose Bowl.

"Ao me lembrar disso vejo o quanto éramos malucos. Cá estávamos em Las Vegas com 1 milhão de maneiras ilícitas de ganhar dinheiro, e Tony nos botava para arrombar casas e fazer assaltos à mão armada em lojas de conveniência. Aquilo era uma burrice."

Todas as indústrias que florescem geram empregos e a operação de Spilotro não era exceção. Em um ano Spilotro fornecia trabalho não apenas para seu próprio bando como para dezenas de agentes da lei que o seguiam, o grampeavam e tentavam armar alguma cilada para ele. Em um certo momento, Spilotro apostava 30 mil dólares por semana numa operação em apostas que, na verdade, era uma arapuca da Receita Federal. Ele foi atraído pelo fato dessa operação oferecer melhores premiações que qualquer outra na cidade. Quando o agente da Receita responsável pela execução da armadilha ousou pedir garantias a Spilotro, ele empunhou um bastão de beisebol. "Sabe quem sou eu?", perguntou Spilotro. "Eu controlo esta cidade."

Spilotro mudou sua joalheria do Circus Circus para a West Sahara Avenue, bem perto da Strip. A Gold Rush Jewelry Store era um prédio de dois andares que contava com uma calçada de madeira e um falso varão para amarrar animais.

"Corremos atrás da causa provável necessária e instalamos um microfone no teto da sala dos fundos da Gold Rush", disse Bud Hall. "O salão da frente era apenas para vender anéis e relógios de pulso. No andar de cima, Tony possuía sistemas antivigilância, misturadores de voz nos aparelhos telefônicos e binóculos de longo alcance, com poder de visão de mil e quinhentos metros de distância, para ver se estava sendo observado, e rádios de ondas curtas que captavam comunicações da polícia e capazes até de decodificar as frequências do FBI. Tony obteve nossas frequências por meio de alguns policiais da Polícia Metropolitana que faziam parte de sua folha de pagamento. Também tinha um especialista em eletrônica de Chicago, Ronnie 'Balloon Head' DeAngelis, que voava para a cidade quase toda semana e fazia uma varredura no lugar em busca de escutas e grampos. Sempre conseguíamos nosso melhor material logo depois que DeAngelis saía. 'Balloon Head falou que o lugar está limpo', Tony anunciava de modo orgulhoso e todo mundo relaxava.

"Tony era um ser humano completamente focado. Acordava de manhã sabendo exatamente o que iria fazer no restante do dia. Recebia dezenas de ligações na Gold Rush, tinha toda sorte de negócios acontecendo ao mesmo tempo: grupos diferentes, centenas de pessoas, milhões de esquemas, todos em város estágios de desenvolvimento. Mesmo a maioria deles nunca se concretizando, ele precisava de umas dezesseis, dezoito horas por dia para tentar tocar os negócios que restavam.

"Já seria difícil fazer o que Tony fazia se ele tivesse secretárias, um sistema de arquivamento, máquinas Xerox e o uso liberado de telefone. Mas Tony fazia tudo isso de maneira improvisada e guardava tudo em sua cabeça. As únicas coisas que anotava eram números de telefone: costumava escrevê-los à mão em uma letra minúscula, tornando-os ilegíveis sem uma lente de aumento. E, quando nós os confiscamos, descobrimos que ele trocou os números de lugar ou tinha escrito metade ou três quartos de cada um dos números de trás para a frente.

"Ficar ouvindo alguém através de um grampo todos os dias", disse Bud Hall, "é diferente de estar perto da pessoa socialmente o tempo todo. Cria-se uma relação estranha entre a pessoa que escuta e seu objeto. Você está ali ouvindo a vida delas e logo está dentro de suas vidas. Não quero dizer com isso que você começa a gostar delas, mas você começa a ser capaz de dizer, pelo seu tom de voz, como está seu humor e qual sua localização dentro do cômodo. Tem momentos em que você quase consegue antecipar o que elas vão dizer antes mesmo de o dizerem. Você passa a conhecê-las de modo tão íntimo que quase se torna parte delas.

"Tony era o mais esperto e mais eficiente mafioso que eu já tinha visto. Acho que era um gênio. Seu maior problema era que se cercava de pessoas que sempre se metiam em confusão, era o que ouvíamos ele falar de forma recorrente. Reclamava da incompetência de seu bando e de como não tinha escolha a não ser ele mesmo botar a mão na massa se quisesse as coisas feitas do jeito certo.

"Quando alguém falava com ele ao telefone, não era preciso mais que três ou quatro palavras para ele decifrar o motivo da ligação, e era melhor que o telefonema fosse sobre negócios e de preferência do interesse dele.

"Tony não tinha habilidade alguma para conversa fiada. Era simpático, cordial, agradável, mas você não podia fazê-lo perder tempo. Se irritava mais rápido que qualquer um, e não era de forma gradual. Passava do gentil ao violento, aos gritos, numa fração de segundos. Não havia jeito de prever quando ele estouraria. Creio que a rapidez com que você era atacado era tão aterrorizante quanto a ideia de ter Tony puto com você. Entretanto, quando acabava, virava passado, ele esquecia, voltava aos negócios.

"Ele levava uma vida totalmente separada da de Nancy. Tinham um filho juntos, Vincent, mas era tudo. Ele dormia em seu quarto no andar térreo da casa, protegido por uma porta de aço lacrada. Quando se levantava de manhã, por volta das dez e meia, onze, Nancy se mantinha fora do caminho. Ele fazia seu próprio café e, quando pegava o jornal na soleira da porta ou na calçada, dava uma olhada de cima a baixo da Balfour Avenue à procura de alguma possível vigilância.

"Quando estava pronto para sair, não tinha nada de 'tchau' ou 'te espero para jantar'. Ele apenas entrava em seu Corvette azul esporte e sempre dava uma volta no quarteirão algumas vezes para checar se estava sendo seguido. Costumava levar quarenta e cinco minutos num trajeto de dez minutos entre sua casa e a Gold Rush porque ele automaticamente se livrava de seus potenciais perseguidores atravessando estacionamentos de shopping centers, parando nos sinais abertos, furando sinais vermelhos, fazendo retornos proibidos e checando pelo retrovisor para ver se alguém o estava seguindo.

"Depois de todo aquele tempo em que passei ouvindo suas conversas na Gold Rush e em sua casa, me convenci de que ele possuía o que chamamos entre os fuzileiros navais de 'postura de comando'. Quando falava, as pessoas ouviam. Quando entrava num cômodo, era sempre ele que estava no comando. Mas no comando de quê? Era esse o seu problema.

"Um dia captamos que Joe Ferriola, um dos chefões de Chicago, estava tentando arranjar um emprego para uma parenta no Stardust como crupiê. Tony pediu a Joey Cusumano para cuidar disso. Cusumano, um dos homens de confiança de Spilotro, circulava pelo Stardust levando e trazendo tantos recados de Tony que muitos dos empregados do cassino achavam que ele trabalhava lá.

"Uma semana se passou e Tony recebeu outra ligação do pessoal de Ferriola, informando que ela ainda estava desempregada. Tony teve um ataque. Cusumano investigou e descobriu que o cassino não queria contratá-la como crupiê porque ela não tinha experiência e teria de fazer um curso de seis semanas numa escola para crupiês.

"Então Tony falou para Joey pedir a Lefty, que à época fingia ser o diretor de alimentos e bebidas do Stardust, que conseguisse um emprego de garçonete para a garota.

"Alguns dias depois, Joey voltou dizendo que Lefty não queria contratá-la, pois não achava sua aparência boa o suficiente para ser garçonete no Stardust, além disso, tinha pernas feias.

"Spilotro explodiu e acabou fazendo algo que nunca deveria ter feito: ligou ele mesmo para o Stardust. Conseguiu falar com Joey Boston, um ex-agente de apostas que Lefty havia contratado para administrar o Stardust Sports Book.

"Tony não podia ter ligado pessoalmente para o Stardust, pois agora nós do FBI conseguimos uma fita de Spilotro pedindo a um alto executivo do cassino um emprego para uma parenta de um chefão de Chicago. Era exatamente o que estávamos à espera: o tipo de conexão direta entre a máfia e um cassino legal, que nenhuma das partes jamais queria que fosse levada a público, o tipo de conexão que poria em risco a licença do cassino e traria à luz a pergunta sobre quem é o real dono do estabelecimento e quem operava apenas como testa de ferro."

Por fim a parenta de Ferriola foi trabalhar como segurança num dos outros hotéis de Las Vegas. Mas a história de como Tony Spilotro, o mafioso mais aterrorizante de Las Vegas, não conseguiu um emprego no Stardust para a parenta de um chefão de Chicago não fez bem à sua reputação em sua cidade natal.

"Eu ficava perto de Tony o tempo todo e ele sempre estava preocupado que alguém estivesse ouvindo", disse Matt Marcus, um agente ilegal de apostas de mais de 150 kg que cuidava de muitas das apostas de Spilotro. "Íamos à Food Factory, na Twain Street, uma casa em que ele tinha participação, e Tony se comunicava por gestos: inclinava-se para trás, mexia a cabeça para os lados, franzia a testa. Tomava chá o tempo todo, nada de café. Sempre se sentava com um sachê de chá pendurado na xícara, inclinando-se, virando a cabeça e franzindo a testa. Ele tinha certeza de que a próxima pessoa que passasse seria alguém do FBI. Estava sempre trocando de carro, a equipe de inteligência vivia checando as placas dos carros. Iam direto aos automóveis e anotavam suas placas."

"Tony parecia se divertir muito ao desafiar o FBI, mas ele não era bobo", disse Frank Cullotta. "Toda vez que ele tinha algo a dizer, saíamos para caminhar por estacionamentos vazios ou no acostamento da estrada no deserto. Quando você dizia algo a ele, na maioria das vezes ele apenas fazia caras e bocas, franzia a testa ou dava um sorriso demonstrando o que queria que você fizesse. Mesmo quando falava, cobria a boca com a mão para o caso dos federais o estarem observando com binóculos e fazendo leitura labial."

Num certo momento, o FBI ficou tão frustrado com as escutas telefônicas e com o outrora tão promissor microfone colocado na Gold Rush que os agentes instalaram uma câmera de vigilância no teto falso de uma sala nos fundos do restaurante de Cullotta, onde eles suspeitavam ser o local onde Spilotro tinha algumas de suas reuniões mais importantes.

"Fomos avisados de que havia algo lá em cima", disse Cullotta, "e subimos no teto falso e o destruímos. Era como uma pequena câmera de TV onde estava escrito 'Governo dos Estados Unidos' ou algo do tipo, e o número de série tinha sido apagado. Fiquei muito puto. Quis destruir aquela merda, mas Tony nos mandou ligar para Oscar e dar o troco. Acho que ele gostava da ideia de ver os federais chegarem humilhados e pegarem de volta o equipamento."

Quando o FBI viu que dois anos de vigilância eletrônica haviam falhado para fisgar Spilotro, enviaram um agente infiltrado, Rick Baken, para a Gold Rush usando o nome de Rick Calise.

Como parte da manobra, alguns meses antes Baken caiu nas graças de John, irmão de Tony, ao jogar cartas e perder para ele. Durante essas sessões de carteado, Baken deixou escapar que era um ex-presidiário e ladrão de joias que precisava desesperadamente de dinheiro e queria vender alguns diamantes roubados por um preço camarada. O FBI, claro, tinha fornecido a Baken o respaldo necessário para a checagem de sua ficha criminal caso Spilotro fizesse isso. Mesmo depois de estar com Spilotro, Baken descobriu que Herbie Blitzstein, um faz-tudo de Tony, sempre o mantinha fora do alcance de estar diretamente com ele.

Após onze meses desse trabalho infrutífero e perigoso, os federais ficaram tão frustrados que tentaram uma ação extrema. Usando uma escuta, como sempre, Baken aproximou-se de Spilotro e disse a ele que tinha sido detido e interrogado pelo FBI, e que foi ameaçado de prisão se não abrisse o bico sobre as atividades ilegais de Spilotro.

Para surpresa de Baken, Spilotro sugeriu irem a seu advogado, Oscar Goodman.

Num piscar de olhos Baken estava no escritório do advogado usando uma escuta e fingindo ser um criminoso. Goodman ouviu a história de Baken por uns quinze minutos e deu a ele os nomes de vários advogados para ele entrar em contato. Mais tarde, Goodman se esforçou para fazer parecer que o FBI havia tentado violar o sigilo entre advogado-cliente ao espionar um cliente em potencial e seu advogado.

Com o passar do tempo, Spilotro passava cada vez menos tempo com sua mulher, Nancy. Quando estavam juntos, brigavam — e o FBI escutava. Ela reclamava que ele tinha perdido o interesse nela, acusava-o de ter casos extraconjugais. Ele nunca estava em casa, nunca conversava com ela. De manhã, o FBI gravava o som do silêncio enquanto Tony preparava seu café e Nancy lia o jornal. Então ele saía para a loja sem ao menos dizer tchau.

Às vezes, Nancy tinha de ligar para ele no trabalho para passar um recado. De acordo com Bud Hall, Tony era sempre grosseiro. "Ela dizia: 'Não sei se isso pode esperar, mas fulano ligou'. 'Pode esperar', dizia Tony, em tom um tanto sarcástico, e simplesmente desligava. Ou falava, irritado: 'Nancy, estou ocupado', e desligava. Nunca era gentil com ela, que se lamentava com Dena Harte, namorada de Herbie Blitzstein, o qual gerenciava a parte da frente da Gold Rush. Nancy contava a Dena toda vez que Tony batia nela ou quando suspeitava de que ele a traía com alguma mulher, e Dena a mantinha informada sobre o que Tony fazia.

"Teve uma vez em que Dena ligou para a casa de Nancy e falou: 'A vagabunda está aqui'. Nancy pulou dentro do carro, partiu para lá e começou a gritar com Sheryl, a namorada de Tony, chamando ela de piranha ordinária bem ali no meio da loja.

"Dava para escutar os gritos através do grampo, então Tony veio e ouvimos Nancy gritando para ele parar de bater. Bateu muito nela e tivemos medo que ele a matasse. Foi uma loucura. Então ligamos para a emergência e dissemos que estávamos ao lado, no Black Forest German Restaurant, e que alguém estava sendo espancado na joalheria Gold Rush. Não podíamos dizer quem éramos aos policiais, pois naquela época parecia que Tony controlava a Polícia Metropolitana e não queríamos que nosso monitoramento fosse pelos ares. A polícia chegou em poucos minutos e tudo se acalmou."

"Nancy levava a vida dela e Tony a dele", disse Frank Cullotta. "A dela era passada principalmente jogando tênis e circulando para todo lado de roupa branca. Nancy tinha o filho, Vincent, os irmãos de Tony e suas famílias. Uma vez por semana Tony saía com ela para jantar ou fazerem outra coisa, mas ela não tinha medo dele. Gritava e berrava com ele, levando-o à loucura.

"Ele me contou que uma vez ela tentou matá-lo. Estavam discutindo por algo e Tony deu um soco nela que a fez parar do outro lado da sala. Ela veio com um 38 e o apontou para a cabeça dele. 'Se você me bater de novo eu te mato', disse. Tony respondeu: 'Nancy, pense no Vincent'.

"'Eu vi a morte de perto', depois ele me contou. 'Conversei com ela até ela baixar o revólver, depois escondi todas as armas da casa.'"

"Sheryl tinha por volta de 20 anos, mas parecia mais nova", disse Rosa Rojas, sua melhor amiga. "Era Mórmon, do norte de Utah, meiga e inexperiente. Na primeira vez que Tony viu Sheryl, a chamou de 'minha caipirazinha'. Era tão ingênua que quando ele a chamou para sair, ela respondeu que só iria se pudesse levar sua amiga.

"Sheryl e eu trabalhávamos no hospital onde ele ia se tratar do problema do coração, e foi assim que se conheceram. Íam a restaurantes, mas ele nunca se insinuou para ela. Manteve o respeito por bom tempo.

"Antes de se aproximar, ele investigou tudo o que podia a seu respeito. Pediu a Joey Cusumano para saber de onde ela era, quem eram seus amigos, há quanto tempo morava onde morava. Queria saber de tudo o que pudesse a seu respeito antes de se envolver ou achar que podia confiar nela.

"Demorou bastante para ela saber quem ele era. Começou a suspeitar que havia algo estranho, pois toda vez que saíam eram seguidos por policiais à paisana. O irmão de Tony disse a ela que havia alguns problemas de ordem legal e que Tony era seguido por conta desses problemas. Tony nos dizia que iríamos ler coisas nos jornais a seu respeito, mas que nem sempre os jornais tinham razão.

"Só depois de muito tempo que Tony e Sheryl foram para a cama. Ele sempre foi um cavalheiro, muito quieto, bastante reservado. Às vezes, eu via que estava bastante irritado, mas nenhuma vez sequer o vi xingando ou usando palavras chulas.

"Ele acabou comprando para ela uma casa de dois andares num condomínio nos arredores da Eastern Avenue e da Flamingo Road, um imóvel de dois quartos, por cerca de 69 mil dólares. Era completo: geladeira, persianas, máquina de lavar e secar roupas. Tinha garagem, um pequeno terraço e porta de correr que dava para o térreo. No segundo andar ficavam os dois quartos e uma sala ampla com o melhor equipamento de TV e som estéreo. Era lá que eles passavam a maior parte do tempo, vendo jogos de futebol e ouvindo música.

"Tony era muito generoso. Costumava deixar mil dólares por semana dentro de um pote de biscoitos em formato de urso que ficava na cozinha. Jamais falava de dinheiro e nunca se comentou que ele a sustentava, mas quando deu para ela um longo casaco de *vison*, Sheryl sentiu que Tony finalmente assumiu um compromisso com ela. Ela se apaixonou por ele de verdade.

"Por um bom tempo, ela não soube que ele era casado. Foi muito duro quando descobriu. Achava que o único motivo de Tony e ela não se casarem fosse por ele ser um católico fervoroso e que pudesse ter problemas caso deixasse sua mulher. Por um tempo, Tony até fez com que Sheryl estudasse catolicismo, deu a ela livros de religião para ler. Ele conhecia a Bíblia.

"Ele nunca falou mal da esposa. Casaram-se na igreja e a situação era complicada. Além disso, Tony amava o filho. Vincent era tudo para ele, o filho era sua vida. Tony sempre chegava em casa às seis e meia da manhã para poder preparar o café da manhã do filho. Sheryl disse que ele fazia isso mesmo se estivesse na cama com ela.

"Então Tony comprou um carro para ela, um Plymouth Fury novinho, um carro discreto.

"As coisas ficaram um tanto complicadas quando Nancy descobriu o que estava se passando. Sheryl tinha ido à Gold Rush falar com Tony. Usava um colar com a letra S cravejado de brilhantes que ele tinha dado a ela, então quando Nancy entrou e a viu com o colar Nancy ficou uma fera e voou em seu pescoço.

"Cheguei lá bem nessa hora e encontrei as duas se estapeando no chão. Sheryl conseguiu segurar seu S cravejado. Tony veio da sala dos fundos e separou a briga, de forma que Sheryl e eu pudéssemos cair fora.

"No fim, quando tudo estava terminado entre Tony e Sheryl, ele parou de atender suas ligações. Sheryl estava realmente apaixonada, mas talvez ela tenha forçado demais a barra. Tony estava com muitos problemas com a polícia ao fim da relação, e talvez estivesse tentando poupá-la.

"O irmão dele, John, falava para Sheryl não tentar falar com ele. 'Não ligue para Tony', ele dizia. 'Se poupe.' Mas ela o via pela TV indo às audiências no tribunal e percebia que ele estava engordando, sua aparência estava ruim e culpava Nancy por não cuidar dele. Sheryl o fazia comer direito, sua geladeira era repleta de frutas, saladas e todo tipo de comida saudável indicada para pessoas com problemas do coração.

"Depois que ela e Tony desmancharam, ela conseguiu um emprego num bar à noite fazendo coquetéis. Tony não gostou disso, mas ela havia se acostumado à boa vida que ele lhe dera. Precisava do dinheiro, aí passou a trabalhar como crupiê em mesas de Vinte-e-um. Trabalhou no antigo MGM e no Bally's, seu turno era bem movimentado e ela ganhava muito bem. Começou a sair com grandes apostadores, ficou esperta, aprendeu a correr atrás de outro alguém que pudesse lhe dar suporte."

"Um dia estávamos no estacionamento, nos fundos do My Place Lounge, e Tony mandou que eu matasse Jerry Lisner", disse Frank Cullotta. "Jerry Lisner era um pequeno traficante de drogas e trapaceiro.

"Tony disse: 'Frankie, você tem de dar um fim nesse cara. Ele me deu uma volta. É um ladrão'.

"Falei para Tony que Lisner seria difícil para mim, pois tinha acabado de dar uma surra nele por causa de 5 mil comprimidos de Quaaludes, e nem ele nem sua mulher confiavam em mim.

"Tony ficou uma fera. 'Eu vou matar esse filho da puta', disse. 'Só traz ele aqui.'

"Expliquei que não era que eu não queria matar o cara. O problema era que Lisner estava apavorado comigo. Seria difícil me aproximar dele e trazê-lo aqui.

"'Eu quero que você faça isso agora!', afirmou. 'Agora e rápido!'

"Foi tudo o que ele disse, e entrou no bar. Éramos seguidos o tempo todo, então peguei meu carro, fui em casa, fiz a mala e fui de carro de Las Vegas até o aeroporto de Burbank, em Los Angeles, onde peguei o primeiro voo para Chicago. Ninguém ficou sabendo que eu saíra da cidade.

"Em Chicago, localizei Wayne Matecki. Partimos na noite seguinte usando nomes falsos num voo para Burbank, peguei meu carro e voltamos para Las Vegas.

"Fomos do aeroporto para minha casa no condomínio Marie Antoinette, onde pensei em tentar ligar para Lisner. Falei com meus botões: 'Vou arriscar e ver se ele está em casa'. Estava. Falei: 'Peguei um trouxa, dos bons. Um otário que a gente pode arrancar muito dinheiro'. Disse a ele que o cara estava na cidade. Falei que era uma grana preta.

"Ele me disse para trazer o cara. Usamos um furgão onde tínhamos um rastreador da polícia e uma pistola calibre .25 automática. Eu não tinha um silenciador, então usei a carga pela metade, esvaziei as balas pelo meio para que não fizessem muito barulho.

"Deixei Wayne no carro com o rastreador e entrei. Disse a Lisner que queria falar com ele antes do otário entrar — mas na verdade queria me certificar de que não havia ninguém em casa. Eu sabia que sua mulher trabalhava fora. Sabia que tinha dois filhos, mas ele sempre reclamava que os filhos eram uns chatos de galocha.

"Enquanto caminhávamos para dentro da casa perguntei: 'Tem certeza de que não tem ninguém em casa? Garantido? Onde estão seus filhos? Sua esposa?'. Ele me dizendo que não tinha ninguém em casa e eu dizendo a ele que queria me certificar antes de trazer o cara para dentro.

"Fomos caminhando para dentro e eu disse: 'Ouvi um barulho', ele disse que não era nada. Da sala de estar dei uma olhada para a piscina e fechei as persianas. Caminhamos juntos, e quando saímos de uma saleta puxei a arma e disparei duas vezes em sua nuca.

"Ele se virou e olhou para mim. 'O que é que você está fazendo?', perguntou, e saiu correndo pela cozinha em direção à garagem.

"Olhei para a arma sem acreditar, tipo: 'Que porra é essa? Balas de festim?'. Aí corri atrás dele e descarreguei o restante em sua cabeça. Parecia uma explosão cada vez que eu atirava.

"Mas ele não caiu. O filho da puta começou a correr. Era como uma comédia pastelão. Lá ia eu correndo atrás dele ao redor da casa e já tendo descarregado todas as balas na cabeça dele.

"Alcancei-o na garagem, ele apertou o botão para fechá-la, eu atirei nele antes da porta descer. Percebi que fraquejava. Arrastei-o de volta à cozinha.

"Eu já estava sem balas. Pensei: o que é que eu faço com esse cara? Puxei o fio do filtro de água elétrico, enrolei no pescoço dele, o fio partiu. Estava indo até à pia pegar uma faca e terminar o serviço quando Wayne chegou trazendo mais balas.

"Lisner ainda respirava. Falou: 'Minha mulher sabe que você está aqui'.

"Descarreguei a arma na cabeça dele. Bem nos olhos. Aí ele foi caindo, como se murchasse, e vi que tinha apagado.

"Agora eu precisava limpar a casa. Tinha sangue por toda parte. Em todo seu corpo. Meu temor era de ter deixado alguma digital minha no sangue que estivesse pelo corpo dele ou nas roupas.

"Eu não estava de luvas porque Lisner não era trouxa. Não me deixaria entrar se me visse de luvas. Então me certifiquei de que não havia tocado em nada. A única coisa que sabia que tinha tocado fora a parede quando bati nele perto do filtro d'água. Então, imediatamente, limpei tudo com um pano assim que ele caiu.

"Mas havia o risco de ter minhas digitais no corpo dele, então peguei-o pelos tornozelos, Wayne abriu a porta de correr, arrastei-o até a piscina e o fiz deslizar para dentro d'água. As pernas entraram primeiro, e ele foi direto, como uma prancha. Como se estivesse nadando.

"Eu sabia que ao mergulhá-lo na piscina o sangue se dissolveria e todas as minhas digitais que estivessem em seu corpo desapareceriam. Olhei para baixo enquanto ele flutuava, e vi o sangue começando a subir.

"Em seguida Wayne e eu fomos vasculhar a casa. Eu precisava ter certeza de que o cara não estava gravando a conversa que tive com ele. Procurei no andar de baixo, enquanto Wayne subiu para o segundo andar. Encontrei sua agenda telefônica e levei comigo.

"Voltamos à minha casa, e eu tomei banho com detergente para me livrar de qualquer vestígio de sangue. Depois nos livramos de nossas roupas. Cortamos em mil pedaços, pusemos em alguns sacos e fomos de carro até o deserto, espalhando por toda parte.

"Wayne pegou um táxi para o aeroporto e voltou para Chicago. Mais tarde passei de carro perto da casa de Lisner, mas não havia nenhum movimento. Então segui até o My Place Lounge. Quando estava estacionando, Tony estacionava também, com Sammy Siegel.

"Perguntei se ele tinha um minuto.

"Fomos para um canto.

"Falei: 'Está feito'.

"Ele disse: 'Feito?'.

"Falei: 'Resolvi o assunto'.

"Ele perguntou: 'Se livrou de tudo?'.

"Respondi: 'Claro. Meti dez tiros nele e joguei na piscina'.

"Ele olhou para mim e disse: 'Legal. De hoje em diante não falamos nunca mais sobre isso'. Não falamos nunca mais sobre isso."

"Eu levava Tony para jantar num lugar que ficava a uns 90 km da cidade, pois, juntando seus problemas do coração e os meus ligados à licença, ambos não queríamos ser vistos juntos na cidade. Durante todo o trajeto ele foi me contando que vivia sob vigilância constante e como estava tentando ganhar o pão de cada dia e levar uma vida tranquila. Só conseguia dizer 'sim, sim' para ele. Tony não me dizia tudo isso porque queria confusão. Ele não parecia juntar o fato de ter feito inimizades com um grupo variado de pessoas com o fato de elas estarem secretamente passando informações do que ele fazia ou não. Não creio que ele percebia que do jeito que estava em evidência, todo policial do estado tinha sua foto em seu quadro de avisos. Depois, seus advogados descobriram que a força-tarefa dos federais tinha fotos de Tony e de toda sua família, amigos e até mesmo de seus advogados. Os agentes e os promotores tinham a foto de Tony num alvo de dardos e xingamentos escritos sob a maioria das fotos. É o que acontece quando se é o alvo. Não há um tira em todo estado que não saiba quem você é e que não esteja ou tentando te pôr atrás das grades ou te extorquir.

"Quando chegamos ao restaurante nos arredores da cidade, dois de seus homens já estavam à nossa espera. Haviam reservado uma mesa recuada no fundo.

"Tínhamos acabado de nos sentar quando um sujeito veio até à mesa. 'Sr. Rosenthal', disse, 'deixe-me que me apresente ao senhor. Sou o dono desta casa. Vi sua foto no jornal e queria que soubesse que estamos todos na sua torcida. Como está o serviço? Espero que aprecie seu jantar.'

"Disse a ele que estava tudo ótimo e agradeci, mas fiquei incomodado por ele ter me reconhecido. Aí, em vez de ir embora, ele se virou para Tony. 'Sr. Spilotray' — ele pronunciava o nome de Tony com um a — 'posso me apresentar ao senhor?'

"Tony se levantou, pôs o braço sobre o ombro do cara e meio que o conduziu até uns cinco metros dali, fora do alcance de ser ouvido.

"Pude ver Tony despedindo-se do cara com um aperto de mãos, o sorriso no rosto do sujeito e, em seguida, o vejo empalidecer e ir para a cozinha.

"Quando se sentou, Tony era só sorrisos.

"'Que diabos você disse pro cara?', perguntei.

"'Nada', ele respondeu.

"O que aconteceu foi que Tony se distanciou com o cara e disse a ele: 'Meu nome não é Spilotray, seu filho da puta. Você nunca me viu em toda sua vida. E Frank Rosenthal também não esteve aqui. E se por um acaso eu ouvir você contar alguma coisa pra alguém, esse lugar aqui vai virar uma pista de boliche e você vai parar numa das porras das prateleiras.'"

Spilotro foi grampeado, seguido, assediado, preso, indiciado, mas nunca foi condenado. Em seus cinco primeiros anos em Las Vegas, foram cometidos mais assassinatos do que nos 25 anos anteriores. Foi indiciado pelo assassinato de um mensageiro do Caesar's Palace chamado Red Kilm, mas o caso nunca foi a julgamento. Foi suspeito de assassinar o marido de Barbara McNair, Rick Manzi, que estava envolvido numa transação de drogas que deu errado, mas nada ficou concluído. Spilotro entrava na sala do tribunal sorrindo e acenando ao lado de seu advogado, Oscar Goodman, enquanto as câmeras de TV cobriam tudo.

Comentário de Frank Cullotta: "Quanto mais jornalistas Oscar via, mais distante ele estacionava a porra do carro para poder ter mais tempo de ser entrevistado. Tony confiava plenamente em Oscar. Em todos os anos que esteve na cidade, nunca passou mais do que algumas horas detido à espera de fiança. Quando o alertei sobre Oscar, que, até onde eu sabia, era alguém em busca de notoriedade, Tony apenas concordava com a cabeça e roía o polegar. Costumava roer a cutícula do polegar direito. Se você observasse, às vezes ficava em carne viva.

"Um tempo depois, quando Oscar ficou rico, Tony olhou para o enorme prédio de tijolos que Oscar construiu na Fourth Street e disse: 'Eu construí esse edifício', como se sentisse orgulho. Mas eu nunca entendo por que Tony gostava tanto de Oscar. O cara era um advogado, fez fortuna à custa de Tony. Eu nunca poderia confiar num sujeito que usa um Rolex falsificado."

12

Eis um dos problemas de se casar com uma mulher deslumbrante.

Depois de dois ou três anos, o casamento de Lefty era como uma aposta ruim. Geri tivera um menino, Steven, que ela adorava, mas achava a vida doméstica que Lefty queria que levasse extremamente limitadora, especialmente quando ela se recusava a agir de acordo com as regras que ele queria. Lefty trabalhava dia e noite no cassino, e Geri começou a suspeitar que ele tinha outras mulheres. Ela contou à irmã que havia encontrado recibos de joias e presentes nos bolsos de seus ternos quando foi levá-los ao tintureiro. Ao acusá-lo de traição, disse que ela estava doida, chamou-a de bêbada e a acusou de tomar calmantes demais.

Então Geri começou a dar suas saídas. Às vezes, passava a noite inteira fora. Às vezes, sumia um fim de semana inteiro. Por mais de uma vez Lefty contratou detetives particulares para segui-la, passou a ir a seus bares favoritos e mandá-la ir para casa na mesma hora. Finalmente, ameaçou pedir o divórcio. Encontrou-se com ela no escritório de Oscar Goodman e apresentou documentos com depoimentos atestando seu vício em álcool e comprimidos. Deixou claro que seus dias de poder e riqueza tinham acabado e que ela perderia também a custódia do filho.

"Geri não queria perder tudo", disse sua irmã, Barbara Stokich, "mas Lefty apenas a aceitaria de volta se ela concordasse em ter outro filho e se esforçasse para se manter longe dos comprimidos e da bebida. Sei que Geri não queria ter outro filho, mas foi o único jeito para não ser jogada na rua. Ela costumava me contar que ele era um homem muito poderoso, que controlava juízes e tribunais, que ela não tinha a menor chance contra ele.

"Então ela cedeu e teve Stephanie em 1973, mas isso não resolveu seus problemas. Na verdade, as coisas ficaram piores em vários aspectos, pois Geri sempre se ressentiu de ter sido obrigada a ter Stephanie. Steven era maravilhoso e era um garoto. Geri amava ter um menino, mas ser obrigada a ter um bebê e ainda por cima uma menina — uma menina para competir com sua filha Robin — foi um baita aborrecimento para Geri. Não conseguia ser calorosa com Stephanie. E creio que nunca perdoou Frank por tê-la obrigado a uma segunda gravidez."

"Eu sabia que as coisas não andavam às mil maravilhas em casa", disse Lefty, "mas por um bom tempo não tive noção de quão mal estavam. Geri continuava uma pessoa difícil de entender. Uns dias acordava alegre, outros não dava para ficar perto dela, tudo o que você dissesse era motivo para briga.

"Ela não gostava quando eu reclamava dela beber, também não gostava quando eu a criticava por deixar Steven, que estava com 7 anos, bater em Stephanie, que só tinha 3.

"Geri simplesmente adorava Steven, estragava muito o menino, era seu troféu, um lindo 'Gerber baby'.[1] Favorecia o menino em detrimento da filha.

"Além disso, Geri tinha um temperamento forte. Não dava a mínima para o que os outros dissessem ou vissem, e quem nos conhecia tentava guardar o que via para si.

"Por exemplo: eu não sabia dos poderes hipnóticos que Lenny Marmor ainda exercia sobre Geri mesmo muito depois de termos nos casado. Sabia que eles tinham de se manter em contato por causa de Robin, mas eu não sabia que quando Geri ia a Beverly Hills para uma viagem de compras com Kathy, a mulher de Allen Glick, ela se encontrava com Marmor lá.

---

1   O bebê que é a marca registrada dos alimentos infantis produzidos pela Gerber's.

"Geri e Kathy decolavam no Learjet da Argent uma ou duas vezes por mês. Uma limusine as pegava no aeroporto em Burbank e elas iam visitar algumas lojas. Depois de alguns minutos, Geri simplesmente saía da loja, não dizia a Kathy nem ao menos aonde estava indo. Apenas sumia e aí, umas três, quatro horas depois, encontrava Kathy em algum lugar, no aeroporto ou em outra parte, e voavam de volta. Nenhuma explicação, absolutamente nada.

"Kathy Glick falava sobre isso com o marido, mas Allen, por medo de se envolver ou por qualquer outro motivo, não me dizia nada. Então eu apenas não sabia o que estava acontecendo. Geri sabia que ninguém a delataria, e estava certa.

"Dois dos meus amigos mais próximos, Harry e Bibi Solomon, duas das pessoas mais corretas que eu já conheci na vida, finalmente me alertaram. De vez em quando saíam com Geri quando eu estava trabalhando. Uma noite reservei uma mesa para eles no Dunes Hotel. Era o melhor restaurante que havia: música, dança, comida sofisticada.

"Mais pra frente, Harry veio a mim e disse que precisava fazer uma confissão, era esse tipo de sujeito. Ele disse: 'Sei que você não vai me perdoar, mas vou te contar de qualquer maneira. Era para eu ter te contado antes. Estou me martirizando desde aquele dia'. Falei: 'Ora bolas, Harry, não enrola'.

"Ele falou: 'Deixa eu te falar o que aconteceu. Estávamos jantando, a música estava tocando. Um camarada veio até a mesa e chamou Geri para dançar, falei pro sujeito cair fora. Falei para ela: 'E você? Está doida?'. Ela respondeu: 'Cuida da sua vida', se levantou da cadeira, foi até a mesa onde o cara estava e disse: 'Vou dançar com você'.

"Harry ficou louco, não sabia o que fazer. Pediu a conta. Quando Geri terminou de dançar, Harry disse: 'Geri, eu não vou falar disso ao Frank. Nunca mais vou me sentar à sua mesa sem a presença do Frank'. Geri não deu a mínima, achou que eles estavam loucos.

"Geri sempre viveu do seu jeito, não queria mudar. Recapitulando, acho que a única razão verdadeira para ela ter ficado com Lenny Marmor todos esses anos — e, lembre-se, um cara que nunca sequer mandou um cartão de feliz aniversário para ela — era porque esse cara nunca tentou impedi-la de fazer o que ela tivesse vontade.

"Era esse o poder que tinha sobre ela. Ele não se importava com o que ela fizesse, desde que ganhasse dinheiro. E acho que Geri preferia ele a alguém como eu, que estava sempre atrás dela falando disso e daquilo.

"Quando Geri se prostituía, Lenny não dizia: 'Pare! Eu te amo. Não quero você fazendo mais isso'. Não, senhor. Lenny a deixava fazer o que bem entendesse, não ligava. Quer beber? Claro. Comprimidos? Certo. Lenny nunca disse a ela para não fazer nada, porque ela estava ganhando dinheiro.

"Aí eu cheguei e, talvez, pela primeira vez em toda a sua vida tinha um sujeito impondo regras. Bom, Geri nunca obedeceu a regras de ninguém, a não ser as suas."

"Geri era uma tremenda de uma cigana doidona", disse Tommy Scalfaro, ex-motorista de Lefty. "Seu comportamento dependia do seu estoque de drogas. Quando tomava Percodan,[2] era afável e doce. Queria te dar dinheiro. Não muito. Mantinha as crianças bem vestidas e arrumadas.

"Quando acabava o Percodan, ficava intratável. Era 'filho da puta' pra lá, 'filho da puta' pra cá. Começava discussões com Lefty. A coisa ficava feia.

"Ela berrava que Lefty estava trepando com essa, com aquela ou com aquela outra, e que ia sair e fazer o mesmo. 'Eu te vi com a Donna', esbravejava. 'Te vi se esfregando com a Mary', falava. 'Se continuar com isso eu vou pra rua fazer igual.'

"E quem era capaz de saber o que ela fazia? Lefty não ficava muito em casa mesmo. Estava administrando os cassinos e tentava adiantar-se ao que pudesse exigir a diretoria para a obtenção de sua licença. Era extremamente meticuloso. Tudo tinha de ser perfeito. Era obcecado por ter seus blazers e ternos impecáveis e sob medida. Visitava seu alfaiate uma vez por semana, e o sujeito estremecia ao vê-lo. Lefty sempre o importunava sobre aquele meio centímetro ou os dois milímetros do lado esquerdo. Lefty ficava o dia inteiro ajustando o colarinho, as mangas, os punhos.

"Ele tinha mais ternos do que você possa imaginar. Tinha um guarda-roupas de dez metros de comprimento repleto de ternos. Também tinha calças avulsas, camisas e suéteres, e cada peça tinha de ser perfeita.

"E lá estava ele casado com uma viciada em comprimidos. Ele tinha uma receita de Percodan por conta de sua úlcera, e a cada duas semanas ela me mandava à farmácia para comprar o remédio. Ele praticamente não tocava nas pílulas.

---

2 Analgésico de uso controlado, um tipo de opióide com potencial para viciar, pois estimula partes do cérebro associadas ao prazer e acaba produzindo um "barato".

"A primeira vez que vi Geri, pude ver que viria confusão. Sempre se referia a Lefty como 'sr. R.' e começou a me fazer perguntas. Pude perceber que ela me preparava para fazer seus pequenos mandados. De fato, ela logo começou a sugerir que eu fosse ao Burger King comprar hambúrgueres para seus filhos, pegar sua roupa no tintureiro. Ela não te mandava apenas fazer esses serviços, mas também tentava diminuí-lo a tal ponto que passava a te dar ordens.

"Se eu não tivesse batido o pé, ela ia me botar correndo a cidade para cima e para baixo. Reclamei com Lefty e ela passou a me odiar a partir dali, mas caguei pra ela.

"Geri ia a shopping centers, ia à Califórnia fazer compras. A empregada e a filha da empregada criavam as crianças.

"Lefty passava todo o tempo no cassino ou se reunindo com pessoas ligadas ao cassino. Algumas vezes, tive de pegá-lo às três da madrugada e levá-lo até um 7-Eleven, onde ele se encontrava com gente de Chicago.

"Às vezes, ele ainda estava de pijamas e tinha de sair do nosso carro e entrar no carro do outro cara. Eu não gostava de prestar muita atenção, mas às vezes parecia que Lefty dava as ordens, outras parecia que ele as recebia."

"Cerca de um ano depois que Allen Glick assumiu a corporação, ele deu uma festa em sua casa em La Jolla", disse Lefty, "e eu fui com Geri. Tinha entre 300 e 400 pessoas lá.

"Ele disponibilizou seis Learjets para trazer gente de Vegas para San Diego. Um feito, vindo de um sujeito que teve de me pedir emprestados 7 mil dólares para se manter ao assumir a empresa e quando os cheques ainda não tinham entrado. Aliás, ele me pagou tudo direitinho.

"Para a festa, ele me cedeu dois jatinhos apenas para mim e meus amigos.

"Quando chegamos lá, Glick me pôs para sentar a seu lado e Geri ficou do meu outro lado.

"No caminho para a festa falei para Geri: 'Nada de beber, hein, porra'. A gente vinha brigando por causa do problema dela com a bebida, mas eu não sabia o que estava prestes a enfrentar.

"Naquela época eu não bebia, de verdade. Não sabia que era algo que algumas pessoas não conseguiam controlar. Não sabia nada sobre estimulantes e barbitúricos. Eu era realmente muito careta, mas insisti que fôssemos à festa, desde que ela não bebesse nada. Nada de álcool. 'Isso é trabalho', falei. Tá certo? Tá certo.

"Então a festa começou, o garçom veio com uma bandeja com champanhe Dom Pérignon, ela pegou uma taça. Falei com meus botões: 'Sua vaca'. Havia 300 pessoas ali. Eu não queria que ela enchesse a cara e desse vexame.

"Ela entornou a taça de uma vez só. Fiquei olhando para ela, mas ela não disse porra nenhuma. Ela sequer notou que eu a observava.

"Alguém a chamou para dançar. Ela se levantou e foi para a pista. Aí vi a bebida fazendo efeito. Ninguém percebia, mas eu a conhecia tão bem que via o momento da bebida bater.

"Quando terminou de dançar, ela voltou e se sentou, o garçom veio com mais uma rodada e ela fez sinal positivo com a cabeça. Ele pôs uma taça de champanhe na frente dela.

"Cochichei em seu ouvido: 'Escuta aqui, sua vagabunda, se você encostar a boca nessa taça eu te dou um soco e te derrubo dessa cadeira'.

"Ela olhou para mim e respondeu: 'Você não tem culhão pra isso'.

"'Ah, tenho', falei.

"Aí vi que Glick olhava para mim, mas não podia ouvir nossa conversa. Disse para ela: 'Não vou ligar pra vergonha que eu vou passar, muito menos se isso custar meu emprego, mas se você puser essa taça na boca você vai cair da cadeira'.

"Ela pegou a taça e segurou-a com força. Vi o que iria acontecer, então me inclinei e disse a Glick que não queria chateá-lo, mas pedia que ele tentasse convencer Geri a largar o drinque, pois se não o largasse eu provavelmente teria de fazer algo que lamentaria para o resto da minha vida.

"Eu falei para Glick: 'Allen, se ela tocar naquela bebida vou ter de dar um chute na bunda dela'.

"Glick ficou pálido. 'Se ela me peitar', disse a ele, 'ela vai cair.'

"Então Glick disse: 'Geri, faz o favor de ouvir seu marido?'.

"Ela soltou a taça, virou-se para mim e disse baixinho: 'Seu filho da puta, eu vou me vingar'. Dá para imaginar a maravilha que ficou a festa, mas acho que ninguém ficou sabendo. Geri era uma tremenda atriz e uma alcoólatra. Segurou as pontas, não tropeçou em momento algum.

"Quando me casei com Geri ouvi todo tipo de histórias, mas caguei pro que ela fazia. 'Sou Frank Rosenthal', disse, 'e eu posso mudá-la.'"

"Eles tinham inúmeras brigas horrorosas", disse Barbara Stokich. "Ambos tinham temperamento forte e se recusavam a dar o braço a torcer. Ele costumava ameaçá-la de levar Steven embora por causa de seu vício com a bebida, mas depois faziam as pazes e ele comprava uma bela joia para ela.

"Lembro-me de ela me contar, após uma de suas brigas com ele, que preferia morrer a desistir da bebida. Ela adorava quando Frank bebia uma taça de vinho. Ele relaxava, ela relaxava. Sei que Frank começou a beber apenas para satisfazê-la, mas tinha úlcera e não podia beber de jeito algum."

"Um dia Tony foi à minha casa para uma reunião de negócios", disse Lefty. "Ele estava de saída, e telefonava para um de seus capangas vir pegá-lo. Geri estava de saída para levar Steven e Stephanie a algum lugar e ofereceu carona a ele.

"Tony me perguntou se tudo bem, e eu disse: 'Claro, vá em frente'. Não dei a menor importância àquilo.

"Aí, cerca de uma semana depois, Tony me ligou, disse que queria me ver. Estava muito sério. Combinamos de nos encontrar por volta de meia-noite, uma da manhã. Peguei-o numa esquina e fomos dar umas voltas. Costumávamos fazer muito isso antes da barra ficar pesada.

"Ele falou que tinha um história para me contar. Algo que o estava perturbando bastante. Algo que viu quando esteve no carro com Geri e as crianças. Não fazia ideia do que ele estava prestes a dizer, estava muito solene. Eis aqui um cara que já fez de tudo na vida e agora se sente perturbado. Eu dirigia com o coração na boca, a garganta seca.

"Ele disse que entrou no carro com Geri e as crianças, e Steven começou a provocar Stephanie. Coisa de criança, nada sério, aí, de repente, Stephanie gritou: 'Mamãe, socorro! Socorro, mamãe!'. Tony olhou para o banco de trás e viu que Steven batia com muita força em Stephanie.

"'Geri', disse Tony, 'não dá pra você parar com isso?'

"'Não é nada sério', respondeu Geri.

"Stephanie gritava no banco de trás. Tony virou-se e viu que Steven tinha empurrado Stephanie no chão do carro e a esmurrava. Então, Tony falou, ele teve de obrigar Geri a encostar o carro e parar com a briga.

"Tony me fez jurar que não o deduraria a Geri, mas disse que tinha de me contar o que viu, falou que aquilo era doentio. Parecia que Geri sentia prazer em ver sua própria filha ser machucada."

Uma noite Rosenthal levou Geri para dançar no *country club*. Ela estava muito bonita, sedutora. "Eu tinha tanto orgulho dela", disse Lefty. "Geri chamava atenção por onde passava, estava tipo arrasa quarteirão. Eis um dos problemas de se casar com uma mulher deslumbrante: são perigosas.

"Bem, estávamos no clube e aproximou-se um jovem executivo que eu havia contratado, um garoto elegante, bem apessoado, e me fez um elogio. Nem me lembro o que foi. Aí virou-se para Geri e falou: 'Sra. Rosenthal, a senhora é a mulher mais deslumbrante que eu já vi'.

"Ela agradeceu ao rapaz. Eu sorri, agradeci também. Às vezes, Geri fazia isso com as pessoas. Ela avançou um pouquinho, o encorajou. Não se pode negar, o garoto foi corajoso. Mandei-o embora no dia seguinte."

13

Ele não fazia a menor ideia do que eles estavam fazendo ou de como estavam fazendo.

Allen Glick era agora o segundo maior proprietário de cassinos em Las Vegas. Vivia entre Las Vegas e sua casa em La Jolla — uma mansão em estilo normando com quadra de tênis, piscina e uma coleção de carros que incluía um Lamborghini e um Stutz Bearcat com tapetes e estofamento em pele de *marta* — e um jato Beechcraft Hawker 600. Seu escritório, que ficava na cobertura do Stardust, era decorado em roxo e branco, e lá ele ficava, dando entrevistas sobre seu brilhantismo como homem de negócios. Até contou à imprensa sobre sua habilidade em se manter quieto, quase imóvel, por longos períodos. "Sou extremamente disciplinado", disse.

Na outra extremidade do corredor, Frank Rosenthal era o executivo mais importante da jogatina na cidade, pouco importava o nome de seu cargo. Negociou um contrato de 2,5 milhões de dólares. Planejava introduzir um centro de apostas em competições esportivas no Stardust e apresentou-se à legislatura do estado como um especialista em jogos. Foi o primeiro a permitir mulheres trabalharem como crupiês em mesas de Vinte-e-um na Strip, e em um ano dobrou seu faturamento. Conseguiu trazer Siegfried & Roy e seus tigres brancos, fazendo-os romper o contrato que tinham com o MGM Grand ao se dispor a construir um camarim desenhado de acordo com as especificações dos dois, deu-lhes ainda, como bônus, um Rolls-Royce branco. "A verdade é que eu tinha comprado o Rolls para Geri", disse Lefty, "mas ela preferiu o Mercedes esporte, mais compacto, e o carro ficava parado à toa na garagem, então dei a eles." Os dois exóticos mágicos tornaram-se a atração mais concorrida e de maior duração da história de Las Vegas.

Mas a vida na Argent Corporation estava longe de ser tranquila. Em vez de ser endeusado pela imprensa, Glick foi ridicularizado como um veículo para o dinheiro do Teamsters. Em vez de ser saudado por sua administração inovadora de cassinos, Rosenthal era constantemente desviado para problemas ligados à sua licença. Era crise atrás de crise. Glick e Rosenthal esperavam que as coisas iriam se acalmar e melhorariam uma vez que a crise do dia fosse resolvida, mas sempre tinha uma nova no dia seguinte. O atrito constante entre os dois era o que menos importava. Rosenthal havia sido selecionado pela máfia para ser o homem a administrar os cassinos, mas seu fervor em combater os problemas ligados à sua licença atraía muito mais atenção do que o desejado. Allen Glick fora escolhido como testa de ferro da máfia porque era considerado de moral ilibada, mas mesmo pessoas de moral ilibada têm seus passados. Em 1975, a incorporadora de Glick em San Diego entrou com pedido de concordata, e Glick deixou de pagar um empréstimo de 3 milhões de dólares que usou para comprar o Hacienda. Depois surgiu uma antiga sócia da incorporadora de Glick ameaçando toda a estrutura da Argent.

A única coisa que funcionava bem era o esquema de desvio de dinheiro. E por um bom tempo, para os chefões que ficavam em sua cidade natal, isso era tudo o que importava. Durante anos, o dinheiro proveniente de desvios vinha dos cassinos Stardust e Fremont, a razão da máfia precisar de um inocente útil como Allen Glick ali era a de manter o dinheiro entrando.

A prática de sonegação — o desvio ilegal de dinheiro de um cassino, um dinheiro que não é registrado como imposto ou lucro da empresa — é, talvez, tão velho quanto a primeira contagem feita num cassino. No final dos anos 1940, início dos anos 1950, após Bugsy Siegel abrir o Flamingo, o desvio era usado para devolver por baixo dos panos o dinheiro originalmente investido pelos chefões da máfia, já que eles queriam seus dividendos em dinheiro vivo para evitar problemas com o FBI e a Receita Federal.

Existem dezenas de maneiras de se sonegar dinheiro num cassino e a maioria delas já existia muito tempo antes de Glick e Rosenthal terem assumido o controle. Havia sonegação de notas fiscais, subornos na área de comidas e bebidas, roubo na sala de contagem. Mas, por incrível que pareça, as máquinas caça-níqueis permaneciam basicamente intocadas por conta de um grave problema de logística: a dificuldade de transportar moedas. 1 milhão de dólares em moedas de 25 centavos, por exemplo, pesam 21 toneladas. Porém, como as máquinas caça-níqueis foram se transformando numa parte cada vez maior da renda dos cassinos, foi necessário arrumar um jeito de se chegar a esse dinheiro.

Então George Jay Vandermark foi contratado para administrar as máquinas caça-níqueis na Argent. Vandermark tinha a qualificação perfeita para o trabalho: era conhecido como o maior fraudador de máquinas caça-níqueis que já existiu. De acordo com Ted Lynch, um conhecido de Vandermark, "Jay passava quatro meses por ano percorrendo todo o estado e mexendo nas máquinas. Ele apenas dava uma olhada numa máquina e ela jorrava as moedas. Ele adorava fazer aquilo. Vi ele abrindo máquinas de gelo em postos de gasolina apenas pelo prazer de ver as moedas rolando para fora".

Vandermark era tão conhecido como vigarista errante e adulterador de caça-níqueis que entrou para a Lista Proibida de Bob Griffin, uma espécie de *quem é quem* dos trapaceiros usada principalmente por cassinos. De fato, quando um dos executivos do Fremont o viu entrar no local pela primeira vez, tentou expulsá-lo e só voltou atrás quando foi informado de que Vandermark era seu novo chefe.

Uma das primeiras coisas que Vandermark fez ao ir trabalhar na Argent foi eliminar os controles que salvaguardavam o registro preciso de todo o dinheiro que entrava na sala de contagem do cassino. Centralizou a supervisão das máquinas caça-níqueis de todos os quatro cassinos da Argent e fez com que as moedas fossem transferidas do Fremont, do Hacienda e do Marina para o Stardust, onde eram contadas todos os dias.

Vandermark também diminuiu o número de auditores que rechecavam se as moedas que eram embaladas e empilhadas em tubos tinham o peso e valor correspondentes ao número de moedas avulsas que haviam, de início, entrado na sala de contagem.

Quando um auditor reclamou com Vandermark que estava sendo retirado de uma salvaguarda fiscal de extrema importância, ele respondia que aquilo não era da sua conta.

Por fim, o auditor contou à Comissão de Controle de Jogos, que foi imediatamente se reportar a Frank Mooney, tesoureiro da Argent, dizendo que suspeitava que Vandermark estava roubando. De acordo com o auditor, Mooney apenas disse a ele: "Faça o melhor que puder diante dessas circunstâncias".

Dentre as inovações que Vandermark trouxe para o Stardust estava a adulteração dos instrumentos de medição das máquinas caça-níqueis para registrar um terço a mais de prêmios do que era realmente pago.

Foi um golpe de mestre, pois, quando as máquinas caça-níqueis eram esvaziadas e as moedas levadas para a sala de contagem, a balança eletrônica usada para pesar as moedas tinha sido recalibrada para pesar as moedas um terço abaixo do peso real.

Vandermark agora tinha um terço de toda a contagem das máquinas caça-níqueis disponível para sonegar, já que essas máquinas tinham sido adulteradas para registrar que os jogadores haviam ganho esse montante.

Mas havia um problema: como retirar toneladas e toneladas de moedas da tão bem guardada sala de contagem, que dirá do cassino. Vandermark arrumou uma solução: criou bancos adicionais no salão do cassino, onde as moedas desviadas eram trocadas pelos funcionários por notas de dinheiro. Esses bancos suplementares burlavam o procedimento normal do cassino: as notas de dinheiro nunca eram levadas à gaiola do caixa para serem contadas com o resto do dinheiro do cassino. Vandermark mandou construir portinholas de metal na lateral de cada banco auxiliar, de forma que, após o funcionário passar as notas para o compartimento lacrado desse banco, os homens de Vandermark abriam a porta pelo outro lado e levavam o dinheiro embora em enormes envelopes de papel pardo.

Os envelopes pardos que vinham dos bancos adicionais de cada um dos cassinos da Argent eram levados para o escritório de Vandermark. Aí o dinheiro era entregue a mensageiros especiais, que faziam viagens regulares transportando dinheiro vivo entre Las Vegas e Chicago, onde era distribuído para Milwaukee, Cleveland, Kansas City e Chicago.

O desvio da Argent era descarado, ninguém saía escondido no meio da noite com dinheiro debaixo da camisa. As pessoas que trabalhavam na sala de contagem e na gaiola do caixa sabiam de tudo. Numa ocasião, após as balanças eletrônicas terem sido adulteradas, os botões de controle eram postos de volta no lugar para que, ao serem acionados, a balança pudesse registrar o peso das moedas 30% ou 70% abaixo do peso real. Num dia particularmente agitado, um dos caras de Vandermark acionou o botão errado, e de repente a balança registrou um peso 70% abaixo do verdadeiro. Vandermark percebeu que a contagem final tinha ficado muito alta e descobriu o que havia acontecido. Gritou: "Seu idiota filho da puta, você vai meter a gente em encrenca. A gente não pode roubar tanto".

Os executivos mais veteranos dos cassinos, que suspeitaram que algum tipo de sonegação estava acontecendo, eram experientes o suficiente para entender que não seria bom para eles se aprofundar nesse tipo de assunto.

Sabiam muito bem que mesmo uma indesejada ameaça implícita à segurança do desvio poderia ser fatal.

Edward "Marty" Buccieri, um primo distante de Fiore Buccieri, era gerente de salão do Caesar's Palace. Ex-presidiário e antigo agenciador de apostas, conheceu Allen Glick quando Glick tentou comprar o cassino King's Castle, em Lake Tahoe, 1972. Buccieri apresentou Glick a Al Baron e Frank Ranney, os dirigentes do fundo do Teamsters que depois seriam de vital importância para Glick quando ele comprou o Stardust em 1974. Em 1975, depois que o esquema de sonegação tinha começado a jorrar sacolas e mais sacolas de dinheiro para os chefões da máfia que providenciaram o empréstimo, Buccieri começou a importunar Glick. Queria uma comissão e pediu na faixa de 30 mil a 50 mil dólares. "Buccieri estava puto com Glick havia anos", disse Beecher Avants, chefe da divisão de homicídios da Polícia Metropolitana daquela época. "Buccieri contava para quem quisesse ouvir que foi ele quem conseguiu para Glick os empréstimos do fundo de pensão e que depois disso Glick o jogou para escanteio. De um lado havia Glick, dono de quatro cassinos, três hotéis, jatinhos e propriedades em toda parte, e de outro Marty, trabalhando em pé oito horas por dia nos salões do Caesar's."

Numa tarde de maio, Glick e Buccieri se encontraram no Hacienda Hotel. De novo Buccieri cantou a bola da comissão. A conversa foi ficando tensa e Buccieri agarrou Glick pelo pescoço e o ameaçou. Os seguranças vieram e separaram os dois.

"Lembro-me de Glick voltando para o Stardust mais tarde", conta Rosenthal. "Seu rosto estava vermelho, muito agitado. 'Quero falar com você', disse ele. 'É uma emergência. Conhece Marty Buccieri?' Eu não conhecia o sujeito. Na época o conhecia pelo nome, mas não pessoalmente. Sabia que era um parente distante do meu amigo Fiore Buccieri, talvez um primo de terceiro grau ou algo assim, mas nunca o tinha visto.

"Glick estava muito alterado, não era típico dele. Ele disse: 'Frank, nunca mais vou deixar isso acontecer e você tem de me ajudar'.

"Perguntei a ele o que havia acontecido, ele me contou que Marty o tinha agarrado pelo pescoço e o empurrado. Perguntei a ele por que Buccieri faria tal coisa, mas Glick apenas queria descrever o que tinha acontecido. Deu uma desculpa acerca do motivo, mas não ficou muito claro. Mais tarde entendi que Buccieri fez tal coisa por achar ter sido tapeado."

Uma semana após o incidente, Buccieri estava prestes a ligar seu carro no estacionamento de funcionários do Caesar's Palace quando dois homens com pistolas automáticas calibre .25 com silenciadores deram cinco tiros em sua cabeça.

"Fui falar com Glick sobre o assassinato", contou o chefe do departamento de homicídios Beecher Avants. "Glick tinha um daqueles escritórios extremamente luxuosos cheio de espelhos, tinha toda sorte de equipamentos eletrônicos de última geração, prateleiras com livros e placas de premiações por toda parte, máquinas eletrônicas informando a cotação de ações na Bolsa, abajures caros, vasos com flores: era o escritório de um presidente de empresa. Não havia um único lugar onde você se sentasse em que não pudesse se ver refletido num espelho. Glick era um daqueles sujeitos miúdos que ficavam escondidos atrás de uma enorme escrivaninha.

"Glick falou que havia tido uma 'desavença' com Buccieri, mas negou que Buccieri o tivesse atacado fisicamente.

"Enquanto falava, Glick permaneceu calmo, muito controlado. Você recebia uma resposta de homem de negócios a tudo o que perguntasse. Parecia um zumbi, uma não-pessoa. E todos os espelhos ao redor da sala refletiam a mesma não-pessoa. Depois de um tempo comecei a imaginar qual daqueles caras era o verdadeiro Glick.

"Com Lefty a história foi diferente, seu escritório não tinha nenhum espelho. Era muito limpo, não havia coisa alguma sobre sua mesa de trabalho. Atrás da mesa tinha um cartaz onde estava escrito um grande 'NÃO!' ocupando praticamente o espaço inteiro e um minúsculo 'sim' espremido na parte de baixo.

"Lefty ficou de pé atrás da mesa, e a única coisa que se movia era seu lápis, com o qual ele ficava brincando. Era o tipo de sujeito que não queria te dizer nada, mas fazia questão de te deixar ciente de que sabia muito mais do que deixava transparecer."

Beecher Avants e a divisão de homicídios passaram meses tentando apontar Tony Spilotro como assassino de Buccieri, já que o tinham visto uma semana antes do assassinato conversando com dirigentes do fundo de pensão do Teamsters no café do Tropicana. Nesse meio tempo, o FBI descobriu em poucos dias que Frank Balistrieri, de Milwaukee, havia ordenado o assassinato. De acordo com um alto informante de Milwaukee, Balistrieri estava convencido de que Buccieri era um dedo-duro e foi até os chefões de Chicago pedir autorização para matá-lo. O assassinato foi encomendado a Spilotro e seu bando. De acordo com o informante, Spilotro bateu o pé com Balistrieri dizendo que Buccieri não era um informante, mesmo assim levou a missão adiante. Trouxe de fora dois atiradores, um da Califórnia e outro do Arizona. Nenhum deles foi acusado do assassinato.

O FBI estava certo em quase tudo. O que eles não tinham como saber à época, mas descobriram depois, foi que Marty Buccieri foi morto porque representava uma ameaça a Glick, que era o testa de ferro da máfia. Uma ameaça a Glick era vista como uma ameaça aos chefões e à sonegação de dinheiro. Como a preservação da segurança do desvio nunca seria admitida como a razão para matar Buccieri, foi vazada dentro da máfia, pelos chefões que ordenaram seu assassinato, a falsa versão de que ele tinha se tornado um informante do governo. Até Spilotro, o homem designado por Chicago para cometer o crime, nunca ficou sabendo do real motivo por trás do assassinato de Buccieri.

Seis meses após a morte de Buccieri, no dia 9 de novembro de 1975, Tamara Rand, uma milionária de 55 anos, foi assassinada com cinco tiros na cabeça na cozinha de sua casa em Mission Hills, um bairro de San Diego. Morte encomendada. Os assassinos usaram uma arma calibre .22 com silenciador, não havia sinais de arrombamento e nada fora levado. O corpo foi encontrado por seu marido quando ele chegou em casa do trabalho.

"Na manhã seguinte ao assassinato, a imprensa começou a ligar", disse Beecher Avants, da divisão de homicídios da Polícia Metropolitana. O que aconteceu era que Tamara Rand tinha acabado de estar em Las Vegas e lá teve uma discussão com Allen Glick.

"Lembrei logo de Marty Buccieri! É impossível brigar com esse homem e não acabar morto. O que aconteceu foi que Rand havia alegado ser uma espécie de sócia de Glick num regime de responsabilidade limitada e tinha ido aos tribunais reclamar uma parte do Stardust.

"Ela era uma mulher muito decidida. Pegou um avião até a cidade em maio para abrir o processo e, quando voltou para San Diego, contou à sobrinha que tivera uma discussão com Glick. Disse também que foi ameaçada, mas não deixou claro por quem. Sua sobrinha contou que ela não deu muita importância à ameaça: 'Estava mais interessada em organizar sua papelada para o processo'."

Glick vinha lutando discretamente contra as alegações de Randem, nas quais ela afirmava ter sido sócia do Stardust durante anos, mas seu súbito assassinato ao estilo mafioso transferiu uma disputa obscura da página de economia para a primeira página dos jornais.

Glick descobriu que Tamara Rand foi assassinada quando desembarcou do jatinho da Argent em Las Vegas, de modo que foi abordado por repórteres e câmeras de TV querendo saber sua reação ao crime. Após demonstrar perplexidade, entrou numa limousine da Argent e saiu em disparada do local. No dia seguinte, o setor de relações públicas da Argent emitiu um comunicado dizendo que Glick conhecia Rand e tinha boas lembranças dela como amiga, mas não tinha mais nada a comentar.

Os jornais encontraram comentários em outros lugares. Descobriram que alguns meses antes de seu assassinato, Rand havia endurecido suas ações civis contra Glick, acusando-o de fraudes na esfera criminal. Rand também obteve uma importante e perigosa vitória nos tribunais: ela e seus advogados conseguiram o direito de acesso a documentos corporativos relativos ao empréstimo do fundo de pensão do Teamsters.

Uma semana após seu assassinato, o jornal *San Diego Union* reproduziu uma carta que Rand havia escrito sete meses antes de morrer dando detalhes de sua relação com Glick. Detalhes nem um pouco lisonjeiros: acusava-o de viver como rei, de usar jatinhos da empresa para levar os amigos a jogos de futebol, de cercar-se de "uma infinita lista de mordomias".

A publicidade em torno do assassinato — coroada com uma matéria no *Los Angeles Times* informando que Glick era uma das muitas pessoas interrogadas ligadas a ele — forçou Glick a chamar repórteres ao seu escritório no Stardust para dar uma declaração negando as acusações.

"Nas duas últimas semanas, e nesses últimos dias", começou Glick, "tenho sido objeto de uma das piores campanhas difamatórias baseadas em totais inverdades, insinuações desonestas e deduções que soam criminosas, com o único objetivo de alimentar a imprensa voltada para o sensacionalismo.

"Sinto-me obrigado a responder a esses inconcebíveis ataques, não somente por causa da pressão emocional causada à minha família, mas por respeito aos mais de 5 mil funcionários da Argent e aos meus muitos sócios e amigos.

"Permitir que essas inverdades há pouco tempo publicadas permaneçam sem resposta seria uma traição à integridade de minha família, de meus amigos e da Argent Corporation.

"Há duas semanas, uma mulher foi encontrada morta em sua casa em San Diego. A sra. Rand era uma antiga sócia minha e, mais recentemente, autora de um processo contra uma empresa na qual eu atuava, bem como contra mim.

"A forma como fui retratado e as insinuações de que eu estaria ligado ou teria algum conhecimento dessa terrível tragédia é uma prática irresponsável e desprovida de ética de uma imprensa pública [sic].

"Deduzir que uma divergência nos negócios poderia de alguma forma estar ligada a um assassinato cruel é desprezível. Agradeço a certos membros da família da sra. Rand por terem vindo pessoalmente a público exprimir sua indignação pelas falsas acusações.

"A associação de minha pessoa, de qualquer departamento ou empregado de minha empresa ao chamado 'crime organizado' é falsa.

"A verdade é que eu nunca fui condenado ou considerado culpado por qualquer crime mais grave que uma infração de trânsito. A verdade é que a Argent administra três hotéis em Las Vegas e quatro cassinos. A verdade é que minha licença de operação desses hotéis cassinos foi aprovada por unanimidade após uma ampla e minuciosa investigação... A verdade é que tentei levar uma vida social discreta baseada numa saudável convivência familiar.

"Ao invés de reconhecer essas verdades", prosseguiu Glick, "tem havido constantes distorções promovidas por certos representantes da imprensa.

"Não sou dono de nenhum jornal, revista ou emissora de televisão pra poder usá-los livremente no combate a essas falsas acusações, mas tenho algo a meu favor que não pode ser deturpado, difamado ou forjado ao ser conhecido, e isso é a verdade de que Allen R. Glick nunca se associou ou se associará com qualquer coisa que não esteja dentro da lei."

De acordo com o FBI, Tamara Rand foi assassinada para proteger a sonegação, sua morte foi encomendada por Frank Balistrieri. Quando a sra. Rand obteve o direito de requerer documentos ligados ao empréstimo do Teamsters para Glick e para a Argent, ficou claro para Balistrieri que o processo precisava ser interrompido.

Então Balistrieri fez outra viagem a Chicago. Dessa vez, ele informou aos chefões da organização que Tamara Rand estava prestes a pôr em risco todo o esquema. Se os livros de contabilidade do Teamsters contendo os registros do empréstimo para a Argent fossem apreendidos, não demoraria para as pessoas serem intimadas. Rand derrubaria Glick e todo mundo envolvido com o projeto.

Em seguida, um informante de Milwaukee contou ao FBI que Balistrieri disse o seguinte aos chefões de Chicago: "Não queremos aporrinhação. Temos de manter a imagem do gênio imaculada. Ele vai se complicar todo se ela seguir com o processo".

Ninguém foi indiciado pelo assassinato de Rand.

E o esquema de sonegação de dinheiro prosseguiu inabalado.

Estima-se que Vandermark conseguiu desviar entre 7 milhões e 15 milhões de dólares da Argent entre 1974 e 1976, um montante que não inclui o que foi desviado do Stardust's Race and Sports Book, das contas do departamento de crédito ou de alimentos e bebidas. Não havia um único departamento controlado pela tesouraria da corporação que não tivesse representantes dos chefões de Chicago infiltrados.

Para os homens que viabilizavam os empréstimos, a sonegação nos cassinos equivalia à exploração de petróleo, o dinheiro jorrava todos os meses. No primeiro ano de Glick dirigindo a operação, entre agosto de 1974 e agosto de 1975, a Argent registrou uma perda líquida de 7,5 milhões de dólares. Foi uma notícia alarmante para Glick, já que o faturamento da empresa tinha subido de 3,4 milhões de dólares para 82,6 milhões de dólares no mesmo período. Glick estava tão excluído do esquema que atribuiu as perdas da Argent nos cassinos aos pagamentos não previstos de juros adicionais à alta taxa de depreciação e altos custos de amortização, adiantamentos para as subsidiárias e até mesmo ao aumento dos custos e despesas operacionais. "Ele não fazia a menor ideia do que eles estavam fazendo ou de como estavam fazendo", disse Bud Hall.

14

Se formos impedir todo mundo de obter uma licença por conta do seu passado, teremos de demitir 50% das pessoas desta cidade.

"Depois que fui demitido do Stardust, consegui um emprego como colunista do *Valley Times* e usava minhas colunas para deixar Lefty e Glick loucos", relembra Dick Odessky, o ex-diretor de relações públicas do Stardust.

"Eu não ganhava muito dinheiro, mas me divertia bastante. Imagine uma corporação de 100 milhões de dólares, uma das maiores de Las Vegas, cercada de polêmica.

"No fim de 1975, depois de apenas um ano em operação, seu presidente era interrogado sobre suas conexões com dois assassinatos cometidos pela máfia e sobre se a organização criminosa teve alguma influência para que ele obtivesse os empréstimos do Teamsters, e o sujeito que ele contratou para gerir os cassinos temia tanto não passar no teste para a obtenção da licença que se escondia trabalhando em outra função enquanto mexia os pauzinhos nos bastidores.

"Eu ainda tinha muitos amigos na empresa e havia inúmeros vazamentos de informações. Um dia, recebi um telefonema de uma mulher dizendo que Rosenthal entrou no salão de jogos, apontou o dedo para todo mundo ao redor e os demitiu.

"Ela já tinha me passado anteriormente grandes furos sobre a Argent e Frank, mas tudo impossível de ser checado. Agora eu tinha algo cuja veracidade eu podia checar e, quando o fiz, descobri que era verdade.

"Lefty fez exatamente o que a mulher disse que ele tinha feito. Não fazia sentido. Teria sido o suficiente para a comissão de controle forçá-lo a pleitear a licença, mas ele não parecia se importar. Isso dizia muito de como era audacioso e sentia-se seguro em seu cargo.

"Mesmo assim, alguns dos caras da comissão de controle permaneceram ativos em seu caso. Na verdade, dois deles vieram me perguntar sobre minha relação com Frank. Respondi que não tinha nenhuma, que tinha sido demitido.

"'E na época em que ele trabalhou para você?', perguntaram.

"Respondi que ele nunca trabalhou para mim. Era uma piada.

"Aí eles me mostraram alguns cartões de visita em que Frank Rosenthal se apresentava como assistente do diretor de relações públicas. Uma vez que eu era o responsável pelo departamento de RP, eles achavam que ele trabalhava para mim. Entretanto, ele só tinha mandado imprimir os cartões na esperança de que aquilo resolvesse o problema.

"Os agentes foram embora com seu relatório, mas, como sempre, não deu em nada.

"Numa outra vez fui alertado de que dois agentes da comissão de controle faziam perguntas a Bobby Stella no Stardust, e ele disse para falarem com Rosenthal e acabou os levando até Lefty.

"A história que fiquei sabendo foi que quando os agentes chegaram no escritório de Rosenthal e começaram a fazer perguntas, Lefty os interrompeu.

"Ele pediu à secretária para ligar para um número e, depois de conversar uns cinco minutos, passou o telefone para um dos agentes.

"'O Comissário Hannifin quer falar com você', disse Frank, entregando o fone.

"Os agentes ficaram chocados. Phil Hannifin era o chefe deles,era um dos mais rigorosos membros da comissão de controle. Proibia seus agentes de ligarem para ele depois do horário do expediente, não importava a urgência, e cá estava o homem que eles consideravam o maior jogador sem licença da cidade com passe livre para ligar para Hannifin em casa.

"Hannifin gritava com seus agentes ao telefone. Lembrou a eles que havia uma ordem na comissão de controle dizendo que nenhum agente estava autorizado a entrar no Stardust sem antes pedir a ele pessoalmente.

"Hannifin massacrou os agentes, e isso os deixou tão furiosos que espalharam o boato de que a ligação pessoal de Lefty com Hannifin permitia que ele dirigisse o cassino sem licença.

"Foi um boato sério o suficiente para que eu ligasse para Hannifin pedindo que se manifestasse. Ele negou tudo com veemência, disse que nunca advertiu seus agentes, ainda mais estando eles com Frank Rosenthal em seu escritório. Acreditei em Hannifin."

Apesar de Hannifin desmentir a história contada por seus inconformados agentes, os boatos sobre a intimidade de Rosenthal com Hannifin eram baseados em fatos. A admiração de Hannifin pela competência de Lefty no âmbito dos jogos era conhecida por todos. Foi ideia de Hannifin permitir que os cassinos realizassem apostas em competições esportivas, e ele atraiu Rosenthal para essa campanha. No processo, Hannifin virou seu fã. "Naquele tempo não era permitido fazer apostas em corridas e em competições esportivas num cassino", disse Hannifin. "Geralmente, ocorriam por baixo dos panos e viravam fontes de problemas. De maneira fraudulenta, apostas eram feitas depois do prazo e o governo nunca recebia os números reais. Havia dois, três tipos de registros. Tudo o que se precisava era de um cara fazendo anotações em uma lousa, uma linha telefônica e uma sala alugada e, ao primeiro sinal de encrenca, ele desaparecia. Sempre achei que seria melhor trazermos as apostas esportivas para dentro dos cassinos, pois dessa forma poderíamos regulamentá-las. Lefty, provavelmente, sabia mais sobre esse tipo de apostas do que qualquer um em Las Vegas, então pedi a ele para ajudar a explicar suas vantagens ao legislativo estadual e fazer com que a Comissão de Controle de Jogos aprovasse o acolhimento desse tipo de apostas. Ele adorou a ideia. Fiz com que ele voasse uma meia dúzia de vezes até Carson City para dar seu depoimento. Ele foi maravilhoso, gostava de ter a palavra e dominava todo o assunto. Conseguiu convencer a todos."

Diz Lefty Rosenthal: "Hannifin estava engajado em trazer as apostas esportivas para dentro dos cassinos. Em 1968, assim que cheguei aqui, havia apenas dois ou três lugares em Vegas onde se podia apostar em competições esportivas, mas uma revolução estava para acontecer. A televisão começou a fazer a transmissão das competições esportivas e, a cada ano, a partir do primeiro Superbowl em 1967, o interesse pelas apostas esportivas quadruplicou.

"Antes, não havia transmissão de jogo de futebol nas noites de segunda-feira. A maioria das casas de apostas se dedicavam a corridas de cavalos, e esses espaços mais se pareciam com estábulos, lugares extremamente insalubres e cheios de serragem pelo chão. Muitos com as velhas lousas e sem nenhuma comodidade.

"Então, quando conseguimos o sinal verde, eu sabia exatamente o que fazer. Tinha vivido toda a minha vida naqueles lugares e sabia do que necessitavam. Não posso precisar a quantidade de horas que gastei analisando o projeto, apenas as horas discutindo o tipo certo de poltronas a serem compradas, o espaço, altura, os placares, as telas de TV. Queria que parecessem salas de cinema.

"Mas eu trabalhava com pessoas que não faziam ideia do que eu estava falando. Nunca houve um centro de apostas esportivas como aquele.

"Eram quase 900 m², com espaço para acomodar 600 pessoas, incluindo 250 poltronas com abajures e mesas individuais para nossos apostadores habituais.

"Montamos um bar com balcão de quase 400 metros de comprimento todo feito de madeira e espelhos, além do maior placar eletrônico do mundo. Tínhamos uma tela de TV em cores de 4 m², e, já que os apostadores em corridas de cavalos ainda eram os nossos maiores clientes, tínhamos totalizadores de 13 m² em cinco hipódromos diferentes. Era o maior e mais caro sistema que existia, e era nosso. Quinellas,[1] exatas,[2] apostas futuras, apostas em duas corridas, apostas em grupo (bolão), bem como as apostas normais no vencedor.

"Eu estava numa situação privilegiada. Os centros de apostas começavam a fazer dinheiro para os cassinos e, portanto, para o governo. Em alguns círculos, eu valia ouro. Eu tinha acertado."

Phil Hannifin ficou realmente grato a Lefty Rosenthal por sua ajuda. Falou para ele que votaria a favor de sua licença. E deu a ele um conselho valioso: mantenha-se discreto. Não chame atenção. Você tem mais chances de conseguir sua licença se ficar pelos bastidores.

Mas em junho de 1975 uma matéria sobre Allen Glick foi publicada na revista *BusinessWeek* e foi o último prego no caixão. "Glick cuida das finanças", dizia Lefty, "mas a gestão parte do meu escritório".

---

1 Aposta em que o apostador tem de prever quais cavalos chegam nos dois primeiros lugares.
2 O apostador também tem de acertar os dois cavalos vencedores, mas na ordem certa.

Ninguém pôde acreditar. A Comissão de Controle de Jogos vinha tentando havia meses provar que Lefty dirigia o Stardust, e ele insistia repetidas vezes que era um simples assistente executivo, um relações públicas ou o responsável por alimentos e bebidas. Toda vez que um investigador aparecia, Rosenthal sumia do cassino. Agora estava provado, preto no branco: Rosenthal controlava o cassino. Se ele o dirigia, as consequências eram claras: ele teria de pleitear uma licença de jogo. Naturalmente, Lefty alegou que foi mal interpretado. Ninguém acreditou nele. "A questão é se ele deve obter essa licença", disse Robert Broadbent, da Comissão de Jogos e Licenças do Condado de Clark. "E se não deve, por que razão? E se ele não tem licença, e não pode obtê-la, ele deveria estar lá?"

Nessa mesma ocasião, Rosenthal cometeu outro erro. "Allen Glick me pediu para checar como andava o Hacienda", ele disse. "Queria que eu fizesse um levantamento de alto a baixo. Fiz, e o relatório que entreguei a Glick foi extremamente negativo. Detectei desvios e má administração. Havia flagrantes violações das regras da Comissão de Controle de Jogos."

Lefty decidiu que tinha de se livrar de um executivo do Hacienda. Só não sabia da amizade deste executivo com Pete Echeverria, presidente da Comissão de Controle de Jogos do estado. "Era para eu saber, mas não sabia", disse Lefty.

"Quando o sujeito foi demitido, falou para todo mundo que Pete Echeverria iria dar um jeito em Frank Rosenthal. Fiquei sabendo da ameaça na mesma hora, mas não dei ouvidos."

Peter Echeverria era um advogado de 50 anos que se gabava por "nunca ter tocado num par de dados, jogado uma partida de Vinte-e-um ou apostado um dólar sequer na roleta" em toda sua vida, mas achava que "o jogo era parte essencial da economia de nosso estado e deveria ser gerido como um negócio sério e honesto."

Ex-senador estadual que trabalhou na Comissão de Planejamento do Estado, Echeverria foi criado em Ely, Nevada, estudou na Universidade de Nevada, graduou-se em Direito pela Stanford Law School, e vinha trabalhando como advogado em causas envolvendo investimentos imobiliários há 25 anos quando o Governador Mike O'Callaghan o escolheu para o posto mais alto de controle de jogos, em outubro de 1973.

"Eu sabia que Echeverria seria meu inimigo, então busquei apoio em Phil Hannifin", disse Rosenthal. "Falei com ele no Café do Stardust. Perguntei sobre minhas possibilidades de conseguir uma licença como empregado em posição-chave. Contei a ele sobre meu passado, tudo. Caso não tivesse jeito, falei que não haveria problema em recuar. Aceitaria outro cargo. Disse: 'Estou falando com você como amigo'. Disse que o respeitava muito. 'É possível eu me apresentar à comissão de controle e conseguir uma audiência justa, levando em consideração o meu passado?'

"Era tudo o que eu queria saber. Posso contar com um tratamento justo? Hannifin era um sujeito de fibra, e disse: 'Te digo uma coisa...', falou, olhando nos meus olhos, 'voto a seu favor com a consciência tranquila'.

"Seria meu presente de Natal. Com a licença eu estaria oficialmente na cúpula da empresa. Teria direito a compra de ações. Tudo.

"Hannifin me garantiu 50% de chances de ser aprovado. Echeverria vinha pressionando Hannifin e a comissão de controle para que eu solicitasse a licença.

"Se eu tivesse uma mínima chance, é claro que eu tentaria, era uma tremenda oportunidade. A Argent havia contratado uma agência de detetives — todos ex-agentes do FBI — e eles receberam um adiantamento de 100 mil dólares para descobrirem tudo o que pudessem sobre mim. Eu queria saber de tudo o que os investigadores da comissão de controle haviam descoberto, caso eles tentassem me derrubar.

"Os caras do FBI fizeram um trabalho excepcional. Foram incisivos, não aceitariam o serviço a não ser que eu concordasse que, caso eles encontrassem algo sério contra mim, eles pudessem entregar às autoridades.

"Comecei a me sentir muito bem. Até o Departamento de Justiça resolveu arquivar oficialmente as acusações contra nós no caso Rose Bowl, que eram de 1971.

"Procurei Glick e contei a ele que estava pleiteando uma licença de empregado em posto-chave.

"Mas faltando poucas semanas para a audiência, Hannifin saiu de circulação. Não conseguia encontrá-lo, nem por telefone. Ligava para ele duas vezes por semana e nunca o encontrava. Uma noite consegui falar com sua mulher, que disse que ele me ligaria de volta, mas ele não ligou. Tive a sensação de que seria traído.

"As audiências da comissão de controle aconteceram em Carson City, o que foi bastante estranho e inconveniente. Tivemos de voar até lá com dois, três dos nossos jatinhos para poder acomodar todos os meus advogados e a maioria das minhas testemunhas, que viviam e trabalhavam nos arredores de Las Vegas.

"As audiências aconteciam numa sala enorme. Lembro-me de ver Linda Rogers, a secretária de Oscar Goodman, empurrando um carrinho com pilhas de documentos."

As audiências duraram dois dias e aconteceram no segundo andar do prédio da Secretaria de Estado, em Carson City. Questionaram Lefty sobre tudo: sobre Eli *"the Juice Man"*, sobre o suborno que ele supostamente ofereceu ao jogador de futebol da Carolina do Norte, sobre sua relação com Tony Spilotro. "Lefty respondeu de modo detalhado às perguntas da Comissão", disse Don Diglio, um colunista do *Las Vegas Review Journal*, "às vezes detalhadamente demais."

De acordo com Diglio, quando Lefty respondeu às perguntas ficou tão empolgado que não conseguia parar com suas explicações e justificativas. Quando perguntado sobre sua relação com Spilotro, por exemplo, Lefty divagou com uma longa pausa: disse que conhecia Spilotro desde quando nasceu, que os pais de ambos se conheciam desde sempre, mas que desde que se mudaram para Las Vegas eles não tinham mais nada a ver um com o outro, pessoal ou profissionalmente.

"Reconheço", declarou Lefty, "que existe toda uma propaganda negativa e acusações contra Tony e quero deixar claro que não concordo com elas. Li em algum lugar que o sr. Spilotro estava aqui para me vigiar, me proteger e tudo mais. Reconheço que eu estava adentrando uma área bastante sensível dos jogos e acabei entendendo que o corpo de conselheiros, a Comissão de Controle de Jogos e o negócio como um setor privilegiado.

"Mas também reconheci meu direito, ou o direito de minha família, o fato de ser casado e ter a sorte de ser pai de duas crianças saudáveis, de que eu deveria obter essa licença.

"Venho tentando desde o primeiro dia em que entrei no Stardust. Acho que meu histórico, que a presidência" — e aqui, de acordo com Diglio, Rosenthal olhou firme para Hannifin — "estão de acordo que minha ficha é tão limpa que sou quase perfeito ou muito próximo da perfeição.

"Acho que Tony reconheceu isso. Tony veio para Nevada por conta própria. Ele tem o direito de escolher viver com sua família onde quiser. Eu respeito esse seu direito e acho que ele respeita o meu.

"Tony vinha evitando Frank Rosenthal e eu vinha evitando Tony a ponto de eu não conseguir me lembrar de Tony Spilotro entrando em qualquer empresa da Argent. Simplesmente não consigo. Se você me perguntar: 'Frank, você combinou com Tony de nunca se encontrarem?'. A resposta é: de jeito nenhum. Acho que o que houve foi respeito, e eu valorizo o respeito."

Rosenthal fez sua defesa durante cinco horas. As audiências completas duraram dois dias. Allen Glick também testemunhou e admitiu que não sabia de todos os detalhes do passado de Rosenthal quando o contratou, mas disse que ficara satifeito com o trabalho dele e hoje faria tudo de novo. "Se formos impedir todo mundo de obter uma licença por conta do seu passado", disse Glick à comissão, "teremos de demitir 50% das pessoas desta cidade."

"Durante o segundo dia da sabatina", disse Jeff Silver, conselheiro--chefe da comissão de controle, "parecia que Lefty não dispunha de respostas suficientes para as nossas perguntas. Perguntei a Jack Stratton, um dos membros da comissão: já que eles iriam de qualquer maneira negar a licença àquele pobre infeliz, por que expô-lo com tantas perguntas? Paramos as audiências."

Em 15 de janeiro de 1976, após dois dias de audiências, a comissão de controle recomendou que se negasse a licença para Lefty.

"Quando os outros dois membros do conselho votaram pela não concessão de minha licença", disse Lefty, "Hannifin recusou-se a declarar seu voto. Mas depois que os dois outros membros discursaram e pediram que os votos fossem unânimes, ele seguiu com a maioria.

"Depois da audiência, Hannifin veio a mim estendendo a mão. 'Quero me desculpar com você e sua família', disse, 'mas fiz o que tinha de fazer.' Sei que Hannifin estava constrangido. Ele sabia que eu sofri injustiça, mas ele era apenas um professor e agente de fianças de profissão, e o governador o tinha na palma da mão.

"Uma semana depois, eu e meus advogados voltamos a Carson City para apelar da decisão da comissão, mas estava na cara que Echeverria iria nos massacrar. Assim que meus advogados começaram a expor seus argumentos, dava para vê-lo ostensivamente checando as horas em seu relógio e bocejando. Não foi um apelo bem fundamentado. A decisão da comissão de controle foi mantida por unanimidade."

"Era para eu ter conseguido a minha licença", diz Lefty. "Hannifin tinha minha ficha, toda ela, e não havia nada naquela ficha que me impedisse de ter a licença de empregado em posição-chave. Tinha uns elementos na cidade com suas licenças que não dava para acreditar, mas não é da minha conta, não poso condenar ninguém. Tinha de convencê-los de que eu era sério.

"Nesse meio tempo eu tinha de gerir quatro cassinos. Ninguém tinha quatro cassinos sob sua responsabilidade, ninguém na cidade tinha uma responsabilidade dessas. Eu tinha. Se a comida não estava boa no Stardust ou se algo acontecia no Fremont, eu tinha de estar presente. Eu tinha gente treinada para me ligar a hora que fosse. Muitas vezes, eu tinha de sair da cama e voltar a um dos cassinos às três da madrugada.

"Eu me lembro de ouvir com frequência que o cozinheiro do Stardust estava servindo uma comida horrível. As reclamações chegaram ao meu escritório, diziam que ele não fazia ovos mexidos direito, ele os mandava quase crus, não importava a recomendação das garçonetes ou o desejo do cliente.

"Um dia acordei às quatro da madrugada e fui até o restaurante. Eu me sentei, pedi ovos mexidos e disse à garçonete que ela seria demitida se contasse ao cozinheiro que era eu quem fazia o pedido. Quando eles saíram estavam moles, quase crus. Eu me levantei, fui até a cozinha e o demiti na hora. Rapaz, me ferrei com o sindicato por conta disso.

"Mas eu não tolerava incompetência. Eu era muito rigoroso. Ridículo. Acho que veio de anos fazendo análises de jogos. Anos coletando informações dezoito horas por dia, pesquisando em quilos de jornais diariamente, falando com as fontes do país inteiro. É um tipo de negócio meio obsessivo e agora vejo que levei esses mesmos hábitos para o ambiente social."

A recusa da comissão em lhe conceder a licença era para ser o fim de Lefty Rosenthal no Stardust. Lefty deveria sair do jogo, nada de se esconder por trás de cargos variados, como diretor de relações públicas ou diretor de alimentos e bebidas. Deram a ele 48 horas para esvaziar sua mesa de trabalho. Assim, ele o fez. No dia 29 de janeiro de 1976, Lefty deixou seu escritório recém-decorado no Stardust e foi para casa. No dia seguinte, os investigadores da comissão de controle descobriram que seu contrato de dez anos no valor de 2,5 milhões de dólares ainda estava em vigor.

cassino

SAINDO DO JOGO

Parte 3

15

Foda-se.
Pode arrombar.

Lefty Rosenthal não tinha a menor intenção de abandonar tudo ou entregar os pontos. Montou uma sala de guerra em sua casa e embarcou numa dupla campanha: primeiro, para continuar a exercer o máximo de influência que pudesse sobre os cassinos e, segundo, para começar uma série de batalhas legais contra as autoridades do jogo no estado contestando seu poder de até mesmo conceder licenças de jogos. Esses processos de larga exposição e cada vez mais combativos se seguiram por anos, pareciam ter vida própria. De tribunais locais a cortes estaduais de diversas instâncias, passando por tribunais de apelação até chegar à Suprema Corte dos Estados Unidos, Lefty conduziu uma série de manobras legais. Ganhava algumas, perdia outras. Quando ganhava, voltava a ocupar seu escritório no Stardust. Quando perdia, desocupava-o.

"Lefty amava aquilo", disse Murray Ehrenberg, seu gerente do Stardust. "Ele fazia análises de seus processos do mesmo jeito que analisava jogos de futebol. Começou a ler, a pesquisar e a levar seus advogados à loucura. Estava no seu *habitat* natural."

Tudo começou de maneira bem simples. Em janeiro de 1976, quando Lefty foi posto para fora do Stardust, continuou a dirigir o cassino. Murray Ehrenberg e Bobby Stella permaneceram lá. Ele conectou a linha direta de telefone entre seu quarto e a central de controle do Stardust. Antes de ser dispensado, milhares de dólares da Argent tinham sido gastos para conectar sua casa ao sistema eletrônico do cassino, incluindo as câmeras de monitoramento (*Eye in the Sky*), de modo que ele era capaz de observar cada mesa de jogo do Stardust de dentro de sua casa pelos aparelhos de televisão.

"Sabíamos que ele estava observando", disse Shirley Daley, uma garçonete aposentada do Stardust, "porque do nada Murray ou Bobby começavam a nos criticar por bobagens que só podiam vir de Lefty — tipo reclamar por uma garçonete demorar demais para trazer as bebidas, ou um crupiê não gritar avisando seu gerente de área quando trocasse uma nota de 100 dólares."

"Supostamente, ele tinha saído do circuito", contou Ehrenberg, "mas ainda dava as ordens. Uma noite, me lembro, Lefty chamou todos nós para irmos a sua casa. Devia ter uns quinze carros estacionados do lado de fora. Gene Cimorelli, Art Garelli, Joey Cusumano, Bobby Stella Sr. Estavam lá todos os gerentes do cassino.

"O que houve foi que eu tinha pego um dos crupiês de Vinte-e-um roubando cerca de 1,6 mil dólares e quis mandá-lo embora, mas Bobby Stella quis que eu deixasse pra lá. Eu não queria aborrecimento com o sujeito, apenas dizer a ele para dar o fora. Mas Bobby veio em sua defesa. Ficamos na sala de estar e Lefty ficou ouvindo nós dois. Os gerentes de área e de turno estavam lá porque tinham visto o que aconteceu. Após ouvir a todos, Lefty me deu razão. Bobby ficou bastante chateado, porque ele não queria que o cara fosse mandado embora, mas Lefty o interrompeu, áspero.

"Lefty disse: 'Bobby, você quer falar com os animais?'. Bobby sabia o que Lefty queria dizer. Bobby costumava organizar jogos de dados para Momo Giancana.[1] Calou-se rapidinho."

---

1   Mafioso de Chicago, suspeito de ligações com a CIA, envolvimento com o suicídio de Marilyn Monroe e com o assassinato do presidente John Kennedy e do senador Robert Kennedy. Morreu assassinado, especula-se que a mando da CIA.

Allen Glick ficou tão preocupado com as reuniões de Lefty com os gerentes do cassino que resolveu questioná-los. "Todos negaram ou disseram que os encontros eram estritamente de caráter social", disse Glick. "Então resolvi contratar uma agência de detetives particulares para segui-los. Queria saber com que frequência esses 'encontros sociais' aconteciam.

"Logo depois de eu ter recebido um relatório dos detetives particulares, Frank Balistrieri me ligou. Estava descontrolado e disse que queria me encontrar. Fiquei surpreso, pois, claro, durante esse período tive pouco contato com ele. Frank disse que era tão importante que viria a Las Vegas pessoalmente e me ligaria assim que chegasse.

"Nos encontramos numa suite do MGM Hotel. Balistrieri estava com um sujeito que eu não conhecia. Quando entrei, percebi que estava aflito. Falou que foi uma viagem difícil para ele, era algo que ele não queria fazer, mas que foi convocado por me conhecer tão bem.

"Ele disse que eu tinha cometido um ato que ele e seus sócios não somente desaprovaram como, na sua avaliação, foi a pior coisa que eu podia ter feito. 'Não fosse por mim', ele continuou, 'você não estaria aqui. Você estaria morto.' Terminou dizendo que, se eu fizesse algo assim novamente, ele não poderia garantir minha segurança.

"Eu ainda não fazia a menor ideia do que ele estava falando, até ele jogar o relatório dos detetives particulares sobre a mesa. Acabou que os detetives que eu havia contratado para monitorar as reuniões na casa de Lefty também trabalhavam para Tony Spilotro, e deram a Spilotro cópias de tudo o que tinham dado a mim."

Em poucas semanas, a comissão de controle ficou sabendo das reuniões à noite na casa de Lefty e de sua conexão ao sistema de vigilância do cassino (*Eye in the Sky*), e disseram que a licença de jogos da própria Argent estava em risco se Lefty continuasse a desafiar a autoridade da comissão de controle. Como resultado, Lefty começou a concentrar toda sua energia na batalha legal pela sua reintegração.

Em fevereiro de 1976, ele e seu advogado, Oscar Goodman, entraram com um processo contra a Comissão de Jogos de Nevada com as alegações de que ela era um órgão inconstitucional e de que sua decisão contra ele era arbitrária e prepotente.

Logo em seguida, ele entrou com outro processo contra a comissão de controle no tribunal distrital de Las Vegas, contestando o poder da comissão de negar a ele o direito de ganhar a vida. Lefty disse que sua ficha criminal em Nevada era limpa e que já tinha pago há muito tempo qualquer dívida para com a sociedade. Seu plano era o de contestar legalmente a Comissão de Jogos e forçá-la a dar a ele sua licença ou facilitar seus mecanismos para a concessão, assim como ele fez com Hannifin e os membros da comissão de controle nos idos de 1971, quando Shannon Bybee quis confiscar sua carteira de trabalho.

Pete Echeverria, o presidente da Comissão de Jogos, ficou indignado por Lefty ter contestado as autoridades do jogo judicialmente. Disse que, se dependesse dele, Lefty jamais obteria sua licença. "Nos meus três anos e meio dentro da Comissão de Jogos", disse Echeverria, "nunca vi um candidato com um histórico tão repugnante." Echeverria disse que Lefty teve seu pedido de licença negado por causa de seu "conhecido passado e por suas parcerias, e que o simples fato de ter pago sua dívida à sociedade não lhe dava o direito de conseguir uma licença de jogo em Nevada".

Oscar Goodman reagiu dizendo que Echeverria e a comissão de controle "violaram praticamente todo o conceito estabelecido pelas cláusulas do devido processo legal".

Goodman prosseguiu: "Frank Rosenthal é um Horatio Alger[2] dos dias de hoje. Não há quem se equipare a ele no ramo". Afirmou que Rosenthal fora comunicado das acusações contra si apenas seis dias antes da audiência ser convocada.

"O sr. Rosenthal não teve a chance de ficar frente a frente com uma testemunha", disse Goodman. "Foi confrontado com relatórios feitos há quinze anos. Chegou a hora de alguém na posição do sr. Rosenthal ter direito a alguma justiça no estado de Nevada."

Agora que Lefty passava mais tempo em casa, o convívio foi ficando cada vez mais tenso. Lefty e Geri brigavam o dia todo, sua relação, já fragilizada, ia de brigas culminando em louças quebradas a períodos do mais

---

2 Escritor norte-americano do século XIX cuja própria vida inspirou seus personagens, homens que começaram a vida na pobreza e alcançaram o sucesso através da honestidade, trabalho duro e comportamento exemplar.

absoluto gelo, em que os dois mal se falavam. O problema de Geri com a bebida, que ela sempre negou que fosse um problema, piorava ainda mais a situação.

"Frank sempre foi muito generoso", disse a irmã de Geri, Barbara Stokich. "Mas agora ele passava a reclamar de tudo o que ela fazia. Ela não cozinhava direito suas costeletas de carneiro, mesmo ele preferindo que ela as preparasse de um jeito especial. Não cuidava direito das crianças. Geri não era fácil, mas Frank também não ficava atrás."

"Geri começava a dar ataques", disse Lefty, "e eu não gostava. Se fosse aniversário de uma das crianças, por exemplo, a festa não seria em nossa casa, como era antes. Agora ela fazia no Jubilation ou no country club, e era a mais pura ostentação. Eu gostava dos momentos em família, afinal, eram a minha família, mas não gostava daquele luxo artificial."

Os confrontos mais desgastantes do casal geralmente resultavam em Lefty ou Geri saindo da casa batendo a porta.

"Quando Lefty ia se divertir, todo mundo na cidade ficava sabendo", disse Murray Ehrenberg, seu gerente de cassino. "A notícia se espalhava. Lefty saía com uma e com outra, e Geri ficava sabendo que alguma dançarina tinha ganhado um bracelete de 10 mil dólares ou até mesmo um carro, aí a confusão estava formada.

"Acho que era a generosidade de Lefty com suas namoradas que levava Geri à loucura, e não o fato de ele ter namoradas. Era como se todos esses pequenos presentes devessem ir para ela, mas não para uma dançarina ou vedete qualquer. Ela ficava sabendo dessas coisas na manicure, no cabeleireiro, através de suas amigas. O, ou seja, não era nenhum segredo.

"E creio que o motivo dele fazer isso tão abertamente era, em parte, para levá-la à loucura. Mas aí eles faziam as pazes e ele dava a ela outro colar ou anel de brilhantes, e as coisas ficavam calmas por um tempo."

Quando Geri desaparecia por uma noite ou alguns dias, Lefty nunca sabia aonde ela estava. Ele sempre suspeitava que ela ia a Beverly Hills para se encontrar com Lenny Marmor, o homem que ela achava ser seu

Svengali.[3] Também suspeitava que ela ia ver sua antiga paixão, Johnny Hicks, o encrenqueiro de Las Vegas com quem Lefty tinha trocado uns tapas na pista de dança do Flamingo lá pelos idos de 1969.

Barbara Stokich acreditava que Geri mantinha o casamento apenas por medo de perder a custódia de Steven e, claro, suas joias. Barbara dizia que Geri amava suas joias como se fossem crianças. Toda vez que se sentia deprimida ia até a agência do Las Vegas Valley Bank na Strip e pedia para ver seus três cofres.

Na privacidade de um pequeno cômodo, Geri podia checar suas joias, peça por peça, contá-las, acariciá-las, experimentá-las. Geri tinha mais de 1 milhão de dólares em joias dentro daqueles cofres. Algumas de suas peças favoritas incluíam um diamante redondo de pureza excepcional e avaliado em 250 mil dólares, um enorme rubi em formato de estrela avaliado em 100 mil dólares, um anel com um diamante de 5.98 quilates em forma de pera, puríssimo, avaliado em 250 mil dólares, um anel de diamantes todo trabalhado, avaliado em 75 mil dólares, alguns relógios Piaget com opalas e brilhantes avaliados em 20 mil cada e um par de brincos de brilhantes da grife Fred avaliados em 25 mil dólares.

Havia outro lugar para onde Geri ia nesse período em busca de consolo: a casa dos Spilotros. Lá, ela e Nancy bebiam vodca e partilhavam suas lamúrias domésticas. Geri reclamava de Lefty. Nancy, de Tony.

Geri também levava suas queixas ao único homem que ela sentia que exercia influência sobre seu marido, Tony Spilotro. Ela ia se encontrar com ele no Villa d'Este, um restaurante cujo dono era Joseph "Joe Pig" Pignatelli. "Ficavam no bar ou num canto reservado", disse Frank Cullotta. "Ela sempre bebia vodca com gelo. Eu o via concordar com a cabeça e tentar acalmá-la. Eu ficava do outro lado do salão os observando e, às vezes, eles falavam por uma hora, aí ela se levantava e ia embora. Eu sabia o tempo de duração da conversa deles porque eu tinha negócios a tratar com Tony e só podia fazer isso depois que ela partia."

---

3 Ao longo da história, o personagem foi retratado em várias versões cinematográficas no cinema mudo e no cinema falado. Personagem fictício do hipnólogo charlatão e mau-caráter, no romance *Trilby* (1894), de George Maurier.

Em fevereiro de 1976, pouco depois de Lefty ter sido afastado de seu posto, os auditores afirmaram ter ligado para Frank Mooney, secretário-tesoureiro do Stardust, informando-o de que as balanças que pesavam e contavam as moedas das máquinas caça-níqueis estavam descalibradas em um terço. Mooney depois disse à SEC que não se lembrava de ter recebido tal telefonema, mas este foi o primeiro sinal de que havia problemas na sala de contagem do Stardust.

Naquela altura, Glick estava focado em conseguir mais 45 milhões de dólares do Teamsters para as reformas que havia planejado e em contratar alguém para substituir Lefty — esta última missão tornada consideravelmente fácil de resolver, pois já tinha até o nome de quem contratar. Allen Dorfman, o principal consultor financeiro do fundo de pensão, chamou Glick a Chicago. Frank Balistrieri disse a Glick que Dorfman tinha alguém em mente para pôr no lugar de Rosenthal.

Dorfman, um atlético ex-professor de ginástica de 53 anos, ficou responsável pelo fundo de pensão em 1967, quando seu grande amigo e presidente do Teamsters, James R. Hoffa, foi mandado para a prisão. Dorfman ficou íntimo de Hoffa por intermédio de seu pai, Paul "Red" Dorfman, um agente comercial do Teamsters que tinha amigos na máfia e ajudou Hoffa a tomar o controle do sindicato.

O jovem Dorfman foi barrado de ter qualquer cargo oficial no sindicato por causa de uma condenação em 1972 por recebimento de propina na concessão de um empréstimo do fundo de pensão. Entretanto, era ele quem controlava os bilhões do fundo em 1976, quando Glick foi até ele. Por meio de associados em todo o país, Dorfman controlava em segredo muitos dos controladores do fundo de pensão e sua empresa de seguros, a Amalgamated Insurance Company, funcionava como fachada. A Amalgamated inclusive ocupava o segundo andar do fundo de pensão que ficava na Bryn Mawr Avenue, perto do Aeroporto O'Hare, em Chicago, onde empregava cerca de 200 pessoas e faturava mais de 10 milhões de dólares ao ano apenas para processar os pedidos de incapacidade do Teamsters. Dorfman também era responsável pelo seguro das empresas que buscavam empréstimos do fundo de pensão.

Glick disse que após se reunir com os advogados do fundo de pensão no primeiro andar, foi até o escritório de Dorfman, no segundo, e lá Dorfman o informou que o cargo de Lefty iria para Carl Wesley Thomas, um executivo de cassino de 44 anos, experiente e bem relacionado com políticos. Surpreendentemente, foi uma ótima sugestão.

Carl Wesley Thomas era um dos mais respeitados executivos de cassino em Nevada. Com seus ternos austeros e óculos com aro de metal, Carl Thomas parecia mais um banqueiro de Carson City do que um gerente de cassino de Las Vegas. Tinha se mudado para Las Vegas em 1953 e em dez anos foi de crupiê de Vinte-e-um no Stardust a sócio minoritário no Circus Circus, que à época pertencia a Jay Sarno, um dos maiores empresários de cassinos. Além do Circus Circus, o primeiro cassino onde crianças podiam entrar e eram bem-vindas, Sarno construiu o Caesar's Palace, o mais bem-sucedido cassino da história de Las Vegas. Sarno era grande amigo de Allen Dorfman e usou os empréstimos do fundo de pensão do Teamsters para construir os dois cassinos.

Autoridades do jogo de todo o estado respiraram aliviadas quando souberam que Carl Thomas iria substituir Frank Rosenthal na Argent. Entre eles não havia dúvidas de que Allen Glick tinha feito uma escolha inteligente e depuradora para sua conturbada empresa.

O que Glick não sabia sobre Carl Thomas, o que quase ninguém em todo o estado sabia a seu respeito, era que além de sua reputação impecável como o primeiro de uma nova geração de executivos de cassinos de Nevada, Carl Thomas também era naquela época quem mais sonegava dinheiro de cassinos em todos os Estados Unidos.

Ele e o pequeno grupo de executivos de cassino que levava consigo para todo lado tinham criado sistemas tão sofisticados para desviar milhões de dólares dos cassinos que ninguém sequer suspeitava de que faltava dinheiro. Às vezes, Thomas e sua turma sonegavam para os donos dos cassinos. Às vezes, para os sócios ocultos. E, às vezes, para eles mesmos.

Carl Thomas aprendeu no Circus Circus, onde a sonegação nos cassinos era parte do trabalho. A prática havia começado sob o comando de Sarno, antes mesmo da chegada de Thomas, e foi estabelecida para reembolsar as comissões pelos empréstimos obtidos do fundo de pensão do Teamsters. No início dos anos 1960, a sonegação nos cassinos era uma prática relativamente comum, e Thomas provou ser tão hábil e discreto que logo virou gerente do cassino. Nesse período, Sarno o apresentou a Allen Dorfman, que ia a Las Vegas pelo menos uma vez por mês em busca de empreendedores que desejassem recorrer a empréstimos junto ao Teamsters para construir novos cassinos.

Thomas e Dorfman se tornaram bons amigos e, em 1963, Dorfman convidou Thomas para sua festa de aniversário de 40 anos em Chicago. Havia cerca de 300 convidados, muitos deles de Las Vegas, mas lá pelo meio da festa Allen Dorfman fez questão de apresentar Thomas a Nick Civella. Civella, Thomas ficou sabendo, era um dos homens a quem a sonegação de dinheiro era entregue, e logo Thomas se viu encontrando-se em segredo com o chefão da máfia toda vez que Civella vinha à cidade.

"Deixa eu te contar um pouco sobre essas sonegações", disse Frank Rosenthal. "Não existe cassino, pelo menos aqui neste país, que seja capaz de se defender de algum desvio. Não há como evitar. Não se pode evitar um desvio se o sujeito souber o que está fazendo. Por outro lado, existem dois tipos de desvios. Um é o que chamamos de sangria e é uma bobagem, insignificante. Tem um sujeito que é gerente de Vinte-e-um, ele rouba de você 300, 400 dólares por noite. Isso é o que chamamos de sangria num cassino. Precisa de duas pessoas: o gerente e o mensageiro, o cara que leva e traz as fichas entre a gaiola e as mesas dos jogos. Agora, quando se monta um desvio organizado, estamos falando de algo muitíssimo sofisticado. Na minha época, isso só era possível de ser feito se todo o cassino estivesse corrompido. Não é uma questão de padrões, normas e regulamentos determinados pela comissão de controle. Aqueles sujeitos da comissão não faziam ideia. Uma sonegação organizada não pode contar com menos de três pessoas, num nível bastante elevado. Não dá para fazer de outro jeito, simplesmente não dá. Se der, eu gostaria que alguém me dissesse como, pois esse cara teria uma patente exclusiva."

Dennis Gomes, o auditor-chefe de 26 anos da comissão de controle, soube através de informantes que trabalhavam no Stardust que alguma coisa estava errada com a contagem de moedas das máquinas caça-níqueis. Gomes sempre se perguntou por que a Argent contratou alguém tão famoso como Jay Vandermark para controlar as operações das caça-níqueis. Não era incomum os cassinos contratarem trapaceiros errantes, ludibriadores de cartas e manipuladores de dados. Afinal, existe jeito melhor de se pegar um trapaceiro do que usando outros trapaceiros que sabem todos os truques? Mas era bastante incomum, talvez até arriscado, colocar um mundialmente famoso trapaceiro errante como Jay Vandermark num posto de tamanha responsabilidade financeira.

Gomes tinha certeza de que havia sonegação nas operações das máquinas caça-níqueis da Argent, mas precisava de ajuda. Como auditor-chefe da comissão, comandava um punhado de contadores que faziam fiscalizações de rotina nos pagamentos de impostos e taxas. Ninguém na comissão de controle se preocupava sequer em procurar por um segundo ou terceiro conjunto de livros contábeis. Dennis Gomes não tinha nem um auditor investigativo que usasse os próprios números do cassino para descobrir alguma fraude ou algo do tipo. A comissão de controle nunca se preocupou em preencher tal função.

Gomes decidiu mudar tudo isso e colocou um anúncio no *California Law Journal*. "Apenas fiz aquilo", disse. "Até hoje não sei por quê."

Dick Law, um entediado contador de 28 anos e advogado não praticante, respondeu ao anúncio. Law, que se tinha se especializado em filosofia na faculdade, achou que o emprego seria um desafio. Foi contratado.

Law e Gomes começaram a investigar os livros contábeis das máquinas caça-níqueis da Argent e a compilar e cruzar os dados, as listas de pessoas e cargos com os nomes de figuras do crime organizado.

"Tudo o que encontrávamos", disse Gomes, "levava a outra coisa."

Gomes e Law começaram a fazer auditorias surpresa nos cassinos da Argent. Descobriram alguns pequenos golpes: arranjos entre duas pessoas em que um funcionário trabalhando numa máquina caça-níqueis tinha uma chave que adulterava as máquinas para darem o prêmio máximo para a segunda pessoa, de fora, que simplesmente chegava e ganhava a bolada.

Em seguida, Gomes começou a monitorar os bancos auxiliaries dos salões do Stardust e a comparar o número de jogadas apresentadas pelas máquinas com os totais listados pelos auditores da Argent. Surgiram discrepâncias gigantescas, estava claro que a única função daqueles bancos era a de evitar o envio de dinheiro das caça-níqueis à sala de contagem e à gaiola, onde estaria submetido ao controle de pessoas que não faziam parte do desvio.

Gomes e Law ficaram ainda mais desconfiados quando descobriram que os outros cassinos da Argent, o Fremont e o Hacienda, enviavam a receita dos caça-níqueis ao Stardust para conferência, apesar de terem suas próprias salas de contagem.

No dia 18 de maio de 1976, Gomes, Law e dois agentes da Comissão de Controle de Jogos entraram na tesouraria do Stardust e pediram para ver os livros. Os funcionários ficaram boquiabertos.

"Esperamos até as cinco da tarde", disse Gomes, "pois sabíamos que os membros da comissão de controle estariam fora da cidade. Tínhamos informantes dentro do cassino que nos disseram que havia um fundo especial e que o dinheiro do cassino era escoado por ele."

"Ao entrarmos, perguntamos pelo fundo especial. O gerente de turno ficou branco e disse que não sabia de nenhum 'fundo especial'. Ligou para a casa do gerente de caça-níqueis, que também disse que não sabia nada de fundo especial. Peguei o telefone e disse: 'Olha aqui, seu babaca, eu não quero saber qual o nome que vocês dão a ele, eu quero ver onde o dinheiro que não fica na sala de contagem é guardado'.

"Finalmente, chegamos até dois armários de aço que ficavam atrás do balcão para troca de dinheiro. Pedimos a chave e eles finalmente a trouxeram, mas ela só abria um lado. Estava repleto de moedas. Por algum motivo, ninguém conseguiu encontrar a chave que abria o outro lado. Falei para o gerente de caça-níqueis que era melhor ele me dar a chave ou iríamos arrombar o armário.

"'Foda-se', ele disse. 'Pode arrombar.'

"Arrombamos e lá dentro encontramos pilhas de maços de notas de 100 dólares. Quando fomos verificar, descobrimos que as moedas não estavam registradas nos livros contábeis. Tudo ali era sonegação e ficava ali até que as meninas que trocavam dinheiro as convertiam em notas de dólar nos bancos auxiliares."

Um dos funcionários do Fremont contou mais tarde a Gomes que o cara que adulterava as balanças da Toledo Company, e agora trabalhava para Vandermark no Fremont, recebeu um telefonema de Vandermark pouco depois da batida no Stardust dizendo:

"Tira tudo daí. Pegaram o Stardust."

Como resultado, o banco auxiliar do Fremont foi desmontado e as partes guardadas no porão do hotel antes que os quatro homens de Gomes pudessem terminar seu trabalho no Stardust e partir para o Fremont.

"Enquanto acontecia tudo isso, tentamos achar Jay Vandermark", disse Gomes. "Vandermark estava no cassino quando nós chegamos, mas ao primeiro sinal de encrenca ele se mandou pela cozinha e foi se esconder na casa de Bobby Stella."

Vandermark passou a noite na casa de Bobby Stella e na manhã seguinte pegou um avião para Mazatlán, no México, usando um nome falso. Quem perguntasse por ele no Stardust recebia a resposta de que ele tinha saído para algumas semanas de férias.

A batida no Stardust revelou o maior esquema de sonegação em caça-níqueis da história de Las Vegas e levou o hotel a um completo caos. Glick a princípio disse que as acusações de sonegação eram absurdas e depois alegou que era vítima de "desfalques dados por ex-funcionários". A Comissão de Controle de Jogos concordou: "Não estamos falando de sonegação", disse um dos membros da comissão de controle, "pois para isso teríamos de provar que a diretoria participou. Investigamos a possibilidade de desfalque."

A palavra "desfalque", em vez de "sonegação", valia milhões de dólares para Allen Glick: a licença do cassino seria revogada se a comissão de controle decidisse que a diretoria da Argent teve alguma participação no desvio.

A comissão de controle intimou Vandermark, apesar de não haver a menor chance de um homem que fugiu usando um nome falso e se escondeu em algum lugar no México aparecer.

"Após a batida", disse Dick Law, "ficou claro que todo mundo sabia o que estava acontecendo na Argent, mas ninguém queria fazer nada a respeito. As investigações prosseguiram. Tentei achar a ligação de Argent e Glick à máfia, eu sabia que ela existia. Tinha acumulado cada cheque emitido em favor da empresa de Glick, a Saratoga Development Corporation, tinha uma pilha de documentos que tomava uma parede. Para mim, estava claro que Glick sabia da sonegação.

"Mas o que fez Glick? Manteve-se firme dizendo que não sabia de nada sobre a sonegação, inclusive afirmou que iria acionar o seguro que cobria perdas com desfalques. Acho que ele até recebeu algum dinheiro.

"Enquanto isso, a comissão de controle continuava a perguntar pelo meu relatório e eu apenas entregava alguns trechos enquanto tentava encontrar alguma conexão entre a máfia e a Argent. Eu sabia que ela existia, só precisava provar."

Carl Thomas começou a trabalhar no Stardust alguns meses antes de o cassino sofrer a batida de Gomes e Law. "Era um tremendo caos", recordou depois. Thomas descobriu — para sua surpresa — que além da contagem de caça-níqueis de Vandermark, havia uma dezena de outros desvios em andamento e os descreveu meticulosamente a Civella.

"Fiquei chocado com o que estava acontecendo", disse Thomas posteriormente. "Eu queria consertar tudo. Falei para Nick que era como se tivéssemos um balde com vinte buracos vazando por todo lado. Tinham um contrato de publicidade de 300 mil dólares em que o pagamento era feito antecipadamente: você pagava pelo anúncio antes mesmo da sua veiculação... A comida e a bebida eram uma piada... A central de apostas em corridas de cavalos e competições esportivas era uma bagunça... Acho que só dali eram desviados de 400 a 500 mil dólares por mês... Funcionários da recepção faziam reservas de quartos e, quando o hóspede pagava a conta em dinheiro, eles embolsavam a grana e destruíam os registros de sua estada."

Thomas também contou a Civella sobre um desvio que era feito nos ingressos do teatro do cassino, em que todas as noites era roubado o dinheiro de pelo menos 600 ingressos porque os lugares não eram computados por não existirem nem na planta nem no projeto de construção do teatro. Thomas sugeriu que fosse posto um fim a todos os vazamentos de dinheiro, e Civella concordou com tudo, com exceção da fraude nos assentos do teatro. "Deixa quieto o teatro", falou para Thomas.

"No que dizia respeito à sonegação", prosseguiu Thomas, "eu queria tirar o dinheiro diretamente das caixas, em espécie, nada envolvendo recibos, notas fiscais de comida e bebida ou espetáculos, apenas tirá-lo de dentro das caixas. Nick achou uma boa ideia, o tempo se encarregaria de tudo.

"Em seguida, chamei Allen Dorfman para conversar. Falei que havia um problema sério e que era apenas uma questão de tempo até sofrermos outra grande investigação como a das máquinas caça-níqueis... Tinha vezes em que eu mal conseguia trabalhar tendo os agentes do FBI espalhados por toda parte... Eles vinham frequentemente. Perguntei a Dorfman: primeiro, como eu tinha me metido naquela confusão e, segundo, como poderia sair dela? Ele respondeu a mesma coisa, que o tempo se encarregaria de tudo.

"Dorfman também concordou com o método que propus para sonegação. A retirada do dinheiro diretamente das caixas pode ser antiquado, mas não deixa registros. Não precisa assinar nada, tem apenas de pegar o dinheiro e sair com ele. Não é como assinar um contrato e receber uma comissão — eu nunca tinha feito algo assim. Além disso, com o dinheiro saindo direto da caixa você tem um tremendo controle sobre ele. Pode ter dois homens no esquema, ponto... Cada mesa tem uma caixa, que é posta dentro de um recipiente de aço. Ao final do turno, o segurança pega uma chave, abre o recipiente de aço, retira a caixa de dentro dele e a leva para a sala de contagem. As caixas ficam lá até a próxima equipe chegar no dia seguinte para contar o dinheiro. Se tiver a chave, você pode retirar a caixa, abrir a gaveta, tirar o dinheiro e trancá-la de novo. Nenhum registro. Nenhum recibo."

Nos seis meses em que Thomas dirigiu os cassinos da Argent, ele pode pôr seus homens em posições estratégicas e implantar seu método de sonegação no Fremont e no Hacienda, mas nunca conseguiu o controle do Stardust. Tentou demitir as pessoas que Lefty contratou, mas Lefty resistia.

"Tony Spilotro foi quem primeiro falou comigo sobre Carl Thomas assumir o meu lugar", disse Lefty. "Ele tentava marcar pontos com Allen Dorfman e queria meu voto. Eu não conhecia Carl muito bem, então quando perguntei a Tony o motivo, ele disse: 'É um favor para mim'. Eu não achava que Thomas tinha as qualidades necessárias. Achava que tinha muita garganta e pouca experiência.

"Mas Tony continuou insistindo. 'Frank, sou eu, Tony, que estou falando. Sacou? Isso é importante pra mim. É o seu parceiro aqui pedindo um favor.'

"Então eu cedi e Carl conseguiu meu emprego.

"Mas uma das condições que impus antes de Carl assumir foi ele não chegar demitindo meu pessoal. Eu estava preocupado, queria proteger os empregos de pessoas que eu considerava trabalhadores honestos e leais à empresa. Spilotro e Dorfman aceitaram essa condição. Até falei com Dorfman sobre isso, o conhecia bem. Então me senti tranquilo com Carl ali.

"Bom, por volta das dez da noite, exatamente um dia depois de eu ter deixado o emprego, recebo um telefonema de Bobby Stella. Ligou para minha casa. Diz: 'Frank, o sujeito já distribuiu doze cartas de demissão'. Respondi: 'E daí?'. Eu não tinha entendido muito bem, e Bobby não se expressa lá tão bem. Falei: 'Qualé, Bobby, desembucha'.

"Ele continua: 'Bom, ele quer se livrar de fulano, de beltrano e de sicrano...'. Respondi: 'O quê?'. E ele prosseguiu com a lista de gente de primeira, meus homens de confiança.

"Claro que o nome de Bobby não estava na lista. Bobby Stella era into-cável, mas ele me passou os outro nomes e eu disse: 'Porra, Bobby! Tem certeza do que você tá falando?'. Ele disse que tinha.

"Falei: 'Tudo bem', e fui falar com você sabe quem: Tony. E caí de es-porro nele. 'É o que eu posso lhe dizer. Nos encontramos num estacio-namento onde havia uns telefones públicos perto de uma *delicatessen*. Lembro que ele chegou por volta de dez e meia da noite. Falei: 'Tony, que porra é essa? Cara, você me deu sua palavra. O sujeito vai mandar embora Art Garelli, Gene Cimorelli, e esse, e mais esse. Esse cara não vale nada. Bastou eu sair um dia e essa merda acontece?'.

"Tony ficou vermelho e cheio de vergonha. Falei: 'Tony, liga pro Carl Thomas'. Ele ligou para o cara dali mesmo, fiquei ouvindo. Agora já era umas onze horas, pois a *delicatessen* estava fechando.

"Tony disse para Carl: 'Preciso falar com você. Preciso falar com você agora'. E Carl respondeu: 'Sim, senhor'. Então Tony deu a ele a nossa localização.

"Em dez minutos chega Carl, estaciona o carro e entra no nosso. Tony foi um perfeito diplomata. Não falei nada. Tony disse: 'Escuta aqui, seu filho da puta' — eis o nível de diplomacia dele —, ele diz: 'Seu filho da puta, você tá maluco?'.

"'Tony, qual o problema? O que é que houve?', perguntou Carl.

"'Tu não vai demitir ninguém, seu filho da puta', respondeu Tony. 'Tu tá me ouvindo?'

"Carl respondeu: 'Tony, espera um pouco. Você está brigando com a pessoa errada'.

"'Do que você tá falando?', Tony perguntou.

"'Bom, acho que está havendo um mal-entendido aqui", Carl respon-deu. 'Me disseram para demonstrar total respeito ao Frank, não importa o que ele solicitasse, toda vez que eu o visse, o que ele quisesse, quando quisesse. Também me disseram para fazer o que eu quisesse e trazer meu próprio pessoal para lá.

"Tony pergunta: 'Quem disse?'.

"Carl responde: 'Dorfman disse'.

"Vi que Tony ficou chocado. Ele fala para Carl: 'Eu caguei pro que Dor-fman disse a você. Vou me entender com ele. Tu não encosta um dedo em nenhuma dessas pessoas, seu desgraçado. Agora cai fora daqui'.

"Conseguimos suspender a execução e meu pessoal permaneceu nos seus empregos."

"Nos meses em que eu fiquei lá", disse Thomas, "Glick ficou fora a maior parte do tempo, viajando algumas vezes à Europa. Ia de jato particular, creio que domingo à noite e... voltava na terça de manhã. Não consigo me lembrar de alguma vez em que ele ficou no trabalho por duas semanas seguidas.

"Quando eu estava lá, Glick e eu discutíamos sobre Rosenthal. Era um de seus assuntos prediletos quando jantávamos juntos. Ele e Rosenthal não se davam bem. Não falávamos de sonegação. Ele não exercia qualquer controle sobre os rumos que ela tomava. Ele nunca falava disso comigo, e eu também não, mesmo que ele pedisse.

"Depois de um tempo tentei conversar com ele sobre contratações e demissões, pois eu não conseguir fazer nada, não podia mudar ninguém de lugar. Sua reação ia da dúvida à inação, ele simplesmente não fazia nada a esse respeito. Nesse momento, comecei a entender que Rosenthal estava na área.

"Após cerca de um mês, um mês e meio sem conseguir resolver nada, recebi um telefonema uma noite, era de Frank Rosenthal. Nos encontramos e eu disse a ele que estava tentando limpar o Stardust, colocar gente minha para trabalhar.

"Ele me disse para procurar quem havia falado comigo e esclarecer as coisas. Estava claro (ele disse) que eu não sabia de todos os fatos. Ele foi asqueroso, para dizer o mínimo. Ele estava muito aborrecido por eu tentar demitir o pessoal dele e controlar as coisas. Estava muito zangado e agia como se tivesse razão... Foi um encontro de mais ou menos 40 minutos, não foi nada conclusivo. Fiquei um tanto chocado. Posteriormente, quando Dorfman foi a Vegas por uns três ou quatro dias e eu perguntei a ele o que estava acontecendo, ele respondeu: 'Não se preocupe com isso. Vai dar tudo certo. Tem coisas em andamento. Continua do jeito que está indo e, quando receber algum dinheiro, dê a Rosenthal'. Demonstrei minhas reservas em entregar dinheiro a Rosenthal, mas Dorfman nunca levou nada a sério. 'Não se preocupe', ele disse. 'Tudo vai dar certo no seu tempo.'"

(Lefty sempre negou ter qualquer envolvimento com a sonegação, e nunca foi acusado por desvios de dinheiro em cassinos.)

Esse tempo certo nunca veio. No dia 2 de dezembro de 1976, tudo mudou mais uma vez: Lefty Rosenthal teve uma de suas maiores vitórias. Joseph Pavlikowski, juiz do tribunal distrital de Las Vegas, ordenou que a Argent readmitisse Rosenthal.

Após três dias de audiências, Pavlikowski decidiu que Lefty deveria ser readmitido pois ele não teve seu direito de defesa plenamente garantido nas audiências da Comissão de Jogos. Lefty, o velho analista de apostas, não mencionou à imprensa que o juiz Pavlikowski foi quem celebrou seu casamento com Geri no Caesar's Palace, nos idos de 1969, ou que quando a filha de Pavlikowski se casou num dos principais salões de festa do Stardust, alguns anos depois, parte da festa foi oferecida pelo hotel como cortesia. De acordo com o *Las Vegas Sun*, Pavlikowski negou qualquer insinuação de conduta irregular.

A decisão de Pavlikowski sacudiu as normas de licenciamento do estado e pegou de surpresa as autoridades estaduais do jogo e seus aliados políticos. Peter Echeverria, o presidente da Comissão de Jogos, prometeu entrar com recurso e afirmou que se a decisão fosse mantida, enfraqueceria a capacidade do estado de manter os elementos criminosos fora dos cassinos.

Na manhã seguinte à decisão do tribunal, Lefty Rosenthal voltou ao Stardust Hotel e mandou Thomas retirar suas coisas de seu escritório imediatamente, ou elas seriam jogadas na rua naquela mesma manhã.

O esquema de sonegação de Carl Thomas na Argent terminou no dia em que Rosenthal voltou. "Falei com Rosenthal", declarou posteriormente Harry McBride, um dos membros da equipe de Thomas que trabalhou como chefe de segurança da Argent. "Nos sentamos no saguão... e ele disse: 'Você sabe, tem muito dinheiro para se ganhar aqui, mas... eu não acho que você seja a pessoa que vá fazer isso'. Depois disso, eu e o sr. Rosenthal não nos falamos muito."

16

Me responda uma coisa: é Minnesota ou Fats?

Lefty Rosenthal estava de volta, como um carrapato. No dia 4 de fevereiro de 1977, apenas dois meses após Rosenthal ter entrado e requisitado a Carl Thomas seu escritório de volta, a Suprema Corte de Nevada reverteu a decisão de Pavlikowski, mas Lefty não saiu de lá. O tribunal decidiu que não havia "quaisquer direitos constitucionalmente protegidos" nos casos envolvendo licenças de jogos e que "o jogo não conta com os mesmos direitos que outras ocupações". Prosseguiu dizendo que, se Rosenthal quisesse permanecer em seu cargo dentro do jogo, teria de solicitar uma licença como empregado em posição-chave. Rosenthal estava preparado: renunciou à direção do cassino e, ato contínuo, foi nomeado por Glick como diretor de alimentos e bebidas da Argent. Esse cargo lhe rendia anualmente um salário de 35 mil dólares, 5 mil a menos que a Comissão de Jogo considerava o mínimo para empregados em posição-chave.

Rosenthal partiu então em uma campanha maciça para conseguir sua licença. O que um ano antes começou como uma simples ação judicial pelo direito de Rosenthal a uma licença de jogo tomou a proporção de uma guerra declarada entre Lefty e os poderosos czares que concediam as licenças. Se Rosenthal conseguisse contester as leis de jogo de Nevada, poderia pôr em dúvida o direito do estado de conceder licença a qualquer pessoa na indústria do jogo. Ele e Oscar Goodman foram ao tribunal federal e alegaram que lhe foi negado seu direito constitutional de um devido processo. Ele jurou que iria até a Suprema Corte, se necessário. Voou até a Flórida para tentar resolver seus problemas legais lá e na Carolina do Norte, já que os dois casos tinham vindo à tona nas audiências. Contratou Erwin Griswold, ex-diretor da Faculdade de Direito de Harvard e ex-procurador-geral dos Estados Unidos, para representá-lo no tribunal federal distrital.

Rosenthal e seu advogado Oscar Goodman juntaram mais de 3 mil páginas de audiências, bem como gráficos, ilustrações e dois panfletos: "Os Esforços das Entidades de Controle de Jogos para Privar Frank Rosenthal de Seu Sustento" e o autobiográfico "Uma Vida de Apostas e Análises de Cotações."

Pediram a um juiz para ler todos os seis volumes das audiências antes de proferir sua decisão, mas ele se recusou a fazê-lo. "É impossível ler esse material, da mesma forma que não posso ler três catálogos da Sears e o 'Antigo' e o 'Novo Testamentos'", respondeu o juiz Carl Christensen.

Rosenthal não era mais apenas incômodo e contencioso. Ele era perigoso, onipresente, tipo muitos homens que surgem da noite para o dia na vida pública — como Donald Trump e George Steinbrenner,[1] apenas para citar alguns —, ele começou a ansiar pelos holofotes. Acreditava que a mudança de cargo poderia contornar as dificuldades para obtenção de sua licença. No Tropicana, o diretor de entretenimento era um homem chamado Joe Agosto, cujas verdadeiras responsabilidades não tinham nada a ver com entretenimento: sua função era a de desviar dinheiro no cassino. Conhecido sócio de Nick Civella, Agosto era ex-presidiário, mas seu posto de diretor de entretenimento o protegia com eficácia da necessidade de obter uma licença em posto-chave.

Mas para o caso de evitar acusações de que o cargo de Rosenthal servia apenas para encobrir o que ele realmente estava prestes a fazer — dirigir o cassino como de costume — Lefty entrou de cabeça na nova atividade profissional. Divulgou que seria o novo apresentador de um programa de entrevistas que promoveria o Stardust e, claro, as comidas e bebidas. E começou a escrever uma coluna para o *Las Vegas Sun*.

---

[1]   Bilionário norte-americano, foi um dos principais donos do time de beisebol Yankees.

Da coluna de Frank Rosenthal:

Movimento de Libertação da Mulher... Pensei em dar uma passada no *Las Vegas Country Club* e almoçar com o vice-presidente-executivo da Argent, Bob Stella. Estava em busca de uma mudança de ritmo e talvez uma ou duas histórias. Minha atenção foi direto para as mulheres de Las Vegas... Phyliss La Forte (mulher de muita classe, vinda de Nova York, olhar aguçado para as jogadas mais ousadas e desafiadoras... uma jovem muito elegante dentro e fora de seu uniforme de tênis)... Sandy Tueller (a mulher do médico), mulher muito refinada, entusiasta do tênis e bastante séria, também tem muito estilo... Barbara Greenspun (a síntese do que há de mais requintado na moda). A mulher do editor é um verdadeiro "estouro" (sabor de perfeição). Ternos com cortes refinados, vestidos luxuosos, blusas, e, para arrematar, um exemplar original da *New York Fashion*. Um guarda-roupa grandioso. Barbara Greenspun é, talvez, uma das mulheres mais bem-vestidas. Meu olhar profissional (minha esposa Geri, que concorda), vocês podem acreditar nas minhas palavras. Às outras senhoras do clube, minhas desculpas. O olhar profissional (Geri) avisa que vocês estão fora do radar, e meu espaço está chegando ao fim.

Do *The Frank Rosenthal Show*:

PAM PEYTON: Sr. Rosenthal, tenho mais algumas cartas de novo esta semana com perguntas para o senhor.

FRANK ROSENTHAL: Ok, a postos... Estou pronto para o que der e vier.

PAM PEYTON: O senhor não precisa. Não precisa responder.

FRANK ROSENTHAL: Estou pronto, Pam.

PAM PEYTON: Ok. Devo dizer que o senhor lidou muito bem com as perguntas da semana passada. O senhor sabe disso.

FRANK ROSENTHAL: Seja o que for, estou pronto.

PAM PEYTON: Ok, lá vai outra bem difícil.

FRANK ROSENTHAL: Ok.

PAM PEYTON: Lá vai. "Caro sr. Rosenthal: Me parece que o senhor e os outros jogadores fizeram as pazes e que todos estão bem mais passivos e felizes. Estou certa?" J.M., de Las Vegas, Nevada.

FRANK ROSENTHAL: Pam, entre os jogadores não há paz. Baixar as armas seria um convite a uma emboscada. É preciso se manter de pé e atento às posições dos outros. São homens dispostos a me caçar daqui a Chicago, mas duvido muito que eles lograrão êxito.

PAM PEYTON: E que tal o Timbuktu?

FRANK ROSENTHAL: Não vou desgrudar deles. Quando baixarem as armas, baixo a minha. Mas não vejo isso acontecer.

PAM PEYTON: Com certeza eles estão dificultando muito a sua vida.

FRANK ROSENTHAL: Ah, eles são dureza. Mas, e aí? Sabe como é, estamos aqui. Cá estamos nós.

PAM PEYTON: A vida continua, está certo.

FRANK ROSENTHAL: Estamos bem aqui.

PAM PEYTON: Eis aqui uma pergunta muito boa. Gosto muito dela... "Caro sr. Rosenthal: O senhor pode achar esta pergunta meio boba". Também é longa, devo dizer. "Mas pergunto se um rapaz que se mudou para Las Vegas há menos de três meses conseguiria encontrar uma mulher simpática e atraente ao frequentar o Jubilation? O senhor parece conhecer todos os lugares, especialmente o Jubilation. E algumas das pessoas com quem estive me disseram que o senhor conhece todas as garotas bonitas da cidade. O que acha de dar uns conselhos a um solitário recém-chegado, seja por escrito ou através do seu programa de TV? Ficaria muitíssimo grato. Tenho outros amigos solteiros que estão nesse mesmo barco e com certeza também lhe agradeceriam bastante. Não sou muito exigente, tenho boa aparência e espero fazer de Las Vegas meu lar permanente. Mas, Frank, as mulheres desta cidade, pelo menos na minha curta experiência, parecem ser muitos difíceis de se chegar perto." Essa veio de R.L., de Las Vegas, Nevada.

FRANK ROSENTHAL: Parece uma autobiografia... Bom, falando sério...

PAM PEYTON: Quer que eu repita?

FRANK ROSENTHAL: Não... Eu realmente conheço muitas das belas dançarinas de Las Vegas. Tive o prazer de ser o diretor de entretenimento do Stardust Hotel. E, claro, a gente tem o prazer de encontrar muitas jovens bonitas, como você. Mas, Pam, eu sou casado, e o rapaz que escreve a carta... quer dizer, o que eu posso dizer a ele? Se ele quiser dar um pulo no Jubilation e dar uma olhada, hoje elas estão todas aqui.

PAM PEYTON: Tem muitas garotas bonitas aqui. Esse cara é louco, ele não deve estar se dando ao trabalho de conversar com nenhuma delas...

FRANK ROSENTHAL: Se ele está sozinho, não vai continuar sozinho no Jubilation. Isso eu posso te garantir.

PAM PEYTON: É verdade. Mais uma carta. "Prezado sr. Rosenthal: Será que a saída dos ex-comissários da Comissão de Jogos Claire Haycock e Walter Cox... terá qualquer efeito sobre a situação do pedido de sua licença ou sua estratégia jurídica?" Esta é de J.B., de Las Vegas, Nevada.

FRANK ROSENTHAL: Não, não creio, Pam. Acho que a Comissão de Jogos tem tudo acertado entre eles... Acho que já são cartas marcadas.

PAM PEYTON: Tipo na novela *As the World Turns*.[2]

FRANK ROSENTHAL: Isso, como em *As the World Turns*. Antes de você fazer outra pergunta, faremos um breve intervalo comercial. Voltaremos a seguir com um incrível, maravilhoso dueto de Sharon Tagano e David Wright.

The Frank Rosenthal Show estreou em abril de 1977 e foi ao ar de maneira irregular aos sábados, às onze da noite, durante dois anos. Uma vez, o colunista de televisão local Jim Seagrave, do *The Valley Times*, ao escrever sobre sua imprevisibilidade, chamava o programa de *Where's Frank?*, mas Seagrave logo ficou viciado: "Parece que há algo no programa de Frank Rosenthal que faz com que seus convidados queiram falar a verdade", escreveu ele após a estreia do programa. "Talvez sejam aqueles seus olhos frios e diminutos, de certa forma hipnóticos e penetrantes. Ou talvez seja seu jeito incisivo de falar, as palavras cuidadosamente medidas, como um juiz proclamando uma sentença. Talvez ele seja desse jeito mesmo, o que acaba fazendo brilhar a seriedade de um professor em contraste com a impaciência com frivolidades."

---

2   Novela norte-americana que foi ao ar por 54 anos, sendo a segunda de maior duração. Estreou em 2 de abril de 1956 e terminou em 17 de setembro de 2010. Os temas abordados giravam em torno dos dramas de médicos, advogados e clérigos.

Os primeiros convidados de Rosenthal foram Allen Glick e os irmãos Doumani, que eram sócios em três hotéis em Las Vegas. Fred Doumani declarou a Rosenthal que Nevada estava se tornando um estado policial, uma opinião que foi devidamente divulgada pelos jornais na segunda-feira. Como regra, o programa continha uma série de quadros em que se fazia propaganda dos vários hotéis da Argent, bem como boates e artistas do Lido Show; entrevistas com os analistas de apostas Joey Boston e Marty Kane, que falavam sobre os próximos jogos da semana; participações de subcelebridades, como Jill St. John e O.J. Simpson; e a presença ocasional de um verdadeiro astro, tipo Frank Sinatra. Rosenthal apresentava todos num estilo muito particular que se tornou famoso através do igualmente peculiar apresentador Ed Sullivan: as mulheres eram "muito, muito adoráveis", as bandas eram "muito, muito boas", as dançarinas não eram apenas "muito, muito lindas" mas "altamente treinadas" e "muito flexíveis, muito bonitas, de pernas muito longas", os artistas do Stardust eram "muito, muito talentosos". O programa era amadorístico e autorreferente, mas tinha uma estranha qualidade viciante, e não demorou para ser o programa local de maior audiência quando ia ao ar.

FRANK ROSENTHAL: Me responda uma coisa.

MINNESOTA FATS: Sim?

FRANK ROSENTHAL: É Minnesota ou Fats?

MINNESOTA FATS: Eu nasci e cresci em Nova York, agora moro em Illinois, mas o diretor de *The Hustler*,[3] Robert Rossen, quis que ficasse Minnesota Fats. Diz ele que é um nome muito ilustre, e era o que ele queria no letreiro. Fizeram uma enorme reportagem em Illinois, onde eu moro. Me casei com a Miss América de Illinois. Vivo lá há mais de quarenta anos. Então o estado de Illinois escreveu uma ótima reportagem sobre um nome dos mais ilustres. E foi isso.

FRANK ROSENTHAL: Se você tivesse de fazer tudo de novo, como você faria?

---

3   Filme de 1961, que no Brasil se chamou *Desafio à Corrupção*, sobre um campeão de sinuca, vivido por Paul Newman, que desafia o lendário Minnesota Fats para um duelo, sonhando ser o maior de todos.

MINNESOTA FATS: Se tivesse de fazer tudo de novo, por nada desse mundo faria diferente. Frequento salões de sinuca e bares desde os 2 anos de idade. Nunca tive um dia ruim em toda a minha vida.

Risos. Aplausos.

MINNESOTA FATS: Estive com as mais belas criaturas que o mundo já viu. Dirigia limusines quando os milionários saltavam pelas janelas. Era possível pegar milionários com uma rede em 1930. Com uma rede, na Broadway...

FRANK ROSENTHAL: A parte que eu mais gosto é que seu estrelato na sinuca lhe proporcionou bons romances.

MINNESOTA FATS: Romance? Tive os melhores romances do mundo. Jane Russell foi uma das minhas namoradas.

FRANK ROSENTHAL: Não brinca!

MINNESOTA FATS: Muito antes de ela conhecer Howard Hughes.

FRANK ROSENTHAL: Verdade?

MINNESOTA FATS: Mae West até hoje me envia cartões de Natal. E Hope Hampton foi minha amiga. Namorada. Era dançarina do ventre em 1890. E teve a Fatima. Fatima dançou para mim no palácio do sultão em Istambul e depois no Cairo, no Egito, no Shepheard's Hotel. Eu tive uma vida muito boa, percebe? Estive em todos os cantos do mundo. Fui ao Polo Norte duas vezes no ano passado. Para a *Sports Illustrated*. Fui entreter uma turma de cientistas de alto nível. Tudo congelado, sessenta e três graus negativos. E eu usando um terno leve de verão. Todos aqueles babacas usando tapete de urso... Um cara me levou num trenó de cachorros por uns 45 km. Eu não conseguia erguer o casaco que ele usava. E lá ia eu num terno de seda mohair. Nunca senti tanto frio em toda a minha vida.

FRANK ROSENTHAL: Para onde vamos agora? Rapaz, rapaz.

Aplausos.

Lefty agora era uma estrela. E Geri se sentia cada vez mais ignorada. "Ela ficava de saco cheio, sumia por uns dias, e Lefty ficava louco sem saber onde ela estava", disse o ex-agente do FBI Mike Simon. "Ela voltava, e ele a acusava de ter ido ver Lenny Marmor. Ela negava. Essa era a base da relação dos dois, acusação e negação."

"Tudo o que Lenny tinha de fazer era estalar os dedos e ela corria até ele", disse Lefty.

Uma vez Rosenthal ficou tão furioso com Geri e Lenny que resolveu se envolver com uma jovem que era amiga de Marmor. O nome dela, acredite, era Pinky.

"A garota tinha uns 20, 21 anos, aí eu dei em cima dela para aporrinhar Lenny Marmor ao máximo", confessou Lefty. "A garota era a preferida de Marmor. E eu disse a Geri: 'Vou te mostrar como eu posso trazer essa vagabunda aqui', e trouxe. Consegui que a garota viesse a Las Vegas, depois me encontrei com ela na Califórnia.

"Eu tentava dar início a um pequeno romance. Acho que foi meio ridículo à época. Ela era deslumbrante. Mas quando liguei para ela do hotel em Los Angeles, a primeira coisa que ela disse foi: 'Você tem de me dar mil'. Ah, claro. Dei, e aí, naturalmente, depois de alguns encontros, ela queria 2, 3 mil.

"Falei com a garota sobre Lenny. Inicialmente, pensei que a tinha enrolado, mas não tinha. Ela que me passou a perna. Cada palavra que eu disse foi ou gravada, ou memorizada, e ela contou na mesma hora para Marmor. Acredite em mim, esse sujeito tinha uma espécie de poder com certos tipos de garotas. Realmente tinha. Tinha ela na palma da mão."

Teve um dia que Rosenthal ficou tão frustrado com a permanente ligação de sua mulher com Marmor que disse a ela que Marmor tinha sido assassinado.

"Geri ficou louca", disse Lefty. "Entrou em pânico. Correu para o telefone e ligou para Robin.

"'Onde está seu pai?', disse Geri aos gritos para Robin. 'Acha seu pai! Encontra ele!'

"Então ela se sentou e esperou por cerca de uma hora pela ligação de Robin. Não falei uma palavra.

"Quando Robin ligou, contou a Geri que ele estava bem. Geri se virou para mim. 'Seu filho da puta', ela gritou, 'por que você fez isso?'

"Respondi: 'Você nunca vai saber'. Mas a razão de eu ter feito aquilo foi para ver com meus próprios olhos o quanto ela ainda gostava dele e não de mim. Ele ainda era o dono de seu coração."

No final de 1976, Geri também se reaproximou de seu antigo caso, Johnny Hicks. Ele estava trabalhando como segurança no Horseshoe Casino e, convenientemente, morava num condomínio bem em frente à casa de Rosenthal.

"Ela vivia atrás dele", disse o chefe do departamento de homicídios da polícia de Las Vegas, Beecher Avants.

Uma tarde, ao sair de seu apartamento, Hicks tomou cinco tiros na cabeça. Steven Rosenthal, o filho de 8 anos de Geri e Lefty, passou pela cena do crime a caminho de casa e disse aos pais que algo tinha acontecido do lado de fora. Geri e Steven saíram para ver o que os carros da polícia estavam fazendo em seu quarteirão normalmente tranquilo e descobriram que Hicks tinha sido morto.

"Tentamos falar com Geri", disse Beecher Avants, "mas ela retrucou: 'Vai se foder. Eu não quero falar com você'."

"Ela voltou para casa furiosa", disse Lefty. "Para ela eu tinha algo a ver com o que ocorreu. Era loucura, mas ela sempre achou que eu tinha mandado matá-lo."

Na cabeça de Lefty Rosenthal não cabiam problemas caseiros. Tinha quatro cassinos para tocar e precisava fingir que não tinha nada com a administração de nenhum deles. Além disso, havia ainda o programa de televisão. Após poucos meses no ar, o programa fazia tanto sucesso que Rosenthal decidiu transferi-lo do estúdio de televisão onde era feito para dentro do próprio Stardust Hotel. "Pela primeira vez na história de Las Vegas", dizia o comunicado à imprensa, "um programa que faz parte da programação fixa da televisão irá ao ar ao vivo direto de um cassino." Na verdade, o programa não fazia parte da programação fixa, foi ao ar apenas umas cinco vezes em seus cinco primeiros meses, mas o comunicado prometia mundos e fundos: a estreia seria com Frank Sinatra, que participaria pela primeira vez de um programa de entrevistas. Jill St. John e Robert Conrad também marcariam presença. Um estúdio especial foi montado no Stardust e mil pessoas vieram assistir ao programa gravado às 7h30 da noite no dia 27 de agosto de 1977. Sinatra foi efusivamente aplaudido ao dar sua opinião criticando de modo feroz a resolução da NCAA por obrigar o time de basquete da Universidade de Las Vegas a cumprir um período de experiência de dois anos.

Às onze da noite, o público sintonizou seus televisores na KSHO, Channel 13, para assistir ao programa e, em vez disso, viu um pequeno personagem de desenho animado segurando um aviso onde estava escrito 'um instante por favor'. Os instantes foram se transformando em minutos e viraram mais de uma hora. O equipamento de *videotape* na emissora tinha quebrado. Horas depois, a emissora voltou ao ar com a transmissão do filme *A Queda do Império Romano*. "Não sabemos exatamente o que aconteceu", disse Red Gilson, gerente geral do Channel 13. "Foi o tipo de coisa que acontece uma em um milhão de vezes. É quase impossível que dois aparelhos de *videotape* quebrem ao mesmo tempo."

Mais uma vez Frank Rosenthal foi parar nas primeiras páginas dos jornais de Las Vegas. No dia seguinte ele estava lá de novo, processando a emissora de TV e pedindo uma indenização de mais de 10 mil dólares por suas perdas, além de responsabilizar a pane por prejudicar de maneira desastrosa a reputação do *The Frank Rosenthal Show*. Rosenthal e sua equipe fizeram barulho por vários dias dizendo que iriam levar o programa para outra emissora de TV. Um dos colunistas locais sugeriu até mesmo que houve sabotagem. Mas quando nenhuma outra emissora mordeu a isca, o programa voltou a ser transmitido pelo Channel 13 e tornou-se uma curiosidade local esquisita e inacreditável, algo que fez com que Rosenthal parecesse notório para sempre.

Nesse ínterim, as aparentemente infinitas batalhas legais de Lefty com a Comissão de Jogos continuaram. A Suprema Corte americana decidiu não revisar o caso de Lefty e, mais uma vez, as autoridades reguladoras dos jogos exigiram que Glick demitisse Lefty de seu cargo de diretor de alimentos e bebidas e o impedisse de usar o salão do Stardust para transmitir seu programa de TV. Lefty e Oscar Goodman entraram com uma medida cautelar de âmbito federal e, no dia 3 de janeiro de 1978, Lefty ganhou um presente de Natal atrasado: o juiz federal Carl Christensen determinou que a Comissão de Jogos podia impedir Lefty de obter uma licença para jogos, mas não podia impedi-lo de trabalhar no Stardust exercendo atividades que não fossem ligadas a jogos.

Sendo assim, Glick logo contratou Lefty como diretor de entretenimento do Stardust, um cargo tradicionalmente respeitado e que há muito tempo tinha sido retirado de operação do cassino, por ter sido várias vezes usado como um porto seguro para quem estivesse tendo problemas com licenças, como Joe Agosto no Tropicana.

"Ninguém no estado pôde acreditar naquilo", disse Murray Ehrenberg, que permaneceu como gerente de Rosenthal, "então tínhamos agentes para vigiar Frank, eu e todo mundo a noite inteira na tentativa de pegá-lo atuando como o chefão. Mas Frank não precisava fazer suas coisas na frente dos outros. Falávamos com ele mais tarde sobre o que precisávamos. Enquanto comíamos um sanduíche, podíamos perguntar a respeito do crédito de algum indivíduo. Assistíamos ao seu programa e ele nos dizia que queria contratar ou demitir alguém. O que mais precisava para ele ser o chefão? Ele era o chefão."

Os conhecidos de Rosenthal na máfia estavam tão irritados com sua celebridade quanto os seus inimigos representantes da lei. Joe Agosto, o diretor de entretenimento no Tropicana, que era quem na verdade supervisionava o esquema de sonegação lá, começou a ligar para seu chefe, Nick Civella, para reclamar de Lefty Rosenthal. Agosto estava preocupado que a mania de publicidade de Rosenthal pudesse, em algum momento, prejudicá-lo, pois ambos poderiam ser postos para fora dos negócios dos cassinos. Chegou a tal ponto que Agosto ligou para Carl DeLuna, o subchefe da família criminosa Civella. O FBI captou.

> AGOSTO: Ninguém aguenta mais. Ele [Rosenthal] é um assassino, tem instinto assassino, vai arrastar todo mundo pra lama. Eu tô preocupado com isso. Não quero que a merda se espalhe, que se torne impossível de se viver nessa porra de cidade. Ele tá metendo os pés pelas mãos, e alguém... devia mostrar a esse filho da puta a hora de parar. O que eu acho é que se ele cometer suicídio tem de aceitar a porra do acordo, só isso, e não meter mais meia dúzia de pessoas na linha de tiro.
>
> DELUNA: Ahã.
>
> AGOSTO: Sabe do que eu tô falando?

DELUNA: Ahã.

AGOSTO: O que eu tô falando é que a coisa está saindo de controle. Se eu fosse um estranho, se eu não conhecesse os amigos desse sujeito e estivesse aqui apenas para proteger meu cercadinho, tá me entendendo?

DELUNA: Ahã.

AGOSTO: Eu mesmo já teria tomado uma atitude, sem pedir autorização a ninguém, compreende? Se eu não tivesse juízo...

DELUNA: Do que você tem medo, Joe?...

AGOSTO: Eu tenho medo é que esse filho da puta não assuma as consequências dos seus atos. Ele já fez ameaças... O que eu quero dizer é que eu tenho plena certeza de que — tem certos sinais mandando parar, certos limites onde a sujeira acaba respingando nos outros... Na verdade, o que eu temo são esses respingos. Não resta dúvida de que no mínimo isso vai acontecer. O melhor que pode acontecer é ele não ser indiciado, mas é certo que ele vai ser chutado daquela merda e, se ele não consegue enxergar o aviso, provavelmente ele é o filho da puta mais tapado que eu já vi na minha vida.

17

Olha o babaca.
Não diz nem um oi.

Tony Spilotro achava a celebridade de Lefty cada vez mais difícil de aturar. Tinha de vê-lo na TV, tinha de vê-lo entrar na boate Jubilation levando atrás de si um cortejo de dançarinas, advogados e agenciadores de apostas, todos puxando seu saco. "As pessoas se viravam do avesso para conseguir mesas para mim", disse Rosenthal, "e acho que Tony começou a se sentir incomodado por eu poder me deslocar com mais liberdade que ele."

Diz Frank Cullotta: "Tony se ressentia de Lefty pois Tony se achava o verdadeiro chefão de Las Vegas, e lá estava Lefty andando por todo lado e sendo saudado como se fosse o poderoso da cidade. Uma noite eu estava numa mesa com Tony na Jubilation quando Lefty entrou. Quando Tony e eu íamos lá, o dono sempre nos disponibilizava uma mesa só para nós. Não deixava ninguém sentar por perto, pois não queria ninguém ouvindo nossas conversas. No entorno de nossas mesas não havia nada além de outras mesas vazias com suas toalhas brancas, mesmo que a casa estivesse lotada.

"Aí nesta noite chega Lefty e seu séquito, vindos de seu programa de TV. Trazia com ele algumas dançarinas que ele estava paquerando, além de Oscar, Joey Boston e todos os seus puxa-sacos.

"Tony viu Lefty entrar e todo mundo correr para cumprimentá-lo, e Lefty amando aquilo tudo. Tony só observava e foi ficando puto, especialmente quando Lefty não se deu ao trabalho nem de fazer um aceno de cabeça em sua direção como sinal de respeito. Era como se Lefty dissesse: "Eu sou o maioral da cidade e foda-se você".

"Não sei se era o que Lefty estava pensando. O que eu quero dizer é que foi assim que Tony começou a interpretar. Uma noite, ele me disse: 'Olha o babaca. Não diz nem um oi'.

"Falei para Tony: 'E por que diabos ele deveria te dizer oi? Não era nem pra ele frequentar o mesmo lugar que você'. Aí Tony respondeu que sabia disso, mas que existem maneiras de se dizer oi e maneiras de não se dizer oi.

"Tony estava começando a achar que Lefty estava ficando completamente fora de controle. Que o programa de TV e tudo o mais estava subindo-lhe à cabeça, que, pra começo de conversa, ele tinha um ego gigantesco e tudo estava saindo dos trilhos. Disse que Lefty ficou tão doido que, na noite anterior, Joey Cusumano — amigo de Tony — tomava uns drinques na mesa de Lefty, quando Lefty falou: 'Eu sou o maior judeu dos Estados Unidos', querendo dizer que era o maior judeu dentro da máfia.

"Joey replicou: 'Puxa, Frank, não sabia que Lansky tinha morrido'. Tony adorava essa história, contava ela para todo mundo, que Joey sacaneou Lefty no seu próprio estabelecimento."

"Toda vez que os jornais citavam Tony", lamentou-se Rosenthal, "sempre usavam meu nome no parágrafo seguinte. Não importava quantas vezes eu dissesse a eles que, mesmo tendo tido uma longa relação pessoal com Spilotro, eu não fazia negócios com ele, a mídia sempre juntava nós dois. Não tinha jeito. De fato, tenho certeza de que não teria enfrentado a série de problemas que precisei enfrentar para conseguir minha licença se não tivesse sido ligado o tempo todo a Tony.

"A verdade é — e disso eu tenho certeza — que Tony era leve como uma pluma dentro da organização. A percepção do público era o oposto dos fatos. O estado inteiro de Nevada — Moe Dalitz, céus, até minha própria esposa —, todos achavam que Tony era o chefão de Las Vegas. A verdade é que ele não era. Mas ele começou a acreditar em sua própria imagem.

"Mas nem todo mundo caía nessa. Muita gente vinha com todo tipo de propostas de negócios dizendo serem de Tony. A maioria dessas pessoas nem sequer o conheciam. Muitas vezes, as propostas apenas não eram um bom negócio e eram recusadas.

"Muitas vezes os membros da família dele sofriam rejeição apenas por causa de sua reputação, e isso realmente o deixava frustrado. Uma vez, seu irmão foi pedir emprego num cassino. Tenho de admitir que era mais do que qualificado, honesto. Mas em 48 horas o pobre sujeito foi demitido por causa de seu sobrenome. O dono do cassino não quis encarar a pressão que viria para cima dele por parte da Comissão de Controle. Tony ficou uma fera, pronto para entrar em guerra com o dono do cassino. Mandei ele tomar um Valium e ir para casa."

"Foi um período muito duro para Tony", disse Cullotta. "Ele ficava tão possesso que queria apagar todo mundo. Teve uma época em que um jornalista escreveu matérias a seu respeito e ele as odiava. 'Eu quero matar esse FDP', ele me falava. Disse a ele que seria o fim para todo mundo, eles pegariam mais pesado ainda. Ele prosseguiu: 'Você tá errado. Vamos juntar uns caras. Isso vai nos ajudar'. Uma noite o encontrei numa estrada no meio do deserto. Ele tinha um plano: queria assumir o controle do Meio-Oeste. Começou a falar sobre os caras com os quais podíamos contar. Em seguida, disse quais os que tínhamos de matar.

"Pensei: 'Quem é esse cara?'. Ele está falando em controlar o mundo. Eu conhecia todos os caras que ele agora dizia que deviam ser eliminados.

"Tentei acalmá-lo. Falei: 'Tony, digamos que você seja bem-sucedido e eu creio que as chances não sejam nem de 50%. O que você acha que vai acontecer em Kansas City, Milwaukee, Detroit e Nova York?'

"Ele se enfezou e respondeu que eu estava falando de lugares a leste do Mississippi. Não fazemos parte daquilo, vamos nos ater ao Meio-Oeste. Ele discutia em termos geográficos. A verdade é que a turma a leste do Mississippi não tem nada a ver com o Meio-Oeste e o oeste, mas sair matando os chefões de muitas famílias poderia mudar isso rapidamente.

"Não, não, Tony só quer discutir sobre as gangues do Meio-Oeste.

"Ok, me diga se você acha que os outros grupos não ficarão cientes de que existe um grupo louco em Chicago que assumiu o controle sem permissão? Seu grupo seria considerado o mais perigoso do mundo. Além disso, se você derrubar os chefões de Chicago, o que o faz pensar que os subordinados vão entrar na linha?

"Mas ele tinha sonhos: iria se tornar o papa da máfia e Lefty viraria Lansky. Eis a maneira ensandecida com que ele falava, de pé lá no deserto. Dei corda, pois, de outro jeito eu nunca teria voltado para casa.

"Você acha que se eu o tivesse contrariado ele me deixaria sair por aí sabendo de seu plano? Ele teria acabado comigo antes de eu entrar no carro.

"Acho que ele queria que Lefty também endossasse seus planos, mas acredito que houve uma recusa da parte de Lefty ou algo do gênero, porque, um tempo depois, ele ficava puto toda vez que o nome de Lefty vinha à tona. Costumava dizer que toda vez que ele tinha quaisquer ideias para fazer algo e precisasse da ajuda de Lefty, Lefty costumava negar ajuda. Percebi que ele começava a odiá-lo, achava que ele o prejudicava, que o rejeitava demais."

O FBI de Las Vegas vinha se debruçando sobre o caso de Spilotro durante anos e montou um dossiê considerável sobre ele e seu bando. As informações foram reunidas para provar que Spilotro era o que os jornais sempre disseram que ele era: o principal homem da máfia em Las Vegas e o verdadeiro poder por trás do Stardust Hotel. Mas quase nada da informação obtida pela escuta do FBI parecia confirmar a reputação de Spilotro.

Spilotro e seu bando de agenciadores de apostas, achacadores, agiotas e ladrões de residências eram exatamente isso: agenciadores de apostas, achacadores, agiotas e ladrões de residências. Não pareciam nem de longe agir junto dos altos negócios dos cassinos. Para dizer a verdade, tinham sorte de conseguir cumprir com as tarefas menores que lhes eram passadas pelos chefões de sua cidade natal. "Registramos Spilotro realizando mais tarefas banais do que administrando cassinos", admitiu o agente aposentado Bud Hall.

Ações captadas em grampos telefônicos e escutas ambientais entre 13 de abril e 13 de maio de 1978 explicitavam os detalhes banais e tediosos para se arranjar empregos e cortesias às pessoas. O FBI ouviu o irmão de Spilotro, Michael, ligar para o irmão deles, John, para discutirem sobre conseguirem um emprego para um amigo dele no Hacienda. Ouviram o funcionário do sindicato dos cozinheiros, Stephen Bluestein, ligar pedindo a Spilotro um emprego para a filha de alguém no Stardust. Ouviram Spilotro ligar para Marty Kane, gerente da central de apostas esportivas do Stardust, e mandá-lo demitir uma mulher que tinha acabado de ser contratada e pôr uma jovem, amiga dele, em seu lugar. Gravaram Herbie

Blitztein, o faz-tudo de Spilotro, numa ligação para Joey Cusumano no Stardust pedindo a ele para pegar uns dos envelopes do cassino com o dinheiro desviado para ele fazer parte do butim. Pegaram até uma ligação da polícia local para Spilotro alertando-o que um agente da Receita Federal tinha sido autorizado a analisar sua ficha criminal.

A série de telefonemas que talvez melhor exemplifique o tipo de tarefa menor que os chefões de Chicago pediam a Spilotro ocorreu no dia 1º de maio de 1978. Começou com uma ligação de Joseph "*Joey the Clown*" Lombardo, um dos chefões da organização e de Spilotro. Herbie Blitzstein, que estava na Gold Rush com a namorada, Dena Harte, atendeu o telefone. Lombardo queria saber por que sua solicitação de hospedagem, comida e bebidas grátis para Barbara Russel, a secretária de Gregory Peck, tinha sido ignorada. Spilotro falou diretamente com seu chefão de Chicago e prometeu que iria investigar o ocorrido na mesma hora.

"Olha", disse Spilotro, "eu sinto muito mesmo. Não faço a menor ideia do que aconteceu."

"Quando eu ligo pra você", Lombardo respondeu, "é pra você resolver."

Spilotro respondeu que até deixou uma mensagem no hotel dizendo que o pedido era de Lombardo.

"Em outras palavras", disse Lombardo, "você não fez porra nenhuma."

Spilotro garantiu a Lombardo que iria resolver o problema imediatamente, e nas próximas horas o que o FBI ouviu de Spilotro foi sua tentativa de desfazer a encrenca. Após confirmar com Blitzstein que o pedido tinha sido feito, ele ligou para Leonard Garmisa, um conhecido de Lombardo, e para o chefe do fundo de pensão do Teamsters, Allen Dorfman. Garmisa tinha pedido este favor a Lombardo desde o início.

Gold Rush, 1º de maio de 1978, 15h12. Ligação telefônica gravada secretamente pelo FBI entre Spilotro, Leonard Garmisa e Dena Harte, namorada de Blitzstein:

> SPILOTRO: (fora do telefone)... esse cara é amigo do Dorfman. O que
> posso dizer?
> GARMISA: Alô.
> SPILOTRO: E aí, Irv.
> GARMISA: Quem?
> SPILOTRO: Irv.

GARMISA: Irv quem?

SPILOTRO: É o Irv Garmisa? Quero falar com ele.

GARMISA: Quem tá falando?

SPILOTRO: Tony Spilotro.

GARMISA: Tony, aqui é o Lenny Garmisa.

SPILOTRO: Ah, Lenny, como vai?

GARMISA: Tudo bem.

SPILOTRO: Bom, cheguei perto.

GARMISA: Hã?

SPILOTRO: Cheguei perto, não?

GARMISA: Claro, mas eu não sabia que era você. Como você tá, Ton?

SPILOTRO: Eu tô bem, com exceção do esculacho, mas tudo bem.

GARMISA: Bom, eu disse a ele pra não te ligar. Mas eu queria que ele soubesse, só isso.

SPILOTRO: Tudo bem, me diz o que aconteceu, Irv.

GARMISA: Lenny.

SPILOTRO: Lenny, me diz o que aconteceu.

Então Garmisa contou a Tony que, como não conseguiu falar com ele diretamente, passou o pedido a um dos homens que atenderam o telefone na Gold Rush.

SPILOTRO: Certo. Tudo bem, ele pegou o recado e...

GARMISA: Então eu disse: olha, liga pra essa senhora, Barbara Russel, ela está hospedada no Stardust, ela já se registrou lá. Faça tudo o que puder por ela. Fica à vontade pra pôr tudo na minha conta, mas dê a ela um tratamento de rainha. Falei que era isso. Foi a última coisa que ouvi. E, hoje, Gregory Peck ligou pra mim me convidando para a festa de aniversário da filha dele, então falei com a secretária dele. Perguntei: Barbara, se divertiu? Ela disse: me diverti demais. Alguém ligou para você? Ela me perguntou: como assim? Falei: bom, eu te disse que mandaria alguém ligar para você. Ela disse: não, ninguém me ligou.

SPILOTRO: Ok. Certo. Me responde uma coisa.

GARMISA: O quê?

SPILOTRO: Cobraram alguma coisa dela?

GARMISA: Acho que ela... bom, não sei.

SPILOTRO: Você acha? Certo, deixa eu te dizer uma coisa, Lenny. Você pega a porra do telefone agora e descobre se ela pagou alguma coisa. Ok? E diz: eu devolvo seu dinheiro, que tal?

GARMISA: Me faz um favor.

SPILOTRO: Mas se ela... me escuta. Se cobraram algo dela, você pega o telefone e liga de volta para o Joey. Era para estender tapete vermelho pra essa garota. Sabe o que significa tapete vermelho, Lenny?

GARMISA: Claro.

SPILOTRO: Era para ser cortesia.

GARMISA: Claro, eu sei.

SPILOTRO: Certo, então você não sabe se ela ganhou cortesia ou não?

GARMISA: Não faço ideia, mas acho que não.

SPILOTRO: Você acha que não?

GARMISA: Acho que não, mas vou ligar pra ela. Se você quiser, eu ligo pra ela da outra linha enquanto você espera.

Garmisa ligou para o escritório de Peck e, quando voltou ao telefone, ficou claro pelo seu tom de voz, de acordo com os vigilantes do FBI, que ele lamentava ter se metido nessa confusão.

GARMISA: Ela me disse que se registrou com o nome de sra. Barbara Russel, mas por alguma razão eles fizeram sua ficha com o nome do marido. Seu pessoal provavelmente não conseguiu encontrá-la pelo nome Barbara Russel, pois o registro estava em nome de Dale Russel.

SPILOTRO: Dale Russel?

GARMISA: E a cortesia era com o nome dela, por três noites, mas não esquenta que eu mando alguma coisa pra ela. Juro por Deus, Tony, eu te amo, foi legal você ter ligado, mas não esquenta. Falei isso pro JP [Joey *the Clown* Lombardo], mas...

SPILOTRO: Claro, mas o problema não é esse, Lenny. Quando Joey diz que quer algo feito, é pra ser feito.

GARMISA: Eu sei.

SPILOTRO: Agora, se eles fizeram o registro dela em nome de Dale Russel, aí a gente não encontra ela.

GARMISA: Eu também não sabia disso. Pra sua informação, eu soube disso há poucos instantes. Então esquece isso, certo?

SPILOTRO: ...Quero que você ligue pro Joey e...

GARMISA: Vou ligar pro Joey.

SPILOTRO: Ele tá em casa agora.

GARMISA: Eu explico a ele agora mesmo.

SPILOTRO: Nesse meio tempo eu vou rechecar o que houve. Mas com certeza deu pra ver o que houve aqui.

GARMISA: Pois é, acabei de descobrir...

SPILOTRO: Ok, Lenny.

GARMISA: ...na outra linha. Eu tenho de desligar. Obrigado, Tony.

SPILOTRO: Tudo bem.

GARMISA: Ok.

SPILOTRO: Tchau, tchau.

O FBI gravou mais de 8 mil conversas em 278 rolos de fita por 79 dias na primavera de 1978, e a maioria delas era tão banais como a conversa sobre a secretária de Gregory Peck. Entretanto, em junho o FBI deflagrou uma grande operação em que mais de 50 agentes cumpriram mandados de busca e apreensão para todo mundo, de Spilotro a Allen Glick. Os mandados, que foram cumpridos em Chicago e Las Vegas, autorizavam os agentes a confiscar dinheiro vivo, documentos, armas, gravações, registros financeiros, e tudo isso foi detalhado nas primeiras páginas dos jornais de Las Vegas, bem como as frases habituais ligando Spilotro a Rosenthal e ao Stardust. No entanto, em poucos meses quase todo o material apreendido foi devolvido a seus donos, a tão propalada operação se transformou num grande fiasco. Spilotro estava livre para continuar operando.

18

A verdade é que Allen R. Glick nunca esteve ou estará associado a algo fora da lei.

Às vezes o chamavam de Gênio, outras, de Baldy, seja do que for que o chamassem, Allen Glick era um erro, e a máfia o queria fora. No início, Glick parecia o inocente útil, mas estava se transformando num problema maior do que valia. Por um lado, era um alvo muito encantador: a imprensa adorava maltratá-lo, debochar de sua inexperiência, de sua seriedade, sugerir que havia algo de suspeito em sua administração. Por outro, ele era consideravelmente mais astuto que qualquer um que o fundo de pensão do Teamsters podia imaginar.

Em 1976, como parte de uma investigação de rotina acerca do pedido de Glick para levantar fundos adicionais para reembolsar os possuidores de debêntures[1], a Bolsa de Valores dos Estados Unidos descobriu que Glick tinha emprestado 10 milhões de dólares da Argent para algumas de suas empresas subsidiárias particulares, sem prazo para devolução desse dinheiro. Depois, em 1977, a SEC revelou que na semana em que recebeu

---

[1] Título de crédito representativo de um empréstimo realizado por uma companhia que, junto a terceiros, assegura a seus detentores direitos contra a emissora, estabelecidos na escritura de emissão.

o empréstimo do Teamsters em 1974, Glick tinha pego 317,5 mil dólares do total e usado para reformar sua casa e quitar dívidas pessoais. A SEC acusou Glick por usar a Argent "como sua fonte de fundos privada, em flagrante desrespeito a seu dever fiduciário para com os possuidores de debêntures da companhia". De acordo com o *Wall Street Journal*, Glick destinou a si próprio uma remuneração de mais de 1 milhão de dólares por seus serviços de gestão e debitou este valor da Argent, reduzindo assim unilateralmente o montante que devia. A SEC também acusou Glick de dizimar os recursos da Argent em vários negócios não lucrativos, incluindo um projeto de escritórios para o governo em Austin, no Texas.

"Allen Glick, o menino prodígio dono de cassino de Las Vegas", tinha se tornado "Allen Glick, o assediado dono de cassino de Las Vegas". A SEC estava processando a Argent, a fraude dos desvios em máquinas caça-níqueis ainda estava sob investigação e o assassinato de Tamara Rand ficara sem solução. 300 mil dólares tinham sido dados como adiantamento a uma agência de publicidade para anúncios num jornal local chamado *Valley Times*, e alguns dos anúncios nunca foram publicados. Contribuições foram dadas a políticos que se candidataram e eles as devolveram publicamente.

Os problemas de Glick pioraram pelo fato de o império do Teamsters estar desmoronando. Ele era uma nota de rodapé neste desmoronamento, mas uma nota bastante divertida. A incessante empáfia de Glick implorava alguma penalidade. "A verdade é que Allen R. Glick nunca esteve nem nunca estará associado a algo fora da lei", declarou Allen R. Glick ao *Wall Street Journal*.

Uma das pessoas que leram a matéria no *Wall Street Journal* sobre os empréstimos que Glick fazia a si mesmo foi Nick Civella, o chefão do crime de Kansas City que Glick conheceu quatro anos antes na sala onde havia só uma lâmpada acesa. Civella ficou furioso por Glick ter metido a mão no cofre. Já era bastante duro um cassino ser roubado sem se ter o próprio dono dele como o primeiro a fazê-lo. O próprio Civella teria ligado para Glick para lhe dizer isso, exceto por um problema: estava preso, cumprindo uma curta pena por fazer apostas ilegais por meio de telefonemas interestaduais (suas ligações eram monitoradas). Mas em uma visita que seu irmão, Carl "Corky" Civella, fez a ele na prisão, Civella mandou dizer a seus subordinados que alguma atitude tinha de ser tomada com relação a Glick. Então, Carl Civella e seu mais alto tenente, Carl "Toughy" DeLuna, iniciaram uma série de viagens a Chicago para se encontrarem com os outros chefões da máfia sócios na Argent junto do grupo de Kansas City. O plano era forçar a saída de Glick ou forçá-lo a comprar por milhões de dólares à vista a parte da máfia.

O homem à frente desse plano era Toughy DeLuna, um assaltante à mão armada e assassino profissional, mas que tinha a alma de um contador: mantinha anotações detalhadas de suas viagens e discriminava cada uma de suas despesas em fichas e cadernos. Os nomes das pessoas eram escritos em código, mas eram facilmente decifráveis. Ele chamava Allen Glick de Genius. Lefty Rosenthal era conhecido como Crazy — que DeLuna escrevia errado como "Craze". Joe Agosto, do Tropicana, era Caesar — que ele escrevia "Ceasar".

No fim de 1977, DeLuna e Carl Civella voaram até Chicago para se encontrar com o chefe, Joe Aiuppa, e o subchefe, Turk Torello. "O que se falava era que o próprio Genius iria assumir o controle do lugar", escreveu DeLuna em uma de suas fichas, assim documentando a primeira tentativa da máfia de se livrar de Allen Glick, fazendo-o comprar a parte da organização. A proposta foi realmente feita a Glick por Lefty Rosenthal, como afirmou Glick em depoimento anos depois.

P: Me responda, sr. Glick, o senhor e o sr. Frank Rosenthal alguma vez conversaram sobre a compra da Argent Corporation pelo sr. Rosenthal?

R: Sim, conversamos.

P: E o senhor se recorda quando, aproximadamente, ocorreu essa conversa?

R: Acho que em algum momento de 1977.

P: E qual foi a natureza dessa conversa?

R: O sr. Rosenthal veio uma tarde ao meu escritório e me informou que tinha o consentimento dos sócios para fazer uma proposta de compra, uma compra das partes dos sócios. E destacou as condições que achava que seriam aceitáveis para os sócios.

P: E quais eram essas condições?

R: Ele me disse que achava que deveria ser oferecido aos sócios aproximadamente 10 milhões de dólares em dinheiro para recuperar a posse de 50% da empresa.

P: ...Quem, se alguém foi identificado, estava atuando como representante oficial desses supostos sócios?

R: Sr. DeLuna, Carl DeLuna. Como mencionamos, o sr. Rosenthal. O sr. Thomas... Citaria também o sr. Dorfman...

P: O senhor levou a sério tal proposta, sr. Glick, de comprar a Argent Corporation dos sócios, dos supostos sócios, por 10 milhões de dólares?

R: Levei muito a sério no que dizia respeito ao sr. Rosenthal. Quanto ao modelo que ele me propôs, não levei a sério.

P: Frank Rosenthal levou a sério tais sugestões?

R: Eu queria apenas acrescentar uma coisa ao que eu disse. Levei a sério porque veio do sr. Rosenthal. Não levei a sério se era algo viável ou plausível de ser feito. Mas, sim, ele levou bastante a sério.

P: Como o senhor tomou conhecimento de que Frank Rosenthal levou essa conversa com o senhor a sério?

R: Um tempo depois desta conversa específica, ele voltou a mim e disse que em nome das pessoas que ele representava — e ele usou a palavra "sócios" — que aquela era uma proposta aceitável.

P: E o que o senhor disse ao sr. Rosenthal?

R: Disse a ele que não havia jeito de que algo como aquilo fosse realizado. Eu não estava autorizado nem me permitiria me envolver em algo daquela natureza, pois ele estava falando de 10 milhões de dólares em espécie, um dinheiro não contabilizado. Falei que não era algo no qual eu iria querer estar envolvido. Ele respondeu que havia comunicado aos sócios que eu aceitei e aprovei que ele os representasse e oficializasse a venda da parte deles. Eu não sabia o que pensar, pois até onde eu sabia, o sr. Rosenthal era um mentiroso patológico, um psicótico, e eu basicamente lidava com ele no dia a dia tendo essas definições na cabeça acerca do tipo de pessoa que ele era.

P: E como reagiu o sr. Rosenthal à sua recusa em prosseguir com essa compra por 10 milhões de dólares?

R: Ele ficou bastante aborrecido, disse que certamente os sócios reagiriam com hostilidade a essa minha recusa. De novo, ameaças cercavam todas as frases, bem como as descrições que fazia das ações que os sócios tomariam. Isso, em particular, eu levei a sério, mesmo sendo ele um mentiroso compulsivo em outras áreas...

P: No conceito original, na forma como o senhor e o sr. Rosenthal discutiram essa proposta, qual papel, se houve algum, Frank Rosenthal imaginou para si?

R: ...O de que ele seria o presidente, que gostaria de dirigir a empresa, sendo, de fato, o presidente da nova empresa.

P: E teria ele alguma participação acionária?

R: Sim. Teria 50% de participação acionária...

Allen Glick seguiu se comportando como se acreditasse que tinha algum poder em sua própria empresa. Rosenthal tentou forçá-lo a vender o Lido Show a Joe Agosto no Tropicana, mas Glick se recusou. Como resultado, Carl Civella e Carl DeLuna continuaram a voar para Chicago com o objetivo de tramar contra Glick, e DeLuna continuou a deixar registrado tudo o que acontecia, criando de forma involuntária um inacreditável rastro de papel para os agentes da lei que acabaram por descobri-lo.

Em janeiro de 1978, eles se encontraram com Frank Balistrieri, Joe Aiuppa, Jackie Cerone e Turk Torello, que fazia tratamento de câncer no estômago. De acordo com as anotações de DeLuna: "A conversa foi toda sobre a substituição de Genius. Craze [codinome de Frank Rosenthal] era esperado lá, mas não pôde ir". No dia 10 de abril, ele se encontrou de novo com Aiuppa, Cerone, Torello e Tony Spilotro, que aparentemente estava pelas redondezas e apareceu por lá. De acordo com essas anotações: "A conversa foi sobre quem deveria ir falar com Genius. Ficou decidido que seria eu". No dia 19 de abril, DeLuna voltou a Chicago com Carl Civella para se encontrarem com Aiuppa, Cerone e Frank Rosenthal: "De novo se falou sobre eu ir falar com Genius. (Tínhamos falado disso dez dias antes. Ficha de 10/04.) Craze me deu seu telefone de casa. Ambos concordamos que nossa primeira reunião seria no *avocatto* [escritório do advogado Oscar Goodman] e tentamos agendar para a semana seguinte. 22 [Joe Aiuppa] sugeriu que esperássemos já que ON [Nick Civella] estava quase aqui [solto da prisão] mas MM [Carl Civella] disse que queria que nós resolvêssemos antes de ON [da volta de Civella]. Por isso que Craze e eu estaremos com Genius semana que vem". DeLuna anotava meticulosamente suas despesas de viagem: 180 dólares ida, 180 dólares volta, mais 7 dólares de estacionamento, total de 387 dólares, ficando um saldo em caixa de 8.702 dólares.

No final de abril, Carl DeLuna voou a Las Vegas e teve uma reunião que foi o capítulo final na educação de Allen Glick, como testemunhou Glick mais tarde.

P: Sr. Glick, quero chamar sua atenção para o dia 25 de abril de 1978, ou por volta desse dia, e perguntar ao senhor se nesse período o senhor esteve com Carl DeLuna?

R: Sim, estive.

P: Onde o senhor se encontrou com Carl DeLuna?

R: Encontrei-me com o sr. DeLuna no escritório de advocacia do sr. Oscar Goodman.

P: E quem é Oscar Goodman?

R: Oscar Goodman é um advogado de Las Vegas.

P: O senhor conhecia o sr. Goodman antes desse encontro?

R: Sim. Ele representou a Argent Corporation uma vez.

P: E quem estava presente neste dia?

R: Eu, o sr. DeLuna e o sr. Rosenthal...

P: O senhor viu o sr. Goodman lá neste dia?

R: Não, não vi.

P: Ao entrar neste escritório, o que o senhor viu?

R: Entrei no escritório e tinha uma antessala onde estava sentada a secretária do sr. Goodman, passei por ela e entrei no escritório do sr. Goodman.

P: E quando o senhor entrou no escritório dele, o que o senhor viu?

R: Entrei no escritório do sr. Goodman e vi, sentado atrás de sua escrivaninha, com os pés sobre a mesa, o sr. DeLuna.

P: Diga às senhoras e senhores do júri o que aconteceu nesse escritório no dia 25 de abril de 1978.

R: Entrei no escritório do sr. Goodman. O sr. DeLuna, num tom áspero, usando palavras de baixo calão, mandou que eu me sentasse. Em seguida, tirou um pedaço de papel do bolso — acho que ele usava um terno com colete — do bolso do colete... e ficou olhando para o papel por alguns instantes. Então olhou para mim e me informou que tinha sido mandado ali para me entregar um aviso final de seus sócios. E começou a ler o papel. O senhor quer que eu...

P: Descreva da melhor forma o que o senhor se lembra que foi dito e feito, sem se deter nos palavrões.

R: Ele disse que ele e seus sócios já estavam cansados de terem de negociar comigo e de ficarem perto de mim e que eu não seria mais tolerado. Ele queria que eu soubesse que tudo o que dissesse seria falado por ele ou por qualquer outro pela última vez, porque eu não teria outra oportunidade de ouvir isso de novo a não ser que eu estivesse de acordo com o que foi dito. Ele me informou que era desejo deles que eu vendesse a Argent Corporation imediatamente e que eu deveria anunciar a venda naquele dia, assim que eu saísse do escritório do sr. Goodman, depois da reunião com o sr. DeLuna. Falou que percebeu que talvez eu não tenha levado a sério as ameaças recebidas. E disse que se talvez eu achasse que minha vida era descartável, ele tinha certeza de que eu não acharia que as de meus filhos seriam. Feito isso, olhou para o pedaço de papel e falou para mim os nomes e as idades de cada um dos meus filhos. Continuou dizendo que, se dentro de um curto período de tempo ele não ouvisse de mim o anúncio da venda, mandaria matar meus filhos um por um. Feito isso, seguiu com sua conduta de sempre, vulgar e grosseira. E a reunião terminou comigo dizendo que estava disposto a vender — coisa que eu já queria fazer antes da reunião — e que o faria.

P: O sr. DeLuna falou algo sobre ele mesmo ser descartável?

A: Sim, falou.

Q: O que ele disse?

A: Ele disse que se eu achava que por alguma razão não deveria levá-lo a sério, ou por alguma razão que ele não estaria por perto, sempre haveria alguém para substituí-lo e sempre haveria alguém para assumir o lugar dos sócios quando eles partissem.

Poucos dias depois de sua reunião com Carl DeLuna, Allen Glick foi à Comissão de Jogos de Nevada e contou a eles que iria vender sua parte nos cassinos. Mas não fez nenhum anúncio público, pois queria esperar até conseguir fechar o negócio. Deu início a uma série de negociações sem sucesso: primeiro tentou vender os cassinos a seus sócios sob a forma de arrendamento. Depois, negociou com vários grupos de possíveis compradores, muitos deles, ele afirmou, arregimentados por Rosenthal. Incluíam Allen Dorfman, Bobby Stella e Gene Cimorelli, executivos da Argent leais a Rosenthal, e os irmãos Doumani.

Nesse meio tempo houve um assassinato, em maio, em Kansas City, que não tinha qualquer ligação com os negócios dos cassinos. Por vários anos a família Civella vivia em guerra com outra família mafiosa local pelo controle de alguns inferninhos num bairro que florescia com novos condomínios. Em novembro de 1973, Nick Spero, um membro da outra família, fora encontrado dentro do porta-malas de seu carro, morto a tiros. Agora, em maio de 1978, seus irmãos Carl, Mike e Joe foram alvejados dentro de um bar, e Mike morreu. Como resultado, o FBI de Kansas City passara a monitorar os telefones da família Civella e plantou uma escuta nos fundos da Villa Capri, uma pizzaria local.

"Pusemos a escuta lá porque buscávamos informações sobre o assassinato", disse o agente aposentado do FBI Bill Ouseley. "Em vez disso, por volta das dez e meia da noite do dia 2 de junho de 1978, Carl DeLuna e o irmão de Nick Civella, Corky, se sentaram numa mesa de fundo nessa pequena pizzaria e começaram a falar sobre comprar e vender cassinos de Las Vegas, e sobre exigir que Allen Glick vendesse os seus. Falaram dos diversos grupos listados para comprar os cassinos de Glick e como queriam o seu grupo sendo apoiado por seu homem — Joe Agosto, do Tropicana — para assumir o controle, e não um grupo apoiado pela Máfia de Chicago que incluía Lefty Rosenthal, Bobby Stella e Gene Cimorelli."

A conversa, que durou cerca de quinze minutos, detalhou pela primeira vez na voz da própria máfia a influência e o poder que o crime organizado exercia em Las Vegas. Bill Ouseley ficou fascinado. Ele vinha mantendo seus gráficos e arquivos da máfia durante anos de modo que, quando DeLuna e Civella começaram a falar, nenhuma de suas frases cortadas pela metade ou codinomes eram mistério para ele. Para completar, sua mãe era italiana, então ele entendia até suas expressões no dialeto siciliano.

"Foi como a pedra de Rosetta, a decifração do enigma que envolvia todas as nossas suspeitas", disse Ouseley. "Ninguém nunca havia gravado conversas de mafiosos falando sobre compra e venda de cassinos e sobre quem deveria ou não ter permissão de controlá-los. Mesmo assim, foi difícil para nós acreditar que Toughy DeLuna, com seu casaco impermeável e avental, estava negociando a venda de cassinos de Las Vegas avaliados em muitos milhões de dólares. Ainda não tínhamos certeza até oito dias depois, em 10 de junho, quando Allen Glick convocou uma coletiva de imprensa em Las Vegas e anunciou que planejava se afastar da Argent Corporation."

O FBI de Kansas City solicitou à justiça permissão para estender sua autorização de grampo ao bando de Civella. Colocou um avião de reconhecimento espionando DeLuna para mostrar à corte as intrincadas medidas antimonitoramento de que ele fazia uso no dia a dia. Ouseley disse: "Todas os subterfúgios, o fato de DeLuna e Civella se deslocarem a vários locais para telefonar, de DeLuna chegar a levar consigo um saco cheio de moedas e fazer com frequência manobras evasivas com seu carro, tais como retornos inesperados em rodovias e cortar caminho por entradas de garagens particulares, eram indicativos à corte de que esses caras não estavam bem-intencionados. Nosso monitoramento de DeLuna nos levou ao Breckinridge Hotel. DeLuna costumava ir lá quase todos os dias, pois lá havia dezenas de telefones públicos. Para conseguirmos autorização para grampear um telefone público, tivemos de provar a um juiz federal — em particular, é claro — que DeLuna estava fazendo uso ilegal desses telefones e que os próprios telefones eram usados como parte do ilícito. Levamos todo mundo do escritório para o hotel. Tínhamos secretárias e assistentes de plantão em telefones, então quando DeLuna chegou e começou suas conversas, eles puderam ouvir tudo o que pudesse ser suspeito o suficiente para nos fornecer a causa provável de que precisávamos para grampear legalmente os telefones do hotel". Os agentes do FBI ouviram DeLuna falar sobre Caesar (Joe Agosto) e Singer (o codinome de Carl Caruso, o homem que acabou depois levando o esquema de sonegação do Tropicana de Las Vegas para Kansas City). Falou sobre C.T. (Carl Thomas) e sobre investigações. No fim, o FBI recebeu permissão de grampear praticamente todos os telefones que o bando de Civella usava regularmente, incluindo o aparelho no escritório do seu advogado.

"Até o final dos anos 1970, havia um hiato na aplicação da lei em Las Vegas", disse Mike "Iron Mike" DeFeo, o vice-diretor da Força-Tarefa de Combate ao Crime Organizado do Departamento de Justiça em 1978. "Havia corrupção, havia juízes que dificultavam as coisas. Paul Laxalt, quando foi senador e governador, reclamava que havia agentes demais do FBI e da Receita Federal no estado. Nossos grampos vazavam. Um juiz costumava tornar públicas minutas do grande júri que solicitávamos que fossem mantidas em sigilo. Chegou a tal ponto que um dos policiais corruptos que trabalhavam para Tony Spilotro pôs a cunhada para trabalhar como chefe administrativa da corte. Tudo isso significava anos e anos de frustração para os representantes da lei. A gente dava com a cabeça na parede de tanta raiva.

"Então, finalmente, quando surgiu uma brecha, ela não veio de Vegas, mas dos fundos de uma pizzaria de Kansas City. Foi por acaso. Sorte. Mas foi principalmente o fato de o supervisor de Kansas City, Gary Hart, e sua equipe terem a noção de que havia algo a ser apurado naquela escuta, e aí eles foram atrás. Se você ouvisse aquela escuta, mesmo hoje em dia, não era assim tão óbvio. Aqueles caras não falavam nada às claras. Você ouvia DeLuna dizendo a Carl Civella como ele faria para conseguir que Genius saísse do Stardust. Nada era dito de forma explícita ou de forma direta, muito daquilo era impenetrável. Ouvintes preguiçosos podiam facilmente deixar passar."

Do grampo na Villa Capri Pizzeria: "Bom, veja que esse cara quer fazer um anúncio público", disse Carl DeLuna. "Genius, Genius quer fazer um anúncio público. Ele é a última coisa que Caesar me contou, se ele puder dar Jay Brown [sócio de Oscar Goodman no escritório de advocacia] — ah, claro, Carl, eu te falei do anúncio público. Lembre-se da parte que eu te falei, que Genius estava lá na noite que Joe foi descontar o cheque e Jay Brown estava lá no Stardust. Genius ficava olhando para Jay Brown... do jeito que Joe olhava. Ele disse que Genius é totalmente a favor do negócio. Quer que seja feito, quer fazer um anúncio público, certo. Bom, foram essas as minhas palavras para ele, faça o que tiver de fazer, rapaz. Faça seu comunicado público dizendo que você está saindo fora, inventa uma porra de uma razão qualquer e cai fora. Meti isso na cabeça dele. Faça uma coletiva de imprensa."

"O segredo era interpretar essa conversa corretamente", disse Mike DeFeo, "mas no fim foi Carl DeLuna quem acabou nos dando material sem querer. Ele anotava tudo compulsivamente, absolutamente tudo. Cada pilha de 20 dólares em moedas, cada viagem, cada tanque que enchia de gasolina. Fazia isso para nunca ser questionado sobre seus gastos, assim poderia mostrar para onde tinha ido o dinheiro. As anotações de DeLuna, o grampo no telefone de Spilotro na Gold Rush e, mais adiante, na companhia de seguros de Allen Dorfman em Chicago, tudo isso confirmou o que sabíamos o tempo todo, que havia uma forte conexão entre a máfia, o fundo de pensão do Teamsters dos Estados Centrais e Las Vegas, só que agora estávamos numa posição de talvez podermos fazer algo a esse respeito.

"Fizemos conquistas em algumas áreas. Demos início à maior e mais complicada investigação por meio de grampos e escutas para desvendar a influência da máfia em Las Vegas. Os padrões de monitoramento eletrônico, por exemplo, foram ampliados de quinze para trinta dias, e conseguimos grampear todos os telefones do Breckinridge, mesmo havendo causa provável para, digamos, apenas quatro entre dez deles.

"Fomos autorizados a depredar o carro de DeLuna caso houvesse alguma possibilidade de nossa escuta ser descoberta. Fomos autorizados a invadir a casa de Josephine Marlo, uma parente de Civella, para pegar a chave do carro dela e o controle remoto da garagem para podermos pôr a escuta que acabaria por ser a mais importante de todas no caso.

"Tivemos de lidar também com os aspectos tradicionais de privacidade e respeito à lei. As regras sempre foram de que não haveria escutas nem grampos em quartos ou banheiros, mas durante nossa investigação descobrimos que Allen Dorfman entrava imediatamente no quarto ou no banheiro para falar. Tivemos de pedir autorização para contornar esse problema. E, claro, que entramos no escritório de advocacia Quinn & Peebles."

O homem que o FBI estava grampeando na Quinn & Peebles era Nick Civella, que havia sido solto de uma prisão federal no dia 14 de junho de 1978 e tinha montado seu escritório dentro do escritório de seu advogado. Lá, ele era conhecido como sr. Nichols. Civella e seus sócios estavam passando por uma crise, não resta dúvida: o Tropicana Hotel, que era a fonte de milhares de dólares em dinheiro sonegado para o bando de Civella, estava em dificuldades financeiras. Durante o processo da licença do novo dono, a Comissão de Jogos descobriu que o artífice da sonegação do Tropicana, Joe Agosto, era também um homem chamado Vincenzo Pianetti, e o Serviço de Imigração e Naturalização dos Estados Unidos vinha tentando deportá-lo por dez anos. O próprio Agosto não ajudou muito: rapidamente solicitou uma coletiva de imprensa e perdeu as estribeiras gritando e xingando em dialeto siciliano. Os temores de Agosto, de que os problemas de Lefty Rosenthal acabariam uma hora ou outra respingando nele, passaram a ter bastante fundamento: em julho, quando a Comissão de Controle de Jogos ordenou que Rosenthal solicitasse uma licença de empregado em posição-chave, apesar de seu título de diretor de entretenimento, também ordenou que Joe Agosto fizesse o mesmo.

Apesar de ser conhecido como um homem muito reservado, Civella foi provavelmente o mais aberto que pôde ao usar os telefones do escritório de seu advogado para resolver esses problemas. Estava convencido de que nem o FBI grampearia as conversas privilegiadas entre um advogado e seu cliente.

19

Às vezes, as pessoas vão roubar até mesmo de vocês.

No dia 28 de novembro de 1978, Carl Thomas e Joe Agosto chegaram a Kansas City para uma reunião com Nick Civella. Thomas ficou recentemente responsável pela sonegação no Tropicana Hotel, e agora havia um problema: Civella achava que estava sendo roubado pelas mesmas pessoas que Thomas tinha posto lá. O gerente do cassino, Don Shepard — conhecido pelo codinome "Baa Baa" e um dos sonegadores de confiança de Thomas na sala de contagem — tinha perdido 40 mil dólares num jogo de cartas. Quando Civella soube disso, concluiu imediatamente que Shepard jamais poderia ter acumulado tamanha soma de dinheiro se não estivesse roubando. Civella declarou uma moratória secreta na sonegação, a ideia era expor o vazamento: se os lucros da casa não aumentassem no mesmo montante que era com frequência desviado, Civella e Agosto saberiam que estavam sendo roubados pelos que foram postos lá para ajudá-los a roubar. Mas depois de seis semanas a moratória não permitiu que se chegasse a uma conclusão, de modo que Civella quis cancelá-la. O problema era como controlar a sonegação quando ela voltasse a funcionar. Tinham eles explorado todos os métodos possíveis de desvio? Havia uma maneira de evitar que pessoas como Shepard roubassem?

Esse, claro, era um problema tão antigo como o próprio esquema de sonegação. "No começo", disse Murray Ehrenberg, ex-gerente de cassino de Lefty no Stardust, "os donos dos cassinos faziam a contagem. Mas logo o estado descobriu que os donos não estavam fornecendo dados fiéis das receitas para efeito fiscal, então aprovaram uma lei que proibia os donos de entrar em suas próprias salas de contagem. Mesmo nos dias de hoje um dono de cassino não pode entrar na sala de contagem.

"Essa lei dizia que os donos tinham de escolher representantes para fazer a contagem para eles, e depois de um tempo esses prepostos começaram a pensar: 'Por que estou contando desse jeito?'. Rapidamente, a contagem real nunca ultrapassou a porta da sala.

"Um testa de ferro como Charlie 'Cuby' Rich, amigo íntimo de Cary Grant, tinha um pequeno cofre tão recheado com maços de 10 mil dólares em notas presas por elásticos, que, uma vez, quando o vi abrindo o cofre, a tampa literalmente saltou como uma mola. Devia ter ali uns 3 ou 4 milhões de dólares.

"Antigamente, antes da era do cartão de crédito, nos idos de 1950, 1960, e mesmo nos anos 1970, as pessoas vinham a Las Vegas com dinheiro vivo. Todos jogavam com dinheiro em espécie. Nas mesas de Vinte-e-um era impossível enfiar a pá dentro do orifício para as cédulas na mesa de dados, tamanha a quantidade de notas de cem abarrotando as caixas coletoras.

"Por isso os testas de ferro, que eram os figurões da área, conseguiram aprovar a lei que mantinha os mafiosos, que à época eram os donos de verdade, fora da cidade. Os testas de ferro agiam em conluio com os políticos e os tiras, de forma que os verdadeiros donos, os contraventores, não pudessem pôr os pés na cidade."

Testas de ferro como Jake, irmão de Meyer Lansky, eram os que faziam a primeira contagem para o pessoal de Nova York. "Moe Dalitz era quem fazia a primeira contagem para o Meio-Oeste e Cleveland. E os chefões na sua cidade natal, os caras que estavam na Lista Proibida de Nevada, tinham de ficar em casa e acreditar no que lhes era dito sobre a contagem por seus testas de ferro.

"O jogo era esse. A primeira contagem significava 20 para o patrão e 30 entrava direto dentro de seus bolsos. Depois de um tempo, para que contar ao patrão que foi 20?

"Os mafiosos podiam ser durões em casa, mas eram uns trouxas aqui. Veja lá no passado Bugsy Siegel. Del Webb cobrava 50 dólares de Bugsy por uma maçaneta que custava cinco, e vendia a ele as mesmas palmeiras seis, sete vezes. Ele também tinha um bando de crupiês gregos trabalhando no Vinte-e-um, vindos de Cuba, os quais tinham uma porção de parentes que roubaram em um ano do Flamingo o suficiente para abrir cassinos por todas as ilhas. Os mafiosos jamais perceberam nada.

"Mesmo quando você sabe que isso pode acontecer, é quase impossível impedir que um cassino sofra desvio de dinheiro. No Stardust, por exemplo, um crupiê ganha 50 dólares por dia. O cara que fica nas câmeras que monitoram o movimento do salão ganha 100 dólares diariamentee há milhões de dólares circulando pelo salão. Você acha que as pessoas não vão trabalhar todos os dias pensando em como fazer uma armação ali? A organização tinha mil olhos e mesmo assim não conseguia flagrar nada.

"No Fremont, a sala de contagem ficava no segundo andar, os seguranças retiravam as caixas coletoras de dinheiro situadas debaixo das mesas, as punham em carrinhos e aí as levavam ao andar de cima para a contagem. No caminho, dentro do elevador, com a porta fechada, eles tinham uma cópia da chave que abria as caixas, aí eles as abriam e pegavam um punhado de notas. Nunca pegavam notas demais de nenhuma delas, pegavam sempre de maneira homogênea.

"Eram espertos. Quando tinham uma oportunidade, davam uma volta pelo salão e viam qual das mesas estava movimentada e qual não estava, aí pegavam o dinheiro de dentro das caixas das mesas mais ativas.

"Eles nunca seriam pegos, exceto quando um dia pegaram sem querer um recibo de entrega (o registro das fichas requisitadas do caixa para as mesas), aí quando os auditores viram que faltava um recibo da caixa coletora eles descobriram que alguém estava mexendo nas caixas, e foi assim que aconteceu.

"Tínhamos engenheiros no Stardust que ganhavam fortunas. Circulavam pelo cassino sem levantar suspeitas. Quem iria questioná-los? Estavam checando a tubulação, os circuitos elétricos, os aparelhos de ar-condicionado. Quer se encrencar? Quem quer saber? Quem se importa?

"Bom, um dos lugares que os engenheiros tinham de checar exaustivamente era a câmera de monitoramento (*Eye in the Sky*), aí eles subiam lá e, se não houvesse ninguém operando ela — os chefões eram tão mãos de vaca que não mantinham um operador na câmera vinte e quatro horas por dia —, o engenheiro descia com um cartão azul no bolso. Se houvesse alguém na operação, ele descia com um cartão vermelho. O cartão azul era a senha para roubar. O engenheiro ficava com uma parte de tudo o que os crupiês que estavam no esquema roubavam.

"Hoje em dia roubar de um cassino é um crime, e a pena vai de cinco a vinte anos de prisão. Mas, naquela época, se o sujeito fosse pego, eles apenas davam uns sopapos no cara e o botavam para fora."

Agosto e Thomas se reuniram com Civella, seu irmão Carl e Carl DeLuna na casa da cunhada de Carl Civella, Josephine Marlo, para discutir a sonegação no Tropicana. A casa de Marlo ficava bem perto da casa de Civella num bairro italiano e tinha uma grande vantagem: era possível entrar pela garagem, fechar a porta e acessar a casa por ali, evitando assim de serem vistos pelos vizinhos ou por quem mais estivesse de olho. Porém, o FBI sabia que Civella usava a casa de Marlo para reuniões, e conseguiu uma autorização para pôr uma escuta na sala de jantar que ficava no porão.

Ninguém suspeitava. A reunião começou às dez da manhã e terminou às seis da tarde, e quando chegou ao fim havia oito rolos de fita que viraram um marco no combate ao crime: os irmãos Civella, DeLuna, Agosto e Thomas comeram espaguete, tomaram vinho e deram o passo a passo de como desviar dinheiro de um cassino. A gravação na casa de Marlo era um documento extraordinário, esclarecedor, engraçado, de uma clareza surpreendente, e foi definitivamente responsável pelo fim do papel da máfia em Las Vegas. Nela, Carl Thomas descrevia como era feita a sonegação no Tropicana e como funcionava na Argent. Explicou ao bando de Kansas City as vantagens e desvantagens das várias formas de sonegação, desde o seu método favorito, que era simplesmente roubar o dinheiro, ao que ele apreciava menos, preenchendo recibos de entrega de fichas de jogos em três vias e depois retirando o dinheiro. Falou a respeito da pesagem a menos de moedas e dos bancos auxiliares, descreveu o método que costumava usar no Slots O'Fun, um pequeno cassino que ele operava na Strip, e explicou por que não funcionaria num cassino maior, filosofou sobre como os homens em quem você confia para roubar por você estão inclinados a roubar algo para si próprios. "Senhores, estes são os riscos de se fazer negócios", disse Carl Thomas em um momento da reunião. "Às vezes, as pessoas vão roubar até mesmo de vocês... Todos os dias [no Slots O'Fun] dois caras contam o meu dinheiro e desviamos apenas 100 dólares por dia. Mesmo assim são 100 dólares, 30 mil dólares no ano, é muito dinheiro para nós. Um pequeno estabelecimento. Eu sei que esses caras pegam 100 dólares por dia. Pode chegar a 130, mas você vai enlouquecer se pensar que eles podem ter outro esquema de desviar mais 40 dólares. Aí a gente pensa, e se esses caras forem pegos, Nick? Sabe do que esses caras estarão desistindo? Nunca mais vão conseguir emprego... Estamos pedindo a eles para pôr em risco seu ganha-pão. Mas, Nick, por mais que eu ame você, por mais unidos que a gente esteja, você sabe melhor do que ninguém que toda vez que eu venho aqui para estar com você eu arrisco tudo o que eu tenho... O mesmo acontece com esses caras. Eles estão roubando esse dinheiro porque são gente nossa. Precisa ter com eles algum jogo de cintura." Carl Thomas falava, falava e falava. Como ele disse anos depois, após ser condenado a uma pena de prisão por quinze anos como resultado direto dessa tarde: "Eu devia estar fora do meu juízo".

Menos de três meses após a reunião na casa de Marlo, o agente do FBI Shea Airey e Gary Jenkins, da unidade de inteligência da polícia de Kansas City, bateram à porta de Carl DeLuna e entregaram a ele um mandado de busca autorizando-os a procurar por registros e documentos. Durante meses, o FBI tinha monitorado DeLuna usando telefones públicos no Breckinridge Hotel e ouviu-o falar sobre a entrega de "pacotes" e "sanduíches", viu-o fazer anotações nos papéis que embrulhavam os rolos de moedas.

Agora começaram a vasculhar sua casa. Encontraram pacotes de dinheiro: 4 mil dólares na gaveta de roupas íntimas de Sandra DeLuna, 8 mil escondidos nas cuecas de DeLuna, 15 mil num armário. Havia quatro pistolas, um manual de envenenamento, um rádio de captação de frequência da polícia, uma peruca preta, uma máquina de fazer chaves, 130 matrizes de chaves, um livro que ensinava a fazer silenciadores. Todo tipo de coisas, mas nada de registros ou documentos. Aí foram para o porão.

"Sabe a casa de um parente que não jogou nada fora durante anos?", comentou um policial de Kansas City. "Era desse jeito que estava o porão. Provavelmente, ele era aquele tipo de sujeito que fala: 'Você nunca sabe quando vai precisar'." Num cômodo trancado do porão os agentes encontraram cadernos de anotações, blocos de taquigrafia, blocos de papel timbrado de hotéis, fichas, tudo coberto com anotações escritas de modo cuidadoso em tinta vermelha ou preta, datadas e meticulosamente enumerando todos os gastos de DeLuna. As mensagens estavam codificadas, mas o código era facilmente decifrado quando comparado com as conversas monitoradas e gravadas. As anotações mostraram a divisão e distribuição da sonegação: para 22, ou Joe Aiuppa, de Chicago; para Deerhunter, ou Maishe Rockman, de Cleveland; para Berman, ou Frank Balistrieri, de Milwaukee; para ON, ou Nick Civella, de Kansas City.

"Quanto a DeLuna, durante a busca se comportou como um verdadeiro cavalheiro", disse o agente do FBI William Ouseley. "Sua mulher fez café e nos serviu biscoitos."

Enquanto Airey e Jenkins iniciaram o exame cuidadoso das anotações, agentes do FBI prenderam Carl Caruso, também conhecido como o Cantor, no aeroporto de Kansas City quando ele saía do avião vindo de Las Vegas. O negócio lícito de Caruso era o de organizar caravanas para Las Vegas. Ao mesmo tempo, levava o dinheiro que Joe Agosto sonegava do Tropicana para os mafiosos de Civella. Nessa noite ele levava 80 mil dólares nos bolsos do casaco — dinheiro que recebera de Joe Agosto, que tinha recebido de Don Shepard.

Mandados judiciais também foram cumpridos em Las Vegas contra Joe Agosto, contra os acionistas do Tropicana Deil Gustafson e Don Shepard, e em Kansas City, contra Nick e Carl Civella. "Nick Civella ficou sabendo que tínhamos um mandado e não ofereceu resistência", contou um agente. "Creio que ele jamais tenha sofrido uma busca em sua casa antes. Não encontramos absolutamente nada relevante. A única coisa que encontramos foram diamantes, sacos cheios de diamantes lapidados. Talvez ele tenha investido seu dinheiro ali. Também encontramos um recorte de uma revista desconhecida do qual eu nunca me esqueci. Civella o tinha aparentemente recortado, não tinha autoria nem data e o manteve por motivos sentimentais. Ficamos arrepiados quando lemos. Compreendemos como ele levava a sério aqueles seus códigos e negócios do Velho Mundo. O recorte dizia: 'Este monstro — este monstro que eles geraram em mim — voltará para atormentar seu criador, do túmulo, da cova, da cova predestinada. Leve-me até minha próxima existência. A descida ao inferno não me modificará. Rastejarei de volta, seguindo sua trilha para sempre. Eles não derrotarão minha vingança. Nunca. Nunca'.[1]

---

[1]   Essas frases são atribuídas a George Jackson, membro do movimento dos Panteras Negras, que morreu abatido a tiros por um guarda em 21 de agosto de 1971 durante um levante de presos.

Dois dias depois da busca, DeLuna se encontrou com três membros de sua gangue no Wimpy's, um restaurante em Kansas City. A escuta do FBI no restaurante captou toda a conversa, que incluía DeLuna admitindo que poderia ser mandado para a prisão por alguns anos. "Acho que pode demorar um ano, um ano e meio, mas todos acabaremos cumprindo uns três, quatro anos. Eu, com certeza. Já comecei a fazer a cabeça de Sandy." Ele recomendou que os outros também começassem a preparar suas mulheres.

Depois, DeLuna foi condenado a trinta anos. Sua prisão e a descoberta de suas anotações deram ao FBI um mapa detalhado do crime de sonegação. Aliás, não seria exagerado dizer que a reunião de Marlo e as anotações de Carl DeLuna foram responsáveis pela saída da máfia dos cassinos de Las Vegas.

20

**Conheço a voz.
Conhecia ela a vida inteira.
Era de Tony.**

"Ela estava bebendo e tomando comprimidos", disse Lefty. "Não parecia ligar que eu estivesse sob uma tremenda pressão. Uma noite minha úlcera deu o ar da graça, e eu estava deitado, no quarto. Chamei ela pelo interfone e pedi que aprontasse meu jantar. Estava começando a sentir dor.

"Depois de um tempo, falei no interfone: 'Geri, o jantar está pronto?'. Ela respondeu: 'Já, já, querido'. O que ela não me contou foi que estava tão bêbada que não tinha feito jantar algum. Aí, em pânico, fez uns ovos quentes, queimou a porra da torrada e trouxe tudo misturado.

"Quando olhei praquilo a dor tomou conta de mim. Xinguei muito ela. Deitado na cama, ela olhou para mim e pulou até o armário. "Eu estava de bruços. Tentei ao máximo agarrá-la, mas ela conseguiu alcançar o móvel antes de mim. Estava mais ou menos meio segundo atrás dela, mas ela já tinha posto a mão na pistola.

"Demos cabeçadas um no outro, minha testa sangrava, ela começou a sangrar pelo nariz. Eu tinha acertado a ponte de seu nariz.

"As crianças vieram de seus quartos e viram que estávamos brigando. Falei: 'Geri! Geri! As crianças. Para com isso!'. Então, enfim, tirei a arma dela, mas ela não parava de lutar, estava bêbada pra caralho.

"Liguei para Bobby Stella pedindo que viesse imediatamente me ajudar com as crianças, com o sangue e tudo mais. Pedi que ligasse para o meu médico, que veio correndo. Ele nos levou ao seu consultório, fez um curativo simples em mim, mas nela teve de dar uns pontos.

"Ela começou a resmungar dizendo que eu tinha quebrado seu nariz. Perguntei a ela: 'Geri, o que você pretendia fazer com a arma?'.

"'Nada', ela respondeu. 'Eu só estava bebendo. Eu errei. Não devia beber.'

"Quando voltamos para casa tudo ficou calmo.

"Na manhã seguinte, eu saí para o trabalho, ela me levou até o carro e dava até para achar que aquela era uma dona de casa exemplar.

"'Se cuida', ela disse, e me deu um beijo.

"Estava há uma hora no trabalho e resolvi ligar para casa. Perguntei a ela como estava se sentindo e ela respondeu: 'Me sinto ótima. Como você está, meu amor?'. Percebi por sua voz que estava bêbada.

"Entrei no carro e voltei para casa. Estacionei na rua e entrei em casa escondido. Queria ver o que estava acontecendo. Geri estava no telefone. Acho que falava com a filha, Robin.

"Ouvi ela dizendo: 'Você tem de me ajudar a matar esse filho da puta. Por favor, me ajuda'.

"'Ei, ela não pode te ajudar, Geri', falei, entrando na sala. 'Aqui estou.' Ela quase morreu.

"'Há menos de duas horas você me disse que me amava e agora quer tentar me matar.' Ela pôs o fone no gancho.

"'Olha o que você fez com o meu nariz', disse ela, bem na minha cara. Ela não se deu por vencida. Já havia alguns anos que nossa vida era assim.

"Depois de um tempo, ao voltar para casa, eu o fazia com bastante cuidado. Não somente por causa de sua pistola, mas porque eu temia que ela fosse realmente contratar alguém para me matar."

"Tanto Geri como Frank tinham temperamentos muito difíceis", lembra-se a irmã de Geri, Barbara Stokich. "Davam chiliques. Havia ketchup e mostarda no teto. Geri era mimada. Mesmo criança, quando ficava brava, gritava e se jogava no chão batendo no assoalho com os pés e as mãos.

"Geri era muito birrenta. Para ela a vida não era uma via de mão dupla. Ela precisava ditar as normas e Frank era exatamente como ela.

"Uma vez, em minha casa, depois de terem tido mais uma briga, ela admitiu que não foi culpa de Frank, que nem sempre fora fiel a ele. E disse que ele queria que ela parasse de beber, mas ela preferiria morrer a abandonar o álcool.

"Acredito que o plano original de Geri era logo de se divorciar de Frank se o casamento não desse certo, mas nove meses depois de casados ela teve Steven, e ele era tudo para Geri. Ela o adorava, mas não imaginava como as coisas mudariam após ter um filho. Ela nunca seria capaz de abandonar Steven.

"Sentia-se só. Me ligava às três da madrugada. Se perguntava o porquê de ele não estar em casa com ela e as crianças. Lefty aproveitava a vida. Ela ouvia falar que ele saía com dançarinas. Sabia que era verdade. Encontrou recibos de joias em seus bolsos quando levou suas roupas ao tintureiro.

"Veio me visitar e acabou desabafando, disse que se ele podia dar as saidinhas dele, ela também podia. E assim ela fez."

"Geri levou as crianças de férias a La Costa", disse Lefty. "Quando ela viajou, não estávamos nos dando muito bem. No segundo dia estava bêbada e não conseguia falar ao telefone. Não falei com ela nos dois dias seguintes.

"Aí, um pouco antes do dia em que eram esperados de volta, eu ainda não tinha notícias deles. Liguei para o hotel e lá me disseram que eles tinham saído dois dias atrás. Comecei a entrar realmente em pânico. Não conseguia encontrá-los nas listas de passageiros de nenhuma companhia aérea.

"Liguei para o namorado de Robin, era um bom rapaz. Contei a ele que estava à procura de minha mulher e filhos. Primeiro, ele disse que não sabia de nada. Depois falou que Geri e as crianças estavam com Lenny Marmor e Robin e me passou um número de telefone.

"Lenny Marmor atendeu. Pareceu um tanto velhaco, escorregadio. Tinha um jeito lânguido de falar, um falso sotaque levemente sulista.

"Falei: 'Lenny, aqui é Frank Rosenthal. Quero falar com Geri'. Ele respondeu que ela não estava.

"'Lenny', eu disse, 'quero falar com Geri. É muito importante. Eu quero meus filhos. Quero que ela ponha eles num avião, rápido.'

"Ele disse, bastante sincero: 'Frank, acredite, eu não sei onde ela está. Mas posso te ligar de volta em alguns minutos?'.

"'Tudo bem', respondi, e desliguei.

"Foi o que aconteceu. Todos caíram na estrada. Geri, Robin, meus filhos e Marmor.

"Naquela noite, Geri ligou para Spilotro. Ele me ligou em seguida e disse que ela estava com medo de que eu os seguisse e os matasse.

"Ele disse a ela: 'Não posso te ajudar. Apenas entregue as crianças agora. Frank está em pânico'.

"Ela ligou. 'Oi.' 'Oi.'

"Falei que não iria perguntar onde ela estava, apenas coloque Steven e Stephanie num avião assim que puder. Depois me ligue dizendo a que horas eles chegam. Aí você pode fazer o que quiser."

"Então Geri perguntou: 'Se eu voltar, você me perdoa?'.

"Disse a ela que não sabia. Falei que iria tentar. Sei que ainda gostava dela, mas disse: 'Nesse momento você tem que me mandar as crianças'.

"Ela desligou e conversou com Lenny e Robin. E o que Lenny disse?" Posteriormente, Geri contou a Rosenthal. "Ele mandou que ela retirasse o dinheiro de um cofre que eu tinha num banco em Los Angeles, pintasse o cabelo e fugisse com ele e as crianças para a Europa. Geri disse a Lenny que não faria isso pois me conhecia, eu iria caçá-los até encontrá-los. Ela me ligou de volta e disse que estava mandando as crianças. Ligou depois me informando o número do voo. A empregada e eu fomos ao aeroporto e pegamos as crianças.

"Pouco depois, Geri ligou. Estava me sondando. Disse a ela: 'Você não foi ao cofre, foi?'. Ela não respondeu. Perguntei: 'Geri, o que aconteceu com o dinheiro?'. Ela respondeu que tinha cometido um erro.

"'Qual a gravidade do erro?'

"'Grave', ela respondeu.

"Lembre-se de que tem mais de 2 milhões em dinheiro vivo naquele cofre.

"'Quanto você pegou?', perguntei.

"'Vinte e cinco', ela respondeu.

"'Vinte e cinco mil?'"

"'Sim', ela disse. Tinha comprado algumas roupas para ele, um relógio novo, porcaria. Coisa típica de cafetão.

"Falei: 'Não se preocupe, não tem importância. Em algumas horas vou mandar um jatinho até aí pra te pegar. Apenas guarde essa chave. Não deixe Lenny chegar perto dela. Se ele pegar a chave, ele pode abrir o cofre.

"'Você perdeu 25 mil dólares pra esse cafetão', eu disse. 'Isso eu posso aguentar. Mais eu não posso.'

"Geri disse que quando contou a Robin que estava voltando para mim, ela respondeu que sentia como se não tivesse mãe. A lealdade de Robin sempre foi a Lenny Marmor, seu pai biológico.

"Len nunca se casou com Geri. Casou-se três vezes, mas nunca com Geri, a mãe de sua filha. Apesar disso, Geri era tão leal a ele quanto seria a qualquer pessoa. Era surreal.

"Em poucas horas recebi um telefonema do piloto, que me deu a previsão da hora de aterrissagem, então cheguei ao aeroporto e ela saiu cambaleando do avião. Abriu um enorme sorriso como se nada tivesse acontecido.

"No caminho para casa falamos sobre o cofre. Ela disse que não conseguiu pegar a chave de volta com Robin, mas que não havia perigo, já que os bancos estavam fechados.

"Começamos a brigar, de novo. O telefone tocava quando chegamos em casa. Era Spilotro.

"'Como estão as coisas?', quis saber. Disse a ele que estava tudo bem. Geri perguntou: 'É o Tony? Posso falar com ele?'. Falei que não.

"Tony disse: 'Quero falar com ela'.

"Respondi novamente que não.

"Nesse momento Tony disse: 'Quero falar com ela, ouviu?'. Pareceu um tanto firme.

"Falei que não de novo, que agradecia a ele pela ajuda, e ele me interrompeu.

"'Mas eu disse que quero falar com ela', respondeu.

"Desliguei na cara dele.

"'Era o Tony?', perguntou Geri. 'Eu queria falar com ele.'

"Disse a ela que queria falar sobre o dinheiro no cofre. Na manhã seguinte, esperamos por um telefonema de Robin. Não atendi porque não queria assustá-la.

"Robin disse que Lenny estava tentando fazê-la dar a chave do cofre a ele.

"Geri disse: 'Eu te imploro pela minha vida, não faça isso. Não dê ouvidos ao seu pai'.

"Geri chorava ao telefone e implorava a Robin. Uma encenação incrível. Robin capitulou... Prometeu que não iria mexer no cofre."

"À medida que o casamento começava a desmoronar", disse Barbara Stokich, irmã de Geri, "Frank batia nela e ela vinha para minha casa. Chegava de olho roxo, hematomas no rosto todo, nas costelas. Uma noite ela chegou na minha casa tão mal que tiramos fotos.

"Geri e Robin ficaram fulas comigo porque eu me neguei a lhes entregar as fotos. Elas queriam levá-lo ao tribunal. Não dei as fotos a elas porque não provavam que Frank tinha espancado ela, mostravam apenas que ela havia sido espancada. Lembro-me de tê-las destruído. Ela achava que poderia usar as fotos para provar que ele tinha batido nela quando levasse o caso à justiça. Robin costumava me contar tudo que estava acontecendo, até que se indispôs comigo por eu não ter lhe dado as fotos."

"Lefty tornou sua vida um inferno", disse um agente aposentado do FBI familiarizado com o caso. "Ele a traía o tempo todo e não ligava se ela descobrisse. Ele começou a vigiá-la como se ela fosse uma versão Las Vegas da esposa perfeita dos filmes.

"De manhã, colava na geladeira a agenda dela do dia e queria saber onde ela estava cada minuto do dia. Também a obrigou a se reportar a ele no decorrer do dia.

"Ele até comprou para ela um *bip* de mensagens para sempre saber onde ela estava, mas ela o vivia 'perdendo', e isso o irritava ainda mais. Uma vez ela se atrasou por cerca de meia hora ao voltar para casa com as crianças. Disse que ficou presa esperando a passagem de um longo trem de carga que costumava passar apenas no final da tarde. Ele a obrigou a se postar em frente a ele enquanto ele ligava para a estação de trens de carga e falava com o despachante para checar a hora em que o trem passou.

"Mas não importava o que ele fizesse com ela, ela nunca o deixaria, pois sempre havia os presentes. Geri era uma prostituta das antigas. Ele a comprou quando se casaram, e ela permaneceu comprada."

"Quando me lembro", disse Lefty, "constato que provavelmente tivemos de três a quatro meses de paz em todo o nosso casamento. E olhe lá. Eu fui um idiota, ingênuo. Eu queria mesmo uma família. Nunca entendi que não conseguiria controlá-la.

"Uma noite eu estava no Jubilation fazendo meu programa de TV e Geri estava na plateia. Vi que Tony também estava lá. Quando vi que ela estava indo para o banheiro feminino, percebi que Tony tentou impedi-la, mas ela o afastou. Não sei por que, mas aquilo me pareceu muito esquisito. Não falei nada."

"Geri era um desastre", disse Frank Cullotta, amigo de Tony Spilotro. "Estava bebendo demais e usando muita cocaína, estimulantes, calmantes, tudo.

"Ela trouxe muitos constrangimentos para Lefty justo num momento em que ele estava tendo seus próprios problemas com a Comissão de Jogos.

"Ninguém gostava de Lefty. Era egoísta e costumava entrar num lugar sem cumprimentar ninguém, era arrogante. Lefty pagava suas dívidas a Chicago, mas agia como se não tivesse mais que prestar reverência alguma a Tony."

"Era cerca de duas da madrugada, e Tony entrou no Stardust com um outro cara, os dois completamente bêbados", disse Murray Ehrenberg, gerente do Stardust. "Não era nem para ele estar ali, mas todo mundo fingia que não sabia quem ele era.

"Ele foi direto para uma mesa de Vinte-e-um e começou a fazer apostas com cinco fichas pretas [500 dólares] por mão. Apostava sozinho e perdia. Em cerca de vinte minutos perdeu 10 mil dólares.

"Ele começou a maltratar o crupiê. Quando recebia uma carta que não era de seu agrado, a devolvia para o sujeito e pedia outra. O fiscal de salão acenou com a cabeça autorizando ele a fazê-lo. Se de novo a carta não fosse boa, Tony a devolvia e mandava o crupiê enfiá-la no rabo. Rezávamos para ele receber cartas boas, mas vinha cada uma pior que a outra, e ele foi ficando puto. Queríamos apenas terminar a noite vivos.

"Aí Tony pediu ao fiscal de salão um crédito de 50 mil dólares. Ele sabia que o fiscal não tinha autonomia para tal tipo de operação, e logo me jogaram para dentro da situação.

"'Liga pra você-sabe-quem e me arruma minha grana', mandou Tony.

"Liguei para Lefty numa linha privada que instalamos em sua casa. Disse para ele que o Little Guy estava na área e queria um crédito de 50. Contei a Lefty que o sujeito já tinha perdido dez do próprio bolso.

"Lefty ficou uma fera. Não era nem para Tony ter entrado no Stardust, quanto mais jogar e pedir crédito. Lefty mandou que eu pusesse Tony na linha, e falou para ele que iria zerar sua posição. Devolveria o dinheiro que ele perdeu, mas Lefty também exigiu que ele se mandasse do cassino imediatamente, antes que algum dedo-duro do Stardust desse com a língua nos dentes para a comissão de controle e encrencasse todo mundo.

"Tony não estava assim tão bêbado. Não queria criar uma guerra. Por conta da sonegação, da licença de Lefty e tudo o mais, a comissão de controle já estava batendo feio no Stardust.

"Concordei em devolver a Tony os 10 mil, os quais, diga-se de passagem, ele nunca pagou de volta, mas Lefty não deu a menor importância. Lefty queria apenas garantir que eu não pusesse o nome de Tony em qualquer linha de crédito ou o que quer que fosse.

"Tony saiu bastante furioso, mas não havia muita coisa que ele pudesse fazer. No fundo ele sabia que Lefty estava certo, mas não era obrigado a ficar satisfeito."

"Foi numa noite de sexta-feira ou sábado", disse Lefty. "Logo após o programa de TV, e eu estava no Jubilation. Joey Cusumano estava ao meu lado. Liguei para minha casa, mas ninguém atendeu. Eram duas da madrugada e ninguém atendia.

"Falei para Cusumano que iria para casa. De carro era uns cinco minutos.

"Quando cheguei, Geri e Steven tinham sumido. Minha filha estava presa à cama com uma corda feita de tecido amarrada ao seu tornozelo.

"Não pude acreditar. Enquanto soltava a menina, o telefone tocou.

"'E aí?' Era Tony. "'Não muito bem. O que você quer?'

"'Relaxa. Relaxa. Tá tudo bem. Ela tá bem. Vocês andam brigando. Ela queria discutir os problemas de vocês.'

"Ele contou que Geri tinha deixado Steven com uma vizinha. Disse para eu relaxar e vir até o Village Pub.

"Entrei no carro e fui até lá espumando de raiva. O lugar estava meio lotado. Tony me esperava na entrada. Tentou me acalmar.

"'Não faça nenhuma cena', disse ele. Tony se interpôs entre mim e a porta, mas eu o conheço, não iria passar por ele na grosseria. Falei que estava tudo certo comigo e passei por ele calmamente.

"Lá dentro, lá estava ela num canto reservado, de costas para mim. Tive de seguir mais um pouco para podermos ficar de frente. Me sentei.

"Chamei ela de tudo quanto foi nome. Ela ficou contida, estava completamente bêbada, apenas repetia que eu precisava deixá-la sozinha. Depois de um tempo, a levei para casa. Na saída, Tony me disse para não ser duro com ela. 'Ela só está tentando salvar o casamento de vocês', disse."

"Ela era uma boa pessoa, mas ele a levou a beber", lembra-se Suzanne Kloud, uma maquiadora do programa de TV de Lefty que era amiga de Geri. "Ele levava todo mundo a beber. Chegava em casa depois do programa, por volta de três, quatro da madrugada, expulsava ela da cama e ficava no telefone falando com uma das namoradas por duas horas.

"Ele não dava a mínima para os sentimentos dela. Estava sempre de caso com as dançarinas e se gabava disso. Ela me contou que uma vez ele voou até Los Angeles e lá gastou 14 mil dólares na Gucci em presentes para umas dançarinas e para uma outra deu um colar de 17 mil dólares.

"Ela disse que encontrou os recibos em seus bolsos quando foi levar suas roupas ao tintureiro. Ou seja, era um sujeito que não vivia propriamente em busca de uma noite de sossego em casa.

"Ele sempre a maltratava, era como se a odiasse. Uma noite, depois do programa, ela achou que ia jantar com ele. Ele estava cercado por seus baba-ovos, e ela o interrompeu.

"Ela o segurou pelo braço. Quis saber, ali, na frente daquela gente toda, quando eles iriam embora. Foi burrice. Ele puxou o braço.

"Falou: 'Não me toca, porra' para a própria esposa, na frente de várias pessoas.

"Peguei ela pelo braço e saímos para jantar. Perguntei por que tinha feito aquilo, que só serviria para criar uma cena, mas Geri parecia sempre criar cenas com ele. Ela sabia o que o levava à loucura, mas continuava a fazê-lo mesmo assim. Ela me disse que não sabia por que fazia isso. Apenas fazia.

"Mesmo agindo de forma deplorável, ele também lhe trazia coisas. Deu a ela as joias mais inacreditáveis. Deu um colar de corais e diamantes, e um colar com uma pedra olho de gato cravejada de brilhantes. Os colares valiam repectivamente 200 mil e 300 mil dólares e ela vivia em função daquilo. Se você fosse uma prostituta, esse seria o seu Deus."

"Lembro-me que estava assistindo a um jogo de futebol na TV", disse Lefty. "Ela sabia que eu estava preocupado. Falou: 'Vou pra casa da minha irmã'. Disse que deixaria Steven na casa do vizinho e levaria Stephanie com ela para a casa de Barbara.

"Ela perguntou se eu iria querer algo do McDonald's quando voltasse para casa. Respondi que talvez. Ela sabia que eu gostava do McDonald's. Me deu o número do telefone de Barbara. Eu não tinha o número de sua irmã, eu cagava para a irmã dela. Deixou o número anotado perto do telefone e saiu.

"Pouco tempo depois resolvi ligar para a irmã dela. Ia pedir que me trouxesse algo do McDonald's quando voltasse.

"Liguei e Bárbara me disse que ela estava no McDonald's comprando almoço para Stephanie.

"Falei que tudo bem, para então ela me ligar quando voltasse.

"Voltei a assistir ao jogo, mas depois de meia hora Geri ainda não me havia me ligado de volta, então meu computador mental começou a marcar o tempo.

"Liguei de novo para Barbara e perguntei se Geri tinha voltado.

"'Não', respondeu ela.

"Agora eu fiquei um tanto chateado. Era para ela ter ido ao McDonald's comprar algo para Stephanie e não o fez. O que houve com o almoço de Stephanie?

"Falei para Bárbara: 'Manda ela me ligar quando chegar'.

"Quinze minutos se passaram. Nada de Geri.

"Liguei de novo. 'Ok, Barbara', eu disse, 'pega o carro e traz minha filha de volta.'

"Então fui pegar Steven e Bárbara trouxe Stephanie, e agora que as crianças estavam em casa, fui atrás de Geri.

"Naquele dia, Geri tinha levado meu carro. Era maior que o dela. Eu tinha um telefone celular no carro. Por via das dúvidas, liguei para o celular do carro. Alguém atendeu, mas era uma voz de homem, abafada, disfarçada, mas eu reconheci a voz. Conhecia ela a vida inteira. Era de Tony. Do jeito que fosse, eu conhecia a voz de Tony.

"Desliguei imediatamente. Epa. Que porra está acontecendo? Apenas para ter certeza, liguei de novo para o número, mas desta vez ouvi uma gravação dizendo que o número do celular estava desligado naquele momento.

"Agora eu não conseguia mais assistir ao jogo de futebol. Tinha um problema de verdade se avizinhando. Já era por volta de sete, oito da noite e nada de Geri. Finalmente, recebi um telefonema de seu manicure.

"'Frank', disse ele. 'Geri está histérica', prosseguiu. 'Ela ficou sem gasolina, teve de ser rebocada e agora acha que você vai brigar com ela.'

"Permaneci calmo. 'Está tudo bem', falei. 'Põe ela na linha.'

"Ela chorava. 'Eu te amo. Desculpa.'

"Ela não parecia bem, e não creio que soubesse que eu tinha pego Tony no celular do carro, mas naquele momento eu não queria falar sobre isso.

"No dia seguinte, tive de ir a Los Angeles por algumas horas. Perguntei a ela se queria ir comigo, que podia fazer compras. Ela disse que não estava a fim. Queria ir fazer as unhas. Então eu fui, e ela ficou em casa.

"Quando voltei no fim da tarde, ela estava em casa e notei suas unhas.

"'Ué', falei, 'você não foi à manicure?'

" 'Não', ela respondeu. 'Não estava a fim. Estava chovendo.'

"'O que você fez?'

"'Ah, nada. Almocei com minha irmã.'

"'Que bom', falei, mas eu tinha quase certeza absoluta de que ela estava me enrolando. 'Aonde você foi?', perguntei como quem não quer nada, mas percebi que ela foi ficando tensa.

"'Ao *country club*.'

"'O que você comeu?'

"E ela me disse que comeu uma salada ou algo assim.

"'E o que a Barbara comeu?'

"Ela me contou o que a irmã tinha comido.

"'Ok', disse, 'liga para a sua irmã. Quero que você pergunte a ela o que ela comeu no almoço.'

"Geri pegou um pedaço de papel e escreveu o número do telefone da irmã e começou a descer as escadas para dar o papel à empregada para ela ligar para Barbara.

"Arranquei o papel de sua mão.

"'Você não almoçou com a Barbara, não é?'

"'Almocei', respondeu ela.

" 'Ok', falei, 'então vou ligar para ela.'

"Peguei o telefone.

"'Tá certo, tá certo', disse meio chateada. 'Não almocei com a Barbara.'

"'Então o que você fez?'

"'Fui me divertir com minhas velhas amigas. Sei que você não gosta delas, então não quis te contar. Só isso.'

"Falei: 'Olha aqui, Geri, o melhor é que eu diga o que realmente aconteceu. Eu sinto que você esteve com alguém. Eu sei, nós sabemos. Só espero que não tenha sido com um dos dois sujeitos.'

"'Que dois?', perguntou ela, olhando nos meus olhos, quase sorrindo.

"'Tony ou Joey', respondi. Ela apenas olhou para mim e deu um breve sorriso. 'Geri', disse eu, 'isso aqui não é uma porra de um jogo. Não vou mais dar ouvidos a jogo nenhum. Ou você entra na linha comigo nesse instante ou cai fora.' Disse que se ela ficasse de sacanagem nosso casamento já era.

"Ela estava totalmente sob efeito de Tuinal.[1] Me disse que era Tony, assim, na lata, como se fosse a coisa mais natural do mundo. Contou que estavam meio de porre quando tudo começou. Fiquei ouvindo ela falar mas me contorcia de ódio por dentro.

"Aí completou: 'Ah, aliás, ele vai ligar às seis da tarde'.

"Agora eu queria morrer. Ia ter de falar com ele como se não soubesse do que ela havia acabado de me contar. Tentei explicar que todos corríamos perigo. Disse a ela para não falar para Tony o que tinha acabado de me contar. Se Tony suspeitasse de que eu sabia, ele poderia achar que eu faria um escarcéu quando voltasse para casa, e eu e ela seríamos mortos. Eu o conhecia. Nós dois simplesmente desapareceríamos. Ela disse que tinha entendido, que fora uma loucura, que tiraria nós dois da encrenca, mas precisaria de um pouco de tempo para afastá-lo. Não podia apenas parar de vê-lo na manhã seguinte, ele ficaria desconfiado e iria descobrir. O plano era deixar a coisa morrer suave e delicadamente.

"Às seis da tarde o telefone tocou. Foi o barulho de chamada mais alto que eu já ouvi em toda a minha vida. Ela disse a Tony que eu tinha acabado de chegar de viagem e não estava me sentindo bem, e que conversaria com ele de manhã.

"Ela me disse tudo. Contou que eles já vinham tendo um caso há mais ou menos seis meses, um ano. Me lembrei de quando Geri e eu estávamos namorando, de quando a levei comigo a Chicago. Uma de minhas

---

1   Sedativo que combina dois barbitúricos em proporções iguais e foi usado como droga recreativa até os anos 1980. Por causar dependência e risco de overdose, foi retirado do mercado.

primeiras paradas foi para visitar Tony, Nancy e os irmãos dele. Entrei pela casa de Tony trazendo Geri. Ela usava uma minissaia elegante. Lembro-me de ele falar: 'Puta merda! Onde você a encontrou?'.

"Levei ela para conhecer meus amigos em minha cidade natal. Fomos ao rancho de Fiore fazer uma visita. Percebi que ele ficou feliz e a aprovou.

"Mas agora estava tudo acabado e eu tinha uma opção. Poderia ir a Chicago e me confrontar com Tony, mas estava tentando evitar uma guerra. Senti que não haveria vencedores. Falei isso para ela, que disse ter entendido, que estava tudo terminado e que iria dar um ponto final na relação deles.

"Perguntei a ela sobre a hipótese de Tony se recusar a romper, e ela respondeu que não haveria problema. Ela se afastaria dele. Se você a ouvisse, realmente a acharia bastante convincente.

"Porém, posteriormente, descobri que eles seguiram se encontrando em motéis, no apartamento dele no Towers, que ficava em frente à boate, ou onde desse.

"Além disso, ele passou a me perguntar constantemente: 'Tem algo errado? Tá tudo bem?'. Ele me cutucava, eu o conhecia. Uma noite, eu estava no Stardust e um dos rapazes me disse: 'Nosso camarada vai ligar'.

"Eu sabia que ele iria ligar para uma das seis cabines nos fundos do cassino. Fui para lá esperar a chamada.

"'Como vai?', ele me perguntou.

" 'Bem', respondi.

"'Eu só queria te perguntar uma coisa', ele disse, e começou a falar de alguma bobagem sobre a qual ele nunca daria a menor atenção. Aí foi ao ponto do motivo da ligação.

"Perguntou: 'Como estão indo você e Geri?'.

"'Por que a pergunta?'

"'Eu só queria te perguntar uma coisa.'

"'O quê?'

"'Você ainda a ama?', perguntou.

" 'Claro', falei. 'Com certeza. Não deveria?'

"'Não, nada disso', disse Tony. 'Só tava perguntando.'

"Ela com certeza tinha contado para ele que tínhamos ido falar com Oscar. Eu tinha dito a ela que estava pensando em uma separação oficial, o divórcio. Mesmo sem levar em conta a situação envolvendo Tony, da qual, aliás, ninguém ficou sabendo, eu tinha dito a ela que nossa relação não estava dando certo."

"No fim de 1979, início dos anos 1980, estávamos em cima de Spilotro o tempo todo", disse Emmett Michaels, agente aposentado do FBI. "Era a nossa rotina. Ele pensava que nos enganava, mas nós o tínhamos o tempo todo sob vigilância através do avião de monitoramento. Dessa vez, o avião o rastreou até um trailer móvel que ele tinha num ponto afastado da Tropicana Avenue.

"O dia estava quente e, quando chegamos lá, apenas ficamos de olho nele por algumas horas. Era um lugar para onde ele costumava ir com as namoradas. Eu sabia que sua vida de casado não era das melhores porque uma vez quando o detinha para algum interrogatório habitual, ele pedia dinheiro a Nancy para comprar cigarros. 'Vai se foder', ela respondia, 'arrange seu próprio dinheiro pro cigarro.'

"Nesse dia, Tony não fazia a menor ideia de que o avião nos levara ao trailer e que nós estaríamos esperando lá quando ele saísse. Não havia sequer um grampo no lugar. Ficamos dentro de uma van a alguns quarteirões dali usando binóculos. Nunca vou me esquecer. A porta do trailer se abriu e de dentro surgiu Tony, e logo atrás dele vinha Geri Rosenthal. Eles tinham ficado lá dentro por mais de uma hora.

"Geri era a melhor amiga de Nancy Spilotro. Mal podíamos acreditar. Fizemos um revezamento dos binóculos para nos certificarmos. Era ela, com certeza. Era cerca de 45 cm mais alta que ele. Não havia sombra de erro. Sabíamos que seria apenas uma questão de tempo até que a notícia se espalhasse de que Tony estava tendo um caso com a mulher de Lefty. Digo, quem era capaz de guardar um segredo desses?"

"Mesmo que Spilotro tentasse ser discreto, ela não o era", disse o agente aposentado do FBI Mike Simon. "Era o segredo mais mal guardado da cidade. Não tardou muito para que todo mundo soubesse. Geri começou a aparecer no salão de beleza e na academia de ginástica com presentes que dizia ter ganho de seu novo patrocinador, que é o jargão usado na prostituição para um namorado ou protetor.

"Ela também começou a contar para as amigas que seu novo patrocinador era Tony Spilotro. Geri não mantinha as aparências."

"Spilotro se gabava abertamente de seu relacionamento com Geri como uma demonstração de poder", disse Kent Clifford, o chefe de inteligência da Polícia Metropolitana de Las Vegas. "Ele poderia ter se relacionado com dezenas de mulheres mais jovens e mais bonitas que Geri Rosenthal, mas o poder é afrodisíaco.

"Porém, seu ego o atrapalhava. Tenho certeza de que Spilotro achava: 'Eu posso fazer isso e ninguém vai se meter. Ela é minha namorada, minha parceira'. Foi algo bastante idiota o que ele fez."

"Fui a Chicago", disse Cullotta, "e eles ficaram sabendo de alguma coisa. 'Que porra que tá acontecendo lá?', perguntou Joey Lombardo. 'O que é que ele tá fazendo? Trepando com a mulher do cara?'

"Menti, disse que não, me fiz de bobo. Falei que não sabia de nada a esse respeito. O que eu poderia dizer? Que Tony estava fodendo com a mulher de Lefty e que o FBI e a Polícia Metropolitana estavam em cima de todo mundo?

"'Espero que ele não esteja', disseram, mas pude perceber que eles estavam preocupados.

"Em seguida, Joe Nick, isto é, Joe Ferriola, veio falar comigo. 'O que está havendo com aquela porra daquele judeu?', disse. 'Parece maluco. O Baixinho não está trepando com a patroa dele, está? Porque, se estiver, isso é um problema sério.'

"Menti novamente, respondi que não, que não havia nada entre eles. O filho da puta do cara só é maluco. Tony poderia ter sido chamado e morto por atrapalhar tudo, mas agora eles tinham certeza de que Lefty era um psicopata. Apenas os chefões, como Joey Aiuppa, apoiavam Lefty, mas só porque o conheciam há muitos anos.

"No fim daquela noite, eu estava no Rocky's Lounge, na esquina de North Avenue com Melrose Park — era o bar de Jackie Cerone — e estava no balcão com Larry Neumann e Wayne Matecki, dois assassinos frios, de aparência assustadora, e Cerone se aproximou de mim.

"'Está havendo algum problema entre o judeu e a patroa dele?', Jackie Cerone me perguntou. Merda, pensei, a cidade inteira está sabendo. Alguém trouxe essa história mais uma vez à baila e a única pessoa que eu saiba que poderia trazer essa história à tona era Lefty.

"Falei para Cerone que Lefty e sua patroa brigavam o tempo todo, só isso. Aí ele olhou para mim e perguntou: 'O Baixinho está comendo ela?'

"Falei que não. O que eu poderia dizer? Jackie Cerone era um chefão e odiava Tony e Lefty.

"'Bom', disse Cerone, 'não queremos ter nenhum problema com nossos amigos.'

"Quando voltei a Las Vegas, contei a Tony sobre essas perguntas e ele ficou possesso. Andamos de um lado para outro em frente à Gold Rush, na West Sahara, e ele mantinha a boca coberta com a mão porque os federais estavam usando profissionais para fazer leitura labial com o auxílio de binóculos.

"'Aquele judeu filho da puta do caralho', ele disse. 'Ele deu mais uma volta e gritou. Esse judeu de merda vai começar uma guerra. Tenho que pensar nisso.'"

"Supus que ela havia se afastado de Tony", disse Lefty, "mas quando desconfiei que ela ainda falava com Lenny Marmor, resolvi colocar uma escuta em meu telefone. Passei a gravar as conversas, porque quando eu chegava em casa e ela estava no telefone, ela desligava logo ou dizia: 'Te ligo de volta'. E eu quis garantir que ela não tentaria sequestrar meus filhos de novo.

"Os rolos de fita tinham a duração limitada a uma hora. O equipamento ficava montado na garagem. Nos primeiros dias, descobri que ela conversava bastante com Nancy Spilotro e ouvia coisas do tipo: 'Adivinha o que o senhor sabe-tudo acabou de me falar?'.

"Um dia ela ligou para o pai e disse: 'Queria que o senhor matasse aquele filho da puta'. Pude ouvir o copo tilintando ao fundo. O pai perguntou se ela estava bebendo.

"'Papai', respondeu ela, 'há meses que eu não bebo.'

"Enquanto ouvia a fita, tive de engolir muita merda, foi muito difícil. Não podia transparecer que sabia o que ela falava pelas minhas costas.

"Aí, depois de alguns dias, ouvi nas fitas suas conversas com Tony. Ele falava muito e rápido. Ela contava para ele a hora em que eu voltava para casa. Isso depois que ela me disse que iria se afastar dele, depois de eu tê-la alertado do perigo e tudo o mais. E agora eu mesmo a ouvia falando com Tony, combinando onde poderiam se encontrar. 'Te encontro no campo de beisebol.' 'Vincent joga amanhã à tarde.' 'Te vejo no jogo, ele vai estar trabalhando.' 'Frank nunca vai telefonar.' Esse tipo de coisa.

"Não conseguia nem olhar para a cara dela, tamanha a raiva pelo que eu ouvi. Ela ia provocar a morte de nós dois.

"As crianças tinham um encontro da natação no dia seguinte e foram dormir mais cedo, então naquela noite eu falei: 'Geri, seja sincera. Se você nunca foi sincera comigo antes, me diga a verdade. Você ainda está envolvida com o nosso amigo?'

"Falei para ela: 'Você está correndo tanto risco quanto eu. Eles vão te matar antes de matarem a mim ou a ele.'

"'Não se preocupe', ela respondeu. 'Está tudo acabado.'

"Nesse meio-tempo eu tinha gravado tudo o que ela falava e sabia, portanto, que ela ainda estava saindo com o sujeito.

"Perguntei: 'Você ainda tem algum contato com ele?'.

"'Não, querido', ela respondeu.

"'Tem certeza?', perguntei.

"'Depois de tudo o que nós passamos, me surpreende que você ainda pergunte', ela disse.

"'Ok, Geri', falei. 'Jure.'

"'Eu juro', disse Geri. 'Eu nunca faria isso. Não dá pra você esquecer isso?'

"'Jura pra mim', eu disse. 'Jura pra mim pela vida do seu filho que eu esqueço.'

"Ela olhou firme para mim. Estava furiosa. 'Juro pela vida do nosso filho', ela disse. 'Agora dá para parar com isso?'

"'Sua vagabunda!', falei. 'Eu gravei todas as suas conversas.'

"Aí peguei o pequeno gravador com a fita cassette, apertei o botão para reproduzir e ela se ouviu falando com Tony.

"'Desliga isso!', ela gritou. 'Não quero mais ouvir!'

"'Vagabunda', eu disse. Agora eu estava realmente com raiva. 'Vou te jogar pela janela!'

"Ela começou a gritar. 'Steven! Socorro! Steven!'

"O pobrezinho veio sonolento. Tinha por volta de 9 anos. Geri tentava se livrar de mim.

"'Se você não me soltar', ela disse, 'eu vou chamar a polícia.'

"Saí e fui para o cassino. Jantei, voltei para casa e fui dormir. Minha prioridade era o encontro de natação de Steven e Stephanie."

Lefty já começou a dividir os bens assim que Geri voltou de sua viagem com Lenny Marmor a Beverly Hills. Ele entrou com um processo de separação de bens, preparando-se para a dissolução do casamento. Segundo os termos do acordo, Lefty ficava com quase tudo: a casa no número 972 da Vegas Valley Drive; os lotes de terrenos 144 e 145 no condomínio Las Vegas Country Club Estates, situado na Augusta Drive; e os quatro cavalos de corrida da raça Thoroughbred que o casal tinha — Island Moon, Last Reason, Est Mi Amigo e Mister Commonwealth.

Mas três cofres de aluguel na agência da Strip do First National Bank of Nevada permaneceram nos nomes de ambos. De acordo com Rosenthal, ele precisava de alguém que pudesse ter acesso ao dinheiro no caso de ele ser preso ou por algum motivo ser impedido de pegar seu próprio dinheiro. Lefty também obrigou Geri a concordar em perder seu direito de "cuidar, ter a custódia e controle de seus filhos menores se ela se envolvesse com álcool e ou barbitúricos".

Carta de Geri para Robin:

05-04-1979
3h12

Minha querida Robin...
Querida, não quero preocupá-la, mas não sei quanto mais posso suportar por aqui. No momento tenho uma costela quebrada, os dois olhos roxos, hematomas por todo corpo & não preciso te dizer como consegui tudo isso. Tudo nas duas últimas semanas. Ontem à noite ele chegou em casa bêbado & me enforcou até eu desmaiar. Na verdade, não posso contar isso a mais ninguém a não ser a você, pois ninguém dá a mínima. Acredite se quiser, da mesma forma que eu posso atu-rar essa merda toda, uma noite eu posso bem pegar a arma & matar esse desgraçado. Ele quase me matou ontem à noite. Quando recobrei a consciência, ele estava olhando para mim completamente bêbado & pronto para me cobrir de chutes. Quando bebe, ele nem se preocupa ou sabe o que está fazendo. Essa noite ele veio para casa e voltou a me bater, então eu gritei para ele ir embora & me deixar em paz, & ele

começou a me maltratar de novo, então eu me sentei & deixei que me xingasse, & rezei para que não me batesse de novo. Estou morrendo de medo dele...

Por favor, me escreva. Te amo & não ligue para mim no telefone de casa — ele escuta tudo — Mamãe.

"Estávamos no Jubilation e Tony veio com a ideia de matar Lefty", disse Frank Cullotta. "Ele não mencionou o nome de Lefty. Falava 'o Judeu'. Ele disse: 'O Judeu, ainda não tenho certeza. Mas, se estiver certo, vou precisar que você contrate um cara. Você tem alguém?'

"Respondi: 'Claro, o grandão'.

"Ele falou: 'Bom, não quero que você mate ele na rua'.

"Perguntei: 'Quem?'.

"Ele respondeu: 'O Judeu'.

"Ele falou: 'Vou fazer a emboscada, aí quando ele aparecer você pega ele. Vou te mostrar onde fica o buraco'.

"A gente só tinha que levantar o assoalho, jogar ele no buraco e cobrir.

"Aí Tony disse: 'Mas eu vou te dizer quando'.

"Respondi: 'Ok'.

"Ele disse: 'Eu vou te dizer, mas por ora não tenho certeza'.

"Ela começou a passar a noite toda fora", disse Murray Ehrenberg. "Alguém tinha ideia do que que ela andava fazendo? Estava ou completamente bêbada ou chapada a maior parte do tempo. Mas Frank não estava melhor. Bebia muito e circulava todas as noites com suas dançarinas. Jogava dinheiro fora, comprava presentes para elas aqui e acolá, perdeu uma bolada no Vinte-e-um. Era talvez o pior jogador de Vinte-e-um que eu já vi, ou então estava se autopenitenciando por algum motivo."

"Eu era dono da Upper Crust Pizzeria", disse Frank Cullotta. "Era um lugar para se comer, mas também um ponto de encontro. Uma manhã, bem cedo, ainda preparávamos a comida — devia ser por volta de sete, oito, oito e meia — e Geri apareceu. Saiu do carro e deixou a porta aberta, parecia transtornada. Era o tipo de mulher que você não queria desafiar em público, pois era capaz de armar um verdadeiro barraco. Andava de um lado para o outro gritando e gesticulando, ela era alta, muito bonita e difícil de controlar.

"Ela entrou no restaurante como uma flecha e gritou: 'Onde está esse filho da puta?'.

"'Geri, por favor', pedi, 'se acalme, não faz escarcéu'.

"'Quero ver ele agora', disse ela. 'Onde ele está? Vou matar esse filho da puta. Agora.'

"Mandei minha mulher ficar de olho nela — estava histérica. Pusemos ela numa mesa escondida num canto do salão e fechamos a porta da frente. Ela queria falar com Tony imediatamente.

"Liguei para Tony enquanto ela ao fundo gritava que iria matar o Judeu. Bom, eu sabia que se Nancy ficasse sabendo de tudo através de Geri a coisa ia ficar feia.

"Tony nunca dirigia em Las Vegas. Sempre ia no banco do carona. Essa manhã ele chegou em dois minutos. Sammy Siegel o levou de carro até lá. Sammy ficava na casa dele desde de manhã cedo até tarde da noite jogando *gin rummy* com Tony e levando-o aonde ele quisesse. Era essa a função de Sammy.

"Tony chegou à porta e mandou que eu levasse o carro dela para os fundos para que ninguém visse. Mandei Ernie estacionar o carro dela nos fundos.

"Saí de perto, mas pude vê-lo falando com ela e gesticulando, movendo as mãos como se estivesse cortando algo, sua marca registrada, enquanto lágrimas caíam do rosto de Geri, que concordava com pequenos movimentos de cabeça, e, finalmente, ele a mandou ir embora.

"O carro dela estava nos fundos e ficamos lá, vendo ela partir. Tony se virou e olhou para mim. 'Fodi com tudo', ele disse."

21

Acabei de trepar com Tony Spilotro.

"Frank estava morto de medo", disse Murray Ehrenberg. "Frank era um sujeito extremamente reservado, nunca quis transparecer suas emoções, nunca o fez. Estava sempre centrado, exceto na noite em que me ligou pedindo para eu ir me encontrar com ele. Foi a primeira vez que senti pânico em sua voz. 'Vem aqui', disse ele, 'e traga uma arma.' Falou que precisava de proteção, que por alguma razão não queria ficar sozinho, queria alguém com ele. Imaginei que talvez ele precisasse de proteção, de uma testemunha ou algo assim. Falei: 'Não se preocupe, vou praí. E vou levar o rifle de caça do meu filho. Quando o vi, ele estava em total estado de choque. Era a primeira vez que o via daquele jeito, e olha que eu trabalhava há anos para ele.

"Depois da minha chegada, ele se acalmou e ficamos sentados, quase cochilando, quando ouvimos um barulho. Demos um pulo e fomos para fora, e lá vinha Geri. Olhos esbugalhados, vidrados, estava fora de si, completamente. Atravessou a porta da garagem. Amassou o carro. Eu estava lá, parado. Ela quase passou por cima dos meus pés. Não esperou sequer a porta da garagem se abrir, atingindo a parte de baixo.

"Tinha passado a noite inteira fora."

"Pude ouvi-la através das janelas fechadas", disse Lefty. "Pude ouvi-la dizer: 'Onde estão meus filhos, seu filho da puta?'.

"Normalmente, Geri não falava assim. Eis uma outra razão para eu achar que havia algo a perturbando. Álcool? Comprimidos? Drogas? O que era, eu não sabia.

"Pedi que ela baixasse a janela, e ela baixou cerca de dois centímetros, aí me aproximei o máximo que pude e pedi que se acalmasse. 'Vamos conversar? Vamos com calma.'

"'Vai se foder', ela grita de volta, engrenando o carro e batendo na porta arriada da garagem.

"Os vizinhos acordam e vêm para a rua, chegam dois carros de polícia com dois tiras. São meus conhecidos.

"Geri diz que quer entrar em casa. Ela que se dane, digo eu. Mas sei que não tenho a mínima chance, ela me encurralou. Eis aqui a bela esposa do famoso dono de cassino e jogador com ligações com a máfia. Pacote completo. Ela me faria em pedacinhos no tribunal.

"Porém, respondendo ao seu pedido, pergunto: 'Cadê o babaca do seu namorado?'.

"'Que namorado?', ela diz, sem piscar.

"'Você sabe quem', respondo.

"Geri vira-se para os policiais e exige que eles me mandem deixá-la entrar. 'A casa é metade minha', ela diz.

"Sem dúvida, os dois policiais são contra Frank Rosenthal. Sou o sr. Celebridade.

"'Ei Frank', pede um deles, 'por que não deixa ela entrar? Deixa ela entrar pra gente poder ir pra casa.'

"Respondo que só darei a chave a ela se ela ficar lá dentro por no máximo cinco minutos. Por que não? O dinheiro, as joias e as crianças já tinham sido tirados de lá. Não havia nada mais que ela pudesse roubar.

"Em mais ou menos três minutos ela deixa a casa. Permaneço na entrada da garagem com Murray Ehrenberg e os tiras. Ela vem com as mãos nas costas.

"Quando chega a uns três metros de distância de mim, ela se vira e aponta uma pistola para minha cabeça. Os tiras saem correndo. Nunca vi alguém correr como eles. Correram para trás dos carros de polícia e ficaram escondidos lá.

"Geri olha para mim e diz: 'Me dá meu dinheiro e minhas joias ou eu te mato'.

"Ela aponta a arma para todos os lados.

"Nesse momento surge, do nada, Nancy Spilotro.

"Nancy começa a falar com Geri e a tomar suas dores. Falei: 'Nancy, esse problema não é seu. Você já tem os seus'.

"E de rabo de olho vejo Tony Spilotro chegar rapidamente de carro, usando uma barba e boné.

"Os tiras mandam Geri soltar a arma. Nancy manda Geri soltar a arma. Eu disse: 'Geri, não atire. Você não quer ir para a cadeira elétrica'.

"A coisa era quase engraçada de tão louca.

"De repente, Nancy agarra o braço de Geri, os tiras vêm por detrás do carro e muito rápido a algemam. Aí eu fico meio abobalhado. Vejo Geri ali algemada começando a chorar. 'Querido', ela diz, 'eles estão me machucando! Não deixe eles me machucarem. Não deixe.'

"Digo aos policiais para deixarem ela em paz. Digo que não darei queixa e que temos porte de arma.

"Estou exausto. Acho que ainda estava tentando salvar algo ali, não sei. Quando me lembro, nada faz sentido. Nada daquilo fazia sentido algum.

"De qualquer forma, depois que os tiras foram embora, entramos todos em casa. Geri, eu e Murray Ehrenberg."

DEPARTAMENTO DE POLÍCIA METROPOLITANA DE LAS VEGAS
RELATÓRIO DE AGENTE POLICIAL
D.R. 80-72481
08-09-1980   0900 H
Local da Ocorrência... 972 Vegas Valley Drive, Las Vegas, Nevada. Country Club Estates.

DETALHES:
Em 08-09-1980, aproximadamente às 09:00 horas, data de hoje, eu, policial Archer, e o policial Brady Frank fomos enviados para o Country Club Estates, em Vegas Valley Drive, nº 972, Las Vegas, NV, por conta de um distúrbio de ordem familiar que ficou fora de controle e foi notificado pela segurança do Country Club Estates.

Quando chegamos nos dirigimos até o Portão de Segurança Leste, entramos em contato com a sra. Frank Rosenthal, que estava bastante alterada e queria voltar para sua casa, na Vegas Valley Drive, nº 972, para recolher seus pertences.

Nesse momento, ela também dizia que se os funcionários da segurança não a acompanhassem até sua casa ela iria entrar em contato com o FBI.

Enquanto tentávamos obter informações da sra. Frank Rosenthal, uma mulher chamada Nancy Spilotro chegou num Oldsmobile placa NLE697, *de Utah, na cor azul. A sra. Rosenthal dirigia uma Mercedes cupê na cor marrom-claro,* CWN014, *de Nevada.*

A sra. Spilotro informou a estes policiais que tinha vindo pegar a sra. Frank Rosenthal e que a sra. Rosenthal estava bastante transtornada e histérica; entretanto, a sra. Rosenthal se recusou a entrar no carro com ela e saiu pela rua com sua Mercedes em alta velocidade.

A sra. Spilotro informou a estes policiais que houve uma discussão acalorada e que ela iria tentar ajudar a diminuir o atrito entre marido e esposa.

Fomos todos até Vegas Valley Drive, nº 972 e encontramos o sr. Frank Rosenthal na entrada da garagem com sua esposa, sua esposa bateu com sua Mercedes na traseira do Cadillac dele, estacionado na garagem, e causou pequenas avarias.

Conseguimos fazer com que o veículo fosse desligado e a sra. Frank Rosenthal, então, começou uma discussão com seu marido; entretanto, ele não quis ajuda dos policiais, declarando que era apenas um problema familiar e que ele mesmo resolveria a situação.

Nancy Spilotro também ajudou Frank Rosenthal a tentar acalmar sua esposa, impedindo a perturbação da vizinhança ao redor. Nesse momento, eles disseram a esses policiais que estava tudo em ordem e que podíamos ir embora.

Esses policiais se preparavam para partir quando a sra. Frank Rosenthal correu para dentro de casa, na Vegas Valley, nº 972, e trancou o marido, Frank, do lado de fora.

Aí ela saiu por uma porta lateral e veio até a frente da casa com a mão sobre o estômago. Falava aos gritos sobre suas joias, que Frank tinha ficado com elas e que ela as queria de volta, assim como dinheiro.

Estes policiais não sabiam que ela portava uma arma, até ela atravessar a rua em frente à Vegas Valley Drive, nº 972, e a verem tirar de dentro de sua blusa uma arma calibre .38 especial cromada.

Ela apontava a arma para todo lado, então estes policiais solicitaram reforços. Nesse momento, Nancy Spilotro aproximou-se da sra. Frank Rosenthal tentando acalmá-la; quando conseguiu que ela ficasse de costas para o prédio, a sra. Spilotro agarrou a sra. Rosenthal pelos braços e a derrubou no chão, aí estes policiais se aproximaram e ajudaram a sra. Nancy Spilotro a tomar a arma da sra. Frank Rosenthal.

A arma era um Smith & Wesson cromado, calibre .38, cano curto e leve, "Especial para Mulheres", Série #37J508. Na coronha de madre-pérola estava gravado "Geri Rosenthal". O tambor tinha capacidade para cinco balas calibre .38. Apenas um cartucho havia sido disparado, mas não é do conhecimento desses policiais se o tiro foi dado dentro da casa ou em um outro momento. A arma foi apreendida por este policial A. Archer por motivos de segurança.

Durante toda essa perturbação familiar, a sra. Frank Rosenthal insistiu em falar para o marido que iria ao FBI. Ele respondeu: "vá em frente, sua dedo-duro". Ele afirmou que, se fosse, ela mesma ficaria em apuros. Após o confisco da arma feito por este policial, o sr. Frank Rosenthal ficou com a esposa sob custódia, tendo a seu lado Nancy Spilotro, e a trouxe de volta para dentro da garagem da residência. Em seguida, fechou as portas automáticas da garagem, deixando do lado de fora esses policiais.

"Estávamos na cozinha", disse Ehrenberg. "Nancy foi pra casa. Geri começou a lavar louça. Como se nada tivesse acontecido. Ela ficou em pé ali. Tinha se acalmado, sabe como é. Frank e eu ficamos conversando e ele olhou para ela. Ela virou-se, como se procurasse por cigarros, e perguntou: 'Que foi?'.

"E, do nada, ela falou: 'Acabei de trepar com Tony Spilotro'. Foi exatamente o que ela disse, eu estava lá na casa deles e ouvi isso. Ela disse: 'Acabei de trepar com Tony Spilotro'.

"Frank falou: 'O que é que você disse?'.

"Ela respondeu: 'Acabei de trepar com Tony Spilotro'.

"Ele falou: 'Cala a sua boca'. Ele não ficou nervoso como um marido ficaria. Tipo: 'Eu vou te encher de porrada, sua vagabunda', ou algo do gênero. Ele falou: 'Cala a sua boca'.

"Imagino que isso deva tê-lo atingido como um porrete, considerando seu ego e tudo mais. Ela podia ter escolhido qualquer homem no mundo, menos esse sujeito. Em seguida, ela disse que tinha de dar um telefonema e não queria usar nenhum dos aparelhos da casa. Pegou o carro e partiu com tamanha rapidez que dava para ouvi-lo quicando nos quebra-molas.

"Depois que ela saiu ficamos um tempo sentados, aí ele deu um pulo. Foi quando ele caiu em si de que Geri tinha ido ao banco.

"Ele falou para eu entrar no carro. E eu, como um pateta, entrei no carro. Ele foi dirigindo. Saiu voando, pois o banco ficava na Strip."

DEPARTAMENTO DE POLÍCIA METROPOLITANA DE LAS VEGAS

80-72481 08-09-1980

Esta é uma continuação do relatório policial ditado pelo policial A. Archer PN489 em 08-09-1980 sobre uma Perturbação Familiar ocorrida na residência da família Rosenthal em Vegas Valley Drive, nº 972.

DETALHES:

Aproximadamente às 10h30, eu, policial B. Frank, e o policial A. Archer, fomos enviados para retomar uma reclamação de perturbação familiar em Las Vegas Country Club Estates. A pessoa que fez o chamado foi a sra. Rosenthal, pedindo que os policiais a encontrassem na guarita de segurança na entrada do Las Vegas Country Club situada na Karen Avenue.

Fui a primeira unidade a chegar, Unidade 2-J-2, e me dirigi à sra. Rosenthal, que estava ao telephone na guarita de segurança.

Após aproximadamente um minuto, ela virou-se para este policial enquanto ainda estava ao telefone, e me pediu para falar com a pessoa com a qual ela estava falando, sendo este o sr. Bob Ballou, que ela declarou ser o presidente do First National Bank na agência da Strip.

Então falei com a pessoa, o sr. Ballou, que declarou ter sido contactado pelo sr. Rosenthal e também pela sra. Rosenthal separadamente na noite anterior e nas primeiras horas do dia com respeito a itens possuídos pelos Rosenthal que estavam guardados em cofres alugados nesta agência do banco.

Ele disse ainda que avisou a cada um dos dois que os ítens guardados nos cofres estavam sob posse compartilhada e que se algum dos dois quisesse retirar os itens, poderia fazê-lo quando o banco abrisse às 10h00 de segunda-feira, dia 08-09-1980.

Aparentemente, houve um pedido de retirada de itens dos cofres feito por um dos Rosenthal ou por ambos antes da abertura às dez horas. O sr. Ballou me relatou que a sra. Rosenthal declarou que estava a caminho do banco mencionado acima e provavelmente seria uma boa ideia ter um policial presente quando ela chegasse por causa da perturbação familiar que ocorreu mais cedo. Informei-o de que se tal fosse solicitado pela sra. Rosenthal, eu a seguiria até o banco para manter a paz no local. Nesse instante, eu desliguei o telefone e neste momento a sra. Rosenthal me pediu para acompanhá-la, seguindo seu carro até o banco onde ela iria retirar itens dos cofres na agência do FNB *situada em Las Vegas Boulevard South, nº 2780.*

Em seguida, informei ao controle que iria seguir a sra. Rosenthal, que dirigia um Mercedes cupê marrom-claro, placa CWN014, *de Nevada, partindo da entrada do Country Club até a agência do* FNB *na Strip. Ao chegar, ela informou que iria retirar seus pertences dos cofres. Informei-a de que eu estaria lá para manter a paz e o que ela iria fazer no banco era assunto pessoal.*

Dentro do banco houve alguma gritaria da sra. Rosenthal dirigida ao sr. Ballou, que aparentemente é o vice-presidente do banco naquela agência. A sra. Rosenthal apresentou, creio, duas ou três chaves para os cofres, que foram em seguida retirados pela sra. Rosenthal e funcionários do banco, e postos sobre um balcão. A sra. Rosenthal então retirou o que me pareceu ser uma grande quantidade de dinheiro em espécie. Ela também declarou que estava levando joias dos cofres e também parecia retirar alguns documentos. A sra. Rosenthal declarou a este policial, na entrada da Karen Avenue e também quando chegamos ao banco, que este policial poderia ficar com o dinheiro que estivesse dentro dos cofres; entretanto, este policial declarou que não aceitaria nenhum dinheiro dela sob quaisquer circunstâncias. A sra. Rosenthal então saiu do banco e se encaminhou a seu carro.

Quando a sra. Rosenthal e eu estávamos saindo do banco, o sargento Greenwood chegou ao local, vindo do estacionamento em frente. Os dois policiais conversaram com a sra. Rosenthal enquanto ela punha os itens acima mencionados, sendo eles dinheiro, joias e documentos, dentro da mala de seu automóvel Mercedes, e cerca de uns dois minutos depois a sra. Rosenthal olhou em direção ao Las Vegas Boulevard e falou: "Lá está Frank".

Ela pulou para dentro de seu carro e saiu em disparada no sentido sul pelo Las Vegas Boulevard. Nesse momento, o sr. Frank Rosenthal e um outro WMA,[1] *que também estava mais cedo pela manhã na ocorrência da perturbação familiar, chegou com o sr. Rosenthal dirigindo um Cadillac amarelo que estava na entrada da garagem na ocorrência original.*

---

1   *White Male American* — em português: homem branco.

Neste momento, o sargento Greenwood conversava com o sr. Rosenthal por alguns minutos enquanto este policial ficou parado a uns passos de distância. O sr. Rosenthal e o homem branco que estava com ele entraram no banco e saíram alguns minutos depois. Em seguida, entraram no Cadillac amarelo e também deixaram o local. Então, o sargento Greenwood e eu voltamos ao nosso patrulhamento normal.

"Paramos o carro e havia policiais por toda parte", disse Murray Ehrenberg. "Eles não deixaram Frank sair do carro. Eles disseram: 'Estamos tentando evitar problemas'.

"Frank ficou possesso. Tentou forçar passagem, mas eles o impediram. Encostaram-se nas portas e não conseguimos sair. Ele tentou sair à força. Falei: 'Frank, fica calmo'. Mas ele encarou os policiais e disse: 'Tira a porra da mão do meu carro!'. Falou assim com o policial!

"Ele se esgoelava: 'Ela está roubando o meu dinheiro!'. Mas mesmo assim os tiras não o deixaram sair do carro. Eles o seguraram até Geri partir e aí disseram: 'Ok, vá em frente'. A coisa toda foi uma encenação combinada entre ela e os tiras."

"Naquela noite, ela ligou de Beverly Hills", disse Lefty. "Já passava da meia-noite. Falei: 'Geri, isso não tá certo. Você pode ficar com as suas joias, mas eu quero meu dinheiro e as minhas próprias joias'. Tudo o que ouvi foi o barulho do fone no gancho. Ela desligou.

"Aí recebi uma ligação de Tony.

"Ele disse: 'Fiquei sabendo do que aconteceu. Tem algo que eu possa fazer para ajudar?'.

"Percebi que ele não tinha certeza se eu sabia ou não a respeito dele e Geri, então resolvi não falar nada, permaneci me fingindo de bobo.

"Respondi que não tinha nada, que as coisas vinham mal entre nós há um tempo.

"Aí Tony disse que queria se encontrar comigo. Famosas últimas palavras. Eu não queria me encontrar com ele, sabia o que poderia acontecer.

"Respondi que iria encontrá-lo, mas não queria que ninguém nos visse, então dei a ele o nome de um outro advogado — não o Oscar — e nos encontraríamos lá.

"Ele me perguntou de novo: 'Tem alguma coisa que eu possa fazer?'.

"Respondi que, caso ele falasse com Geri, para ele dizer a ela que devolvesse minhas coisas.

"Tony sabe que as coisas não estão bem. Deve estar pensando com seus botões: 'Rapaz, que vacilo'.

"Eu sorria. Meu parceiro de uma vida, eu não conseguia entender. Eu nunca quis nada que fosse dele. Para mim era inconcebível que ele desejasse minha mulher, não dava para aceitar.

"Minha postura no escritório do advogado foi tranquila. Eu sabia que estava seguro e ele sabia que se os meus amigos de Chicago ficassem sabendo do que ele tinha feito estaria perdido. Se houvesse um julgamento lá, ele já era. Ele sabia disso tudo, por isso eu tinha de ser bastante cuidadoso.

"'Obrigado por vir', falei.

"'Espero que dê certo', ele disse.

"Aí Geri ligou para Tony.

"'Olha, acho bom você ouvir o que ele tem a dizer', disse Tony para Geri, 'ou nós dois vamos morrer'. Eu só fiquei sabendo disso porque depois Geri me contou.

"'O que você quer que eu faça, seu nanico de merda?', disse Geri.

"'Devolva metade do dinheiro, 250 mil dólares, e as joias dele', Tony respondeu. 'Isso é uma ordem direta de mim para você.'

"Bom, isso é o mais próximo possível de uma ordem dada pela máfia. Quando mais tarde Geri me contou sobre isso, ela estava puta.

"Naquele dia, diz Geri, ela gritou: 'Vá se foder!'.

"Aí Geri me ligou.

"'Seu amiguinho de merda me ligou e me deu uma ordem', ela disse.

"Respondi: 'Geri, você tá ferrada'.

"'Você tem alguém pra vir pegar o dinheiro e as joias?', ela perguntou. 'Se eu devolver, você promete que nos deixa em paz?'

"Respondi que sim e mandei um amigo a L.A. para pegar tudo. Mas quando ele se encontrou com ela, ela deu a ele apenas 200 mil dólares e as joias. Mais tarde ela contou que Tony tinha roubado 50 mil dólares de dentro do carro dela quando ela foi descansar na casa dele depois que saiu do banco."

Rosenthal entrou com um pedido de divórcio em 11 de setembro de 1980, três dias após Geri deixar o banco. Três dias depois, ele recebeu um telefonema da Ala de Psiquiatria do Harbor General Hospital em Torrance, Califórnia. Eles disseram a ele que sua esposa, Geraldine McGee Rosenthal, tinha sido detida pela polícia de Los Angeles por tentar tirar a roupa no Sunset Boulevard. Estava sob efeito de álcool e drogas.

Lefty pegou um avião e foi para Torrance: "Quando cheguei ao hospital, fui até seu quarto e ela estava presa numa camisa de força. Ela me pediu para soltá-la, mas eu disse que não podia. Ela começou a gritar comigo. Estava histérica.

"O psiquiatra sugeriu que Geri permanecesse em Torrance por duas semanas. Concordei, baseado no que vi. Voei de volta para Las Vegas naquela mesma noite e, alguns dias depois, descobri que Geri tinha recebido alta do hospital e que seu pai e sua filha iriam tentar colocá-la em tratamento psiquiátrico.

"Pedi o divórcio. Ela aceitou."

Lefty conseguiu o que queria: a guarda das crianças. Em troca, concordou em pagar uma pensão mensal de 5 mil dólares, mais direito de visita às crianças. Geri ficou com suas joias no valor de 1 milhão de dólares e a Mercedes com a qual foi embora.

"Quase todo mundo se daria por satisfeito", disse Murray Ehrenberg. "Digo, a mulher estava doente e tinha ido embora. Ele conseguiu o divórcio, ficou com a guarda das crianças, já tinha ficado com metade do dinheiro e a devolução de todas as suas próprias joias. Geri ficou com apenas cerca de 100 mil dólares e as joias que eram dela. Qualquer um se acharia sortudo só por se ver livre dela, mas Frank não.

"Não bastasse estar fodido em tudo mais, ele ainda resolveu processar o Departamento de Polícia Metropolitana de Las Vegas por detenção ilegal, e ainda abriu um processo de 6 milhões de dólares contra os policiais que nos impediram de sair do carro em frente ao banco. Eles eram policiais, não tinham nem seis centavos. Era loucura. E, claro, não ganhou. Tudo o que conseguiu foi a infindável repetição daquela maldita novela pelos jornais."

22

Hoje vamos ganhar dinheiro ou ficar muito famosos.

Havia matérias nos jornais sobre Lefty e Geri, sobre Tony e Geri, sobre Lefty e Tony, e matérias fornecidas por agentes da lei anônimos que "temiam uma guerra mafiosa Rosenthal-Spilotro". O FBI explorou a publicidade de propósito. William K. Lambie Jr., diretor da Comissão do Crime de Chicago, recebeu cópias dos recortes das matérias sobre o caso Rosenthal-Spilotro de uma fonte da polícia de Las Vegas, que perguntou se Lambie poderia espalhar a história por Chicago com o "objetivo expresso de aborrecer Joe Aiuppa".

Um memorando de Lambie arquivado na comissão dizia que sua fonte em Vegas havia "fornecido cópias de matérias de jornais relativas ao caso Spilotro-Rosenthal... Ele me pediu para entrar em contato com um membro da imprensa local de forma que a história fosse publicada nos jornais locais junto a um parágrafo indicando que as autoridades federais já estavam havia muito tempo cientes do caso Spilotro-Rosenthal por conta de seu monitoramento de Spilotro. Essa informação tinha o objetivo de irritar ainda mais Aiuppa".

Havia matérias sobre Rosenthal e Spilotro nos jornais de Chicago, incluindo uma na coluna de domingo de Art Petacque e Hugh Hough no *Chicago Sun-Times*. Mas, naquela época, Joe Aiuppa tinha mais motivos para estar chateado com Tony Spilotro do que suas puladas de cerca.

"Ninguém sabia que roubávamos residências até ficarmos famosos demais", disse Cullotta. "Mas assim que abri aquela porra daquela pizzaria, Tony começou a frequentar em demasia. Era melhor quando eu costumava sair escondido para encontrá-lo em vários parques públicos. Tony foi a vida inteira um sujeito que gostava de restaurantes, e o meu era para ele um verdadeiro prazer. Ele amava o negócio e queria fazer parte de qualquer restaurante, especialmente com um parceiro, entende?

"E não havia nada que ele não fosse capaz de fazer. Ele dizia: 'Olha, se precisar de dinheiro, me fala. Ponho nesse negócio o que a gente precisar'.

"O negócio era meu, mas ele adorava participar das receitas e ficava lá o tempo todo. Simplesmente amava. E assim ele apenas destruía a porra do negócio. Imagina, a gente costumava receber todas as estrelas de cinema e os tiras costumavam barrá-los na rua.

"Tipo Wayne Newton, ele vinha comer no meu restaurante, estacionava, e com ele vinha uma leva de amigos. Os tiras saltavam de suas patrulhas e perguntavam a Wayne: 'Você sabe aonde está indo?'. 'Claro', ele respondia. 'Estou indo ao Upper Crust.'

"Eles diziam: 'Bom, os membros da máfia são os donos do lugar'. Wayne replicava: 'Vou lá para comer, não para falar com eles'.

"Tudo isso porque os tiras notaram que Tony vivia lá o tempo todo. Foi quando tudo veio ladeira abaixo. Eu costumava sair ileso. Eles me achavam um zero à esquerda, apenas um zé niguém por ali, até me ligarem a ele no negócio. Me puseram com ele lá. 'Ei, quem é esse cara?' Aí eles me investigaram e viram que a gente se conhecia desde crianças.

"Foi aí que acabou tudo. Era tarde demais. Aí eu disse: 'Foda-se'. Até então eu agia nas sombras, vivia bem, mas era discreto. Vivia sob investigação por várias coisas, mas não por estar associado a Tony ou ao CO.[1] Até ficarmos juntos com muita frequência.

"Eu era um sujeito cabeça-dura. Não achava que tinha de fazer um registro toda vez que vinha à cidade só porque tinha ficha criminal ou cumprira pena. Então eu nunca me registrei como criminoso no gabinete do xerife. E ninguém me incomodou até o momento em que passaram a ver Tony comigo o tempo todo.

---

1 Crime organizado.

"Para mim, aquilo era uma bobabem. Foda-se. Foda-se essa cidade de gente rica. Eu costumava mandar todos se foderem. Não disse a eles onde eu morava, então eles me prendiam e eu tomava uns sopapos. Eu revidava e cagava pra eles. O juiz arquivava os casos, mas os tiras me levavam preso o tempo todo. E eu seguia lutando contra eles, eu nunca dizia a eles onde morava. Quer dizer, eles sabiam onde eu morava, mas eu apenas me recusava a dizer para eles.

"Eu aporrinhava os caras o tempo todo.

"Agora Tony vivia no meu restaurante e ainda trazia o filho e mais todo o time de beisebol do garoto, e todo mundo ficava o tempo todo lá. E, para falar a verdade, eu não me importava, eu adorava. Mas todo mundo também adorava, incluindo a polícia.

"Eles costumavam parar o carro no estacionamento e observar, foi lá que conseguiram todas as fotos. Vê todas essas fotos de monitoramento de Tony saindo de um restaurante? São todas dele saindo do meu restaurante.

"Tudo corria bem até a noite em que os tiras mataram Frankie Blue. Tony e eu estávamos sentados no terraço em frente ao restaurante. Frankie Blue estacionou seu carro. Era *maître* do Hacienda. Seu pai, Stevie Blue, Stevie Bluestein, era agente comercial do Sindicato de Cozinheiros.

"Era um bom garoto. Falei para ele: 'Frankie, tira essas porras dessas placas de Illinois do carro'.

"Tony concordou: 'Não é uma boa ideia permanecer com elas, Frankie'.

"O garoto respondeu: 'Eu vou trocar'.

"Depois falou: 'Tô com umas porras de uns tiras na minha cola'.

"Dissemos: 'Provavelmente, é a pressão aumentando'. Falamos de novo sobre as placas de Illinois. Pros tiras de Vegas significa uma única coisa: Chicago.

"Ele falou: 'Não entendo. Eles têm ficado muito na minha cola'.

"E prosseguiu: 'Um Bonneville me seguiu da esquina até aqui'.

"Então ele deu um beijo em Tony e em mim e foi embora. É um garoto bom, atencioso.

"Hoje concluo que ele achava que tinha uns caras querendo roubá-lo. Acabou que realmente havia alguns elementos especializados em roubar *maîtres*, já que seus bolsos viviam cheios de notas de 20 dólares. Ele não sabia que os caras eram tiras, senão nunca teria feito o que fez, ele não era trouxa. Aquele garoto viveu cercado de mafiosos a vida inteira, mesmo assim os tiras o mataram. Estavam num carro sem identificação.

"Meia hora depois, recebemos uma ligação de Herbie Blitzstein. Herbie morava bem ali onde o crime ocorreu. Herbie disse: 'Acabaram de matar Frankie'. Eu disse: 'Ele saiu daqui agora'. Ele replicou: 'Descarregaram duas armas nele aqui do lado da minha casa'.

"Falei: 'A gente tem de encontrar esses filhos da puta'. Ele respondeu: 'Eles acabaram de declarar guerra'. 'Bom, quando quiserem', disse a ele. Falei que teria de ser Gene Smith, pois sabia que Gene Smith iria vingá-lo. Smith era um tira com uma puta garra.

"O que aconteceu foi que Frankie saiu daqui e eles o seguiram. Ele tinha uma arma no carro, mas não nos falou sobre isso, disse que não sabia quem o estava seguindo. Eles alegaram que quando tentaram abordá-lo ele apontou a arma. Eles saltaram do carro e atiraram na porta do carro dele com uma 9 mm e um.38. Bom, eles o mataram imediatamente. Aí falaram que encontraram a arma dentro do carro. 'Na mão dele.' Foi o que eles disseram.

"Ele deve ter feito um movimento brusco quando chegou perto dos portões do condomínio. Estava perto de um condomínio fechado, com segurança, onde os portões se abriam e você entrava de carro. E eles o executaram bem ali.

"Então Tony e os outros foram para lá. Ele me disse para ficar no restaurante. 'Fica ao lado do telefone', ele disse, 'eu já volto.' Então entraram nos carros e foram para lá. Foi horrível. Os tiras entraram em pânico, tudo foi ficando bastante tenso. E a polícia daqui é bem rápida no gatilho. Os tiras viviam apavorados, estavam sempre tremendo, eram uns caras bem tensos.

"Aí todos voltaram: Tony, Herbie, Stevie Blue — o pai — e Ronnie Blue — o irmão. Todos voltaram para o restaurante e choraram, e falamos muito, entende? Na tentativa de não pensar no que aconteceu. Sabe como é... E não vimos nenhum tira filho da puta por perto. Eles meio que tiraram todo mundo das ruas porque sabiam que algo estava prestes a acontecer, pois Tony estava soltando fogo pelas ventas.

"Quer dizer, estava mesmo uma fera e planejava algo. Teve a ideia de iniciar um conflito racial. Imaginou que poderia usar os negros para começar os distúrbios e depois poderíamos, sabe como é, passar o rodo em alguns deles, não necessariamente negros.

"Use isso como uma desculpa. Faça parecer que alguns negros foram mortos por alguns policiais e aí vira uma bola de neve, porque naquela cidade os tiras realmente fodem com os negros. Eles conseguiam contê-los em algumas áreas, e nós iríamos entrar para abrir a cerca.

"Era o que Tony queria mesmo fazer, mas isso nunca chegou a se concretizar. Muitas outras coisas começaram a acontecer. Primeiro, eles tentaram nos acusar de metralhar a casa de um tira. Não fizemos isso. Alguém o fez e jogou a culpa em nós.

"À época, Tony disse: 'Esses filhos da puta estão tentando me culpar por metralhar a casa desse babaca. Estão usando nossos métodos pra parecer uma ação nossa'. Fizeram de propósito para livrá-los da pressão pelo assassinato de Bluestein.

"Então os tiras mataram o garoto. Eu nunca tinha visto Tony tão aborrecido. Chutava as cadeiras, as paredes, tudo. Ele amava aquele garoto de verdade. Todo mundo foi ao funeral. Tony exigiu que todo mundo mostrasse respeito pelo garoto. Até Lefty foi ao velório, mas não ficou ao lado de Tony."

As questões levantadas pelo assassinato pioraram ainda mais o relacionamento entre Spilotro e os agentes da Polícia Metropolitana. Faziam de tudo para pegar Tony, e ele fazia de tudo para fazê-los passar vergonha. Em novembro, quando um guarda de segurança do cassino Sahara informou à inteligência da polícia que Spilotro estava almoçando com Oscar Goodman no Café, Kent Clifford — o chefe da inteligência — entrou em êxtase. O policial Rich Murray, que estava patrulhando por perto, correu para o local. Spilotro estava na Lista Proibida do estado e foi oficialmente proibido de entrar em qualquer cassino em Nevada. Caso violasse essa proibição, estaria sujeito a ser preso e o cassino pagaria uma multa de até 100 mil dólares.

Os seguranças do Sahara ficaram de olho na mesa de Spilotro desde que receberam o alerta do agente especial do FBI Mark Kaspar. Antes de ligarem para a Polícia Metropolitana, os seguranças tinham até ligado para o FBI para se certificarem da existência de um agente Kaspar.

Quando Rich Murray, da Polícia Metropolitana, chegou ao Café, os seguranças o saudaram e mostraram a ele a mesa de Spilotro. Os seguranças disseram que Oscar Goodman, advogado de Spilotro, tinha acabado de se levantar para ir ao banheiro.

Quando Murray se aproximou de Spilotro e pediu seu documento de identificação, Spilotro respondeu que não o tinha. Quando Murray disse que suspeitava que o homem era Anthony Spilotro, o homem negou ser Anthony Spilotro. Quando Murray estava prestes a levar Spilotro para fichá-lo, Oscar Goodman voltou e começou a insistir que o homem não era quem ele procurava. Mesmo assim, Murray o levou preso.

Dez minutos depois, quando Murray estava fichando Spilotro, o detetive Gene Smith chegou e descobriu que Murray havia detido o irmão dentista de Tony, Pasquale Spilotro. Claro que Pasquale Spilotro foi solto imediatamente, mas não antes de a imprensa ser alertada do fiasco.

Kent Clifford, chefe de inteligência da Polícia Metropolitana, sempre acreditou que o departamento tinha sido vítima de armação. Primeiro, porque Mark Kaspar negou, num depoimento juramentado, que tenha dado qualquer telefonema para o Sahara falando de Spilotro. Segundo, porque aparentemente Goodman não informou a Murray que o homem em questão era o irmão de Spilotro.

A discórdia entre Clifford e seus policiais metropolitanos e Spilotro e seus homens só fez aumentar, chegando a um ponto em que sobraram acusações mútuas sobre tiroteios efetuados contra casas e carros de ambos os lados. A coisa ficou tão ruim que um dia, quando Clifford recebeu a informação de que dois de seus detetives estavam numa lista para serem mortos, pegou sua arma, chamou um parceiro também armado e os dois pegaram um voo até Chicago.

Ele foi direto às residências de Joe Aiuppa e Joey Lombardo — os dois chefes diretos de Spilotro — para confrontá-los. Mas quando Clifford e seu parceiro chegaram à casa de Aiuppa, encontraram lá apenas sua esposa de 72 anos. Aí foram para a casa de Joey Lombardo, mas lá estava também apenas sua mulher.

Quando mais adiante explicou o motivo de sua viagem a Chicago para o *Los Angeles Times*, Clifford disse que à época tinha "localizado" o advogado de Lombardo e foi lá para encontrá-lo e dar o seguinte aviso: "Se algum dos meus homens for ferido, eu vou voltar às casas que acabei de visitar e matarei tudo o que se mexer, andar ou rastejar".

Clifford disse que depois foi até um hotel e esperou até às 2h30, quando recebeu um telefonema desejando-lhe uma "viagem segura". Isso, ele disse, era o código preestabelecido com o advogado de Lombardo de que o suposto assassinato dos dois detetives tinha sido cancelado. Clifford, que agora é um corretor de imóveis em Nevada, recusou vários pedidos de entrevistas.

"Tudo estava indo mal", disse Cullotta. "Você tinha aquele doido daquele Kent Clifford batendo nas portas de Lomby e de Aiuppa. Não quero nem saber o que Aiuppa ouviu da patroa quando chegou em casa naquela noite. Alguns tiras da Polícia Metropolitana encheram a cara uma noite e saíram dando tiros contra a casa de John Spilotro, não atingindo seu filho pequeno por um triz. Não havia dúvidas de que eles tinham matado Blue, e todo mundo sabia que tinham sido eles, não importa o que eles dissessem. E, para completar, Tony estava precisando desesperadamente de dinheiro, passando esse desespero para nós para que começássemos a faturar mais.

"Joey Lombardo tinha acabado de ser indiciado com Allen Dorfman e Roy Williams por tentativa de suborno do senador do estado de Nevada em algum assunto ligado ao fundo de pensão do Teamsters, e Lomby precisava de dinheiro. Tony me fazia enlouquecer meus rapazes. Roubávamos joalherias toda semana. Não tínhamos mais onde roubar em Las Vegas. Voávamos para San José, São Francisco, Los Angeles e Phoenix. Geralmente, eu levava todo o produto do roubo para o irmão dele, Michael, em Chicago, mas aí até Michael pegou dezoito meses de prisão num caso de agenciamento de apostas ilegais, então tivemos de distribuir o material entre receptadores de toda parte.

"Fiquei sabendo que havia mais de 1 milhão de dólares em dinheiro e joias no cofre da Bertha's Jewelers, na West Sahara Avenue, através de Joey DiFranzo, cerca de um ano antes. Sabíamos que era um negócio familiar e que havia um cofre com pelo menos 500 mil dólares em dinheiro vivo. Dava para ver o tipo de joias do lugar só de olhar as vitrines diariamente.

"O espaço era cheio de alarmes, mas eu entrei fingindo que queria comprar algo, só para dar uma checada no ambiente. Enquanto conversava com a mulher que me atendia, fiquei direcionando seus movimentos para poder ver o interior do cofre. Vi que dentro dele não havia alarmes.

"Contei a Tony sobre o roubo e ele mandou que eu 'incluísse' Joe Blasko. Blasko tinha sido policial, mas foi expulso quando descobriram que ele trabalhava mais para Tony do que para o xerife, então Tony sempre fazia questão que ele participasse dos ganhos.

"Tony disse que talvez Blasko pudesse ganhar rápido uns 50 mil dólares no roubo da Bertha, e assim conseguiria tirar o sujeito de suas costas por um tempo.

"Infelizmente, um dos caras que fazia parte do esquema trabalhava para os federais. Era aquele babaca do Romano. À época, nós não sabíamos, mas os federais tinham pego Sal num caso de drogas e ele estava tentando se livrar entregando Tony e nós.

"Eu sempre soube que havia algo errado com ele, mas todo mundo o achava gente boa, e Ernie Davino disse que ele era um ótimo apoio e especialista em fechaduras.

"Ernie Davino, Leo Guardino e Wayne Matecki eram os que entrariam pelo telhado.

"Sal Romano, Larry Neumann e eu ficaríamos nos carros, subindo e descendo a rua e observando. Além disso, tínhamos rastreadores da polícia e rádio-comunicadores para falarmos com os caras dentro da joalheria e entre nós, dentro dos carros.

"Do outro lado da rua da joalheria tínhamos Blasko, o policial, num caminhão que ele usava para limpeza de concreto, com um enorme Super-Homem pintado nele. Blasko ficou sentado na cabine do caminhão com um rastreador da polícia e com um rádio-comunicador.

"Escolhemos o feriado de Quatro de Julho, porque achávamos que estaria tudo deserto e, se tivéssemos de causar alguma explosão ou algo do gênero, as pessoas achariam que eram fogos de artifício. Além disso, já que segunda-feira era feriado, provavelmente ninguém iria lá até terça, dando-nos ainda mais tempo para nos livrarmos da mercadoria.

"Começamos no início da noite. Lembro-me de que quando chegamos lá o dia ainda estava meio claro.

"Entramos na joalheria pelo telhado para evitar os alarmes. Eu já havia vistoriado o lugar para localizar detectores de movimento, que eram caixinhas com pequenas luzes vermelhas que ficavam nas paredes ou na porta, semelhantes a alarmes de incêndio que se tem em casa.

"Não havia detectores de movimento na Bertha's, mas havia outros alarmes convencionais. Pude ver a fita, todas as portas tinham fitas.

"Normalmente, você podia trazer seu caminhão até a lateral do prédio e abrir um buraco. Nessa joalheria, no entanto, imaginamos que se a parede do cofre fosse de aço e não apenas de concreto, precisaríamos de maçaricos, e isso poderia levar uns quarenta e cinco minutos. Por isso, decidimos entrar pelo telhado.

"Mas assim que começamos os trabalhos recebi um aviso de Sal Romano. Disse que seu carro estava preso nos fundos do estacionamento de um shopping center no fim do quarteirão da joalheria e que não conseguia ligar a porra do carro.

"Pego meu carro, trago Sal, mas não entendo o que houve, já que eu mesmo tinha acabado de checar o carro antes do roubo. Tem algo errado. Fico puto. Uso meu Riviera para empurrar o carro dele e tirá-lo do caminho para bem longe. Queríamos que ele ficasse o máximo de distância da ação.

"Também passo um rádio para Larry Neumann, mandando ele pegar Sal na Sahara Avenue, do outro lado da joalheria, para eles poderem circular pela rua fazendo juntos a vigilância. Ou seja, quatro olhos são sempre melhores que dois.

"Nesse meio-tempo, os caras me dizem que tinham conseguido abrir o telhado e iriam entrar.

"Aí Larry me diz pelo rádio que está subindo e descendo de carro pela Sahara Avenue e nada de Sal, que era para estar de pé na calçada esperando por Larry para pegá-lo.

"A essa altura, Larry começa a xingar Sal e a dizer que deveria ter acabado com ele há muito tempo.

"'Epa', pensei. Então vi rádio-patrulhas se aproximando e falo pelo rádio: cai fora todo mundo.

"Tínhamos pontos de encontro acertados com os que estavam do lado de dentro e disse a eles para saírem de lá, pois os tiras estavam a caminho. De lá de dentro eles me dizem que é tarde demais, os tiras estão entrando pelo telhado.

"Fui pego em seguida, mas eles só pegaram Larry na Paradise Road.

"Finalmente, prenderam todos nós, e nem sinal de Sal Romano. Foi quando tive certeza de que era ele o dedo-duro. Os federais tinham armado para cima de nós, estavam na nossa cola desde o início.

"Sal circulou pelas ruas de Chicago por uma semana depois do ocorrido. Lamentei que Tony não tenha matado o sujeito para mim. Contei a Tony que Sal era o informante, mas ele simplesmente foi adiando.

"Bom, os federais estavam à nossa espera num prédio bem do outro lado da rua, nos vigiavam com binóculos atrás de janelas. Não tínhamos a menor chance. Iriam usar o caso da joalheria para prender todos nós, e conseguiram.

"A prisão da joalheria Bertha's foi o começo do fim do bando de Tony na Gold Rush. Eles pegaram todos nós naquele dia, e aquilo deixou Tony tremendamente exposto.

"Na manhã do roubo, lembro-me de ter visto os federais passarem. Eu conhecia a maioria de seus carros e rostos. Falei para Tony: 'Os federais não trabalham nos fins de semana, por que estão aqui?'.

"Ele respondeu: 'Não devem estar atrás de você, só de mim'.

"Eles nos vigiavam constantemente.

"Quando saí, disse a ele: 'Hoje vamos ganhar dinheiro ou ficar muito famosos'."

As prisões de Spilotro, de Cullotta, do ex-policial Blasko e da Gangue do Buraco na Parede foram o ápice de uma investigação de três anos sobre as operações de Spilotro em Vegas, de acordo com Chareles Wehner, procurador da Força-Tarefa contra o Crime Organizado. Apesar de o Departamento de Justiça não conseguir apresentar o tipo de provas que pudessem sustentar sua premissa original, a de que Spilotro dirigia cassinos para a máfia, havia milhares de conversas gravadas e quilômetros de fitas de monitoramento em áudio e vídeo que mostravam que Spilotro ordenava assassinatos, assaltos à mão armada, roubos de domicílios e crimes de extorsão no posto de chefão da máfia na cidade.

Oscar Goodman, que acompanhou Spilotro em sua denúncia, e da qual se livrou através do pagamento de fiança de 600 mil dólares — posteriormente reduzida a 180 mil — disse que as prisões foram um pouco mais que uma vingança dos representantes da lei contra seu cliente. Ele acrescentou que nenhum de seus clientes jamais tinham sido tão perseguidos quanto Spilotro.

"E essas últimas fitas de grampos também", disse Goodman, "são o resultado de uma perseguição ininterrupta do governo na tentativa de encontrar uma vaga desculpa para continuar com sua campanha para incriminar Anthony Spilotro".

Mas de acordo com o agente aposentado do FBI Joe Gersky, que passou anos debruçado sobre o caso Spilotro, "agora era diferente. Dessa vez, tínhamos uma testemunha viva, alguém que fez parte da Gangue do Buraco na Parede, alguém que esteve no planejamento do roubo à Bertha's — tínhamos Sal Romano.

"Nunca havíamos tido uma testemunha real contra Spilotro. Romano nos havia falado sobre o roubo, quem participaria dele, quando e onde aconteceria, e estava 100% certo. Além disso, ele estava sob nossa custódia, protegido e vivo."

23

Não o considero mais meu amigo.

Esta foi a época mais perigosa. Anos de vigilância e grampos telefônicos começaram a trazer os indiciamentos. Além da Gangue do Buraco na Parede, foram indiciados Allen Dorfman, Roy Williams e Joey Lombardo por tentarem subornar o senador pelo estado de Nevada, Howard Cannon. Nick Civella, Carl Civella, Joe Agosto, Carl DeLuna, Carl Thomas e outros o foram por participação no esquema de sonegação no Tropicana, e esperava-se que Joe Aiuppa, Jackie Cerone e Frank Balistrieri e seus filhos estivessem entre os indiciados pela sonegação no Stardust. Allen Glick já tinha sido beneficiado com imunidade por vários grandes júris como recompensa por seu testemunho, mas até agora seus advogados vinham mantendo os promotores sob controle.

Foi uma época em que os réus e seus advogados passaram meses debruçados sobre horas de gravações e grossos volumes de transcrições datilografadas. Os advogados procuravam falhas, os réus procuravam potenciais testemunhas para assassinar.

Foi uma época em que a simples suspeita de que se estivesse colaborando com o governo já era motivo para você ser morto. E mesmo que você não colaborasse e pegasse muitos anos de prisão, ainda assim corria perigo, pois era entendido que agora você estaria mais vulnerável a ceder aos doces acordos com o governo.

"Vi eles conversando", disse Cullotta. "'Joe, o que você acha do Mike?' 'Mike é incrível, colhões de ferro.' 'Larry, o que você acha do Mike?' 'Mike? Duro na queda, até o fim.' 'Frankie, o que você acha do Mike?' 'Mike? Tá brincando? Mike põe a mão no fogo por você.' 'Charlie, o que você acha do Mike?' 'Pra que arriscar?' E esse foi o fim de Mike. É assim que a coisa acontece."

É uma época difícil, pois os chefões da máfia sabem que, além dos grampos — que podem ser questionados pelos advogados —, os promotores precisam de testemunhas ou cúmplices que possam explicar o que realmente aconteceu, que possam apontar o dedo, que possam traduzir os códigos impenetráveis da maioria das gravações.

"Charlie Parsons, o cara do FBI, veio falar comigo", diz Frank Cullotta. "Foi cerca de oito meses depois de termos sido presos na Bertha.

"'Recebemos a informação', ele disse, 'de que seu amigo Tony Spilotro foi contratado para matar você.'

"Isso foi numa sexta-feira. Apenas fiz um gesto com a cabeça, concordando. Pensei sobre o que aconteceu há poucas semanas. Eu dormia. Pou! Pá! Pou! Pou! 'Que porra é essa?', falei. 'Que porra de tiros são esses?' Levantei rapidinho, fui olhar na janela. Os caras passaram numa van e atiraram no sujeito do apartamento ao lado.

"Ele vinha a pé para casa. Meu vizinho de porta, era um sujeito certinho. Que merda é essa? E fui dormir. Não levei muito a sério na época, mas comecei a refletir a respeito.

"Aí Parsons colocou uma gravação para eu ouvir. Mal dava para entender, mas consegui distinguir, pude ouvir Tony pedindo autorização.

"Agora, veja bem, quando eles pedem esse ok, não é algo tipo: 'Escuta, hoje à noite eu mato Frank Cullotta?'. É mais como: 'Preciso dar um jeito na roupa suja. O cara não lavou direito o que era pra lavar, e aí deu no problema que eu te falei...'.

"Isso sou eu. Sou o problema, porque eu era o único que podia ligar Tony a tudo. Sal Romano, aquele dedo-duro desgraçado, nunca falou com Tony. Sal falava comigo, e eu falava com Tony. Era assim nosso arranjo desde o começo. Nenhum dos meus rapazes nunca falou com Tony sobre coisa alguma. Não sabiam nem que eu tinha de dar uma parte de tudo para Tony, apenas suspeitavam, pois agíamos sem qualquer interferência.

"Mas agora tenho de lembrar que Tony sabe que vou pegar uma pena longa. Reincidente. Vou pegar trinta anos. Não deveria Tony pensar que eu poderia entregá-lo em troca de um acordo? O cara não é burro. Eu pensaria o mesmo.

"E o sujeito com o qual Tony conversava sobre roupa suja sabia ao que Tony se referia.

"Ouço o sujeito dizer: 'Ok, então mãos à obra. Lava sua roupa suja. Sem problemas'.

"Mas os caras que Tony contratou para o serviço não fizeram direito. Se ele tivesse me posto no caso, eu teria feito da forma certa, mas quem ele deve ter procurado, agora que meu pessoal todo estava fora de combate?

"Procurou gente de fora do ramo, e eles atiram no cara errado. Atiraram no meu vizinho de porta.

"Pensei com meus botões: 'Escuta, esse sujeito tentou estourar meus miolos'. Se eu dedurar ele agora pros federais, ele pegaria, no máximo, uma pena de dez anos. Ou seja, cumpre seis e está livre.

"Aquilo não o prejudicaria. É jovem, sai da prisão. Como isso iria prejudicá-lo? Não vão enquadrá-lo num R.I.C.O.[1] Nunca vão conseguir aplicar a R.I.C.O. nele e condená-lo a prisão perpétua. Tony era esperto demais para cair nessa."

Três dias depois, numa segunda-feira às 8h15, o agente Parsons, do FBI, recebeu um telefonema.

"Reconhece a minha voz?", perguntou Cullotta.

"Sim", respondeu Parsons.

Em vinte minutos, Cullotta estava num abrigo secreto guardado por meia dúzia de agentes. Começaram o interrogatório e o levaram a Chicago para uma audiência.

---

1   *Racketeer Influenced and Corrupt Organizations — RICO — Act*, algo como Lei de Combate a Organizações Corruptas e Influenciadas pelo Crime Organizado, uma lei federal de combate ao crime organizado posta em vigor em 1970 e que permitia às vítimas do crime organizado processá-lo por danos causados.

"Não sei como consegui aquela imunidade transacional, mas consegui. É o melhor tipo de imunidade que se pode conseguir. Em outras palavras, quando você adquire imunidade transacional, não pode ser julgado por nada que você falar, não importa o que seja. Mas o juiz de Chicago me deu esse tipo de imunidade, e eu nem sabia o que ele estava fazendo quando me deu aquela porra. O que sei eu sobre imunidade? Saí do tribunal e o cara do FBI falou: 'Acho que o juiz cometeu um erro'.

"Estavam chocados."

Depois que Rosenthal foi forçado a sair do Stardust, dava para acertar o relógio pela agenda dele, como fez o sujeito que colocou a bomba em seu carro.

Ele acordava cedo para levar as crianças à escola. Em seguida, passava quase o dia inteiro em casa trabalhando em suas análises de apostas para o fim de semana e pesquisando sobre algumas ações da bolsa pelas quais tinha se interessado. Dois ou três dias por semana, por volta das seis da tarde, ia ao restaurante de Tony Roma na East Sahara Avenue para se encontrar com seus velhos parceiros de apostas Marty Kane, Ruby Goldstein e Stanley Green. Costumavam ficar no balcão do bar tomando uns drinques enquanto discutiam as opções esportivas da semana e, pouco depois das oito da noite, Lefty pedia umas costelas para viagem. Ele e o grupo se separavam por volta das oito e meia, ou quando a quentinha de Lefty ficava pronta. Então Lefty saía do restaurante, entrava no carro e ia para casa antes das crianças irem dormir.

No dia 4 de outubro de 1982, Lefty seguiu sua rotina habitual. Mas, quando entrou em seu carro com a quentinha, o carro explodiu. Ele se lembra de ver pequenas faíscas saírem das grades de ventilação do painel e também o interior do carro ser engolido pelas chamas enquanto ele lutava para abrir a porta.

Ele segurou a maçaneta da porta e se jogou na calçada, rolando pelo chão enquanto suas roupas pegavam fogo. Aí se levantou e viu que seu carro estava completamente em chamas. De repente, dois homens correram em sua direção e o jogaram no chão, aconselhando-o a se acalmar e cobrir a cabeça.

Assim que os três se agacharam, as chamas alcançaram o tanque de gasolina e o Cadillac Eldorado de duas toneladas subiu mais de um metro acima do solo. Uma bola de fogo feita de pedaços de metal e plástico voou cerca de seis metros pelo céu e, em seguida, caiu uma chuva de destroços e fuligem sobre dezenas de metros quadrados pelo estacionamento movimentado. (Os dois homens que obrigaram Lefty a se deitar eram na verdade dois agentes do serviço secreto que tinham acabado de jantar.)

A explosão foi tão intensa e barulhenta, de acordo com Barbara Lawry, que morava do outro lado da rua, que "parecia que um trem tinha atravessado o meu telhado". Lori Wardle, caixa do Marie Callender's Restaurant, em frente ao Tony Roma's, disse: "Corri para fora, e o estacionamento estava lotado de carros. O de Rosenthal foi arremessado ao céu, e chamas se projetavam a uma altura equivalente a dois andares. Foi uma explosão gigantesca, estourou os vidros das janelas dos fundos do restaurante".

Uma equipe de TV local tomava café nas redondezas quando houve a explosão, e eles tiraram fotos de Rosenthal, minutos após a explosão, vagando confuso pelo estacionamento e segurando um lenço na cabeça ensanguentada. Também tinha cortes no braço e na perna esquerda, que sangravam. Foi possível vê-lo pedindo a Marty Kane e seus outros parceiros para ligarem para seu médico, para tranquilizarem seus filhos de que ele estava bem e levá-los até o hospital.

John Rice, da divisão de fiscalização de bebidas e tabaco e agente encarregado da investigação do caso junto à Polícia Metropolitana, disse que Lefty teve "muita sorte" de sobreviver à explosão.

"De um total de cem, em 99 casos uma bomba como aquela o teria matado", disse Rice. "Porém, neste modelo de Cadillac Eldorado, o fabricante instalou um piso de aço sob o banco do motorista para aumentar a estabilidade. Foi a placa de aço embaixo do banco que salvou a vida de Lefty.

"A placa desviou a explosão da bomba para cima e para a parte de trás do carro, ao invés de para cima e para a frente. Ele deveria trocar seu apelido de Lefty para Lucky."

A imprensa e a polícia chegaram à emergência do hospital enquanto Lefty era atendido para tratar seus cortes e queimaduras. Quando recobrou melhor a consciência, vislumbrou, da maca em que estava deitado, uma roda de rostos preocupados olhando para baixo.

"Eram todos agentes graduados do FBI e policiais locais", disse Rosenthal. "E não estavam ali por pura amizade.

"Eu ainda estava sendo medicado quando os primeiros dois caras do FBI vieram", disse Lefty. "Foram educados. Disseram: 'Meu Deus, sentimos muito por isso. Podemos ajudar em algo?'.

"Falei: 'Não, não podem. Vocês podem me deixar sozinho?'. Eles responderam: 'Tem certeza?'. Respondi que sim. Eles saíram.

"Em seguida vieram os caras da Polícia Metropolitana. Naquela época, John McCarthy era o xerife. Bom, eles entraram e disseram: 'Você já pode falar?'. Respondi: 'Cai fora daqui, porra'. Exatamente assim: 'Cai fora daqui, porra'.

"Depois que fui medicado no hospital, disse a meu médico que precisava de mais ajuda. Precisava de mais analgésicos, sentia dores insuportáveis. Aí ele me deu mais uma injeção e me ajudou a sair dali por um acesso nos fundos que ele conhecia, então pude evitar o pessoal da imprensa que se apinhava na recepção e na frente do prédio. Quando cheguei, minha empregada estava em casa e dei graças a Deus que as crianças já tinham dormido.

"Estava em casa há uns trinta minutos quando o telefone tocou. Era Joey Cusumano.

"'Você tá bem?', perguntou.

"'Tô, e você?', respondi de pronto.

"'Graças a Deus. Graças a Deus', disse ele. 'Precisa de alguma coisa, Frank?'

"'De absolutamente nada, Joe', respondi, 'mas, se precisar, você vai ser a primeira pessoa que eu vou ligar.'

"Então fiquei naquele papo mole com ele, pois eu sabia que Tony Spilotro estava ali com ele. Era Cusumano ao telefone, mas era Tony quem perguntava. Naquele momento, eu já estava mais calmo, tentava analisar o que ocorreu, você sabe. A dor já não estava tão intensa. A morfina ainda estava presente. Eu tentava refazer na minha cabeça o que tinha acontecido e descobrir quem tinha feito aquilo."

A explosão ganhou as manchetes. Os jornais e noticiários de TV deram destaque durante dias. Especulou-se logo se Spilotro tinha algo a ver com a explosão e se o detonador da bomba foi a animosidade entre os dois velhos amigos por Spilotro ter um caso amoroso com a ex-mulher de Lefty.

O agente do FBI Charlie Parsons contou à imprensa que Spilotro e a máfia de Chicago provavelmente estavam por trás da tentativa de homicídio. Sugeriu que a mágoa e o ressentimento constantes entre Spilotro e Rosenthal por causa de Geri tenham sido, talvez, responsáveis pelo atentado à bomba.

Parsons disse que até fez uma proposta a Rosenthal para que se tornasse testemunha do governo: "Lefty, a máfia não pode correr o risco de você falar. Eles agora têm de matar você. Você pode correr esse risco? Vem com a gente. Protegeremos você e seus filhos".

Joseph Yablonsky, o chefe do FBI de Las Vegas, disse que o fato de Rosenthal ter escapado foi um "milagre" e que "provavelmente o assassino tenha vindo de fora da cidade, apesar de haver pessoas em Las Vegas capazes de construir tal artefato".

No dia seguinte à explosão, recorda-se Lefty, os policiais locais e os agentes federais continuaram a bater muitas vezes à sua porta fazendo-lhe perguntas. Lefty se preocupava com o que a polícia estava fazendo para proteger a ele e à sua família, mas os policiais só queriam saber sobre sua relação com Spilotro e se os dois estavam brigados. Lefty disse que Parsons até ofereceu a ele carta branca para entrar no programa federal de proteção à testemunha.

"Depois do que o crime organizado te fez", insistiu Parsons, "você não deve a eles lealdade alguma."

O chefe de inteligência da Polícia Metropolitana, Kent Clifford, foi ainda mais curto e grosso: "Lefty", disse, "você está marcado para morrer e não vai receber proteção policial a não ser que nos forneça informação privilegiada."

Rosenthal respondeu a Clifford ligando para o xerife e para os jornais para reclamar da ameaça de Clifford, destacando que, como pagadores de impostos e livres da acusação de qualquer crime, ele e sua família tinham o direito a proteção policial independentemente da opinião pessoal do chefe da inteligência a seu respeito.

No dia seguinte, a ameaça de Clifford a Lefty foi criticada com veemência nos editoriais dos jornais de Las Vegas, e o xerife John McCarthy se desculpou de forma pública pelas declarações de Clifford. Disse que Rosenthal tinha o direito a proteção policial independentemente de sua personalidade ou de sua não colaboração com os agentes da lei. Os editoriais, tanto na imprensa escrita quanto na TV, apoiavam a causa de Lefty, destacando que seus filhos pequenos e sua empregada poderiam estar no carro no momento da explosão, e que todos os cidadãos têm direito a proteção de acordo com a lei.

Kent Clifford deu a Lefty Rosenthal o que ele não conseguira em anos: a simpatia da imprensa.

A atenção da mídia e da polícia ao incidente foi tão intensa que Lefty decidiu fazer uma coletiva de imprensa em sua própria casa para dar um basta a algumas das insinuações e histórias mais incômodas e perigosas que vinham surgindo nos jornais. Recebeu cerca de meia dúzia de jornalistas, vestindo seu pijama de seda. Ainda dava para ver alguns curativos em sua testa e no braço esquerdo.

Durante a sessão de entrevistas, que durou 45 minutos, Lefty disse que os federais e a polícia local tinham "sugerido de maneira enfática" que a explosão do carro foi arquitetada por Spilotro. Apesar de saber que a explosão "não partiu dos Escoteiros dos EUA", disse Lefty, ele se recusava a acusar qualquer pessoa de seu círculo de conhecidos por ter praticado tal ato.

Disse que ficaria "muito, muito triste e muito, muito indignado" se na verdade seu amigo de longa data Tony Spilotro tivesse sido o responsável. Lefty disse que não acreditava nisso e que foi "uma situação bastante traumática para todos nós. Não quero nem dar corda a esse tipo de raciocínio.

"Não o considero mais meu amigo", prosseguiu Lefty, "mas neste momento não estou preparado para crer que Spilotro foi o responsável. Não estou inclinado a pensar que ele teria a capacidade de fazer uma coisa assim. Eu não tinha nenhum motivo para achar que eu ou algum membro de minha família estivesse em perigo, e segui minha vida como qualquer pessoa. Obviamente, estava errado. Não irei contra Spilotro, não sinto necessidade de fazer isso. Não é a minha maneira de fazer as coisas."

Lefty disse que queria descobrir "quem tinha feito aquilo e garantir que não ocorresse de novo... mas não tenho nenhum desejo de vingança. Se eu disser que busco por vingança, então eu serei tão baixo quanto eles". Ele não achou que a explosão tivesse sido um recado ou um aviso. "Não conheço os motivos para este primeiro atentado. Farei de tudo para pará-los. Farei o que tiver de fazer para proteger a mim e aos meus filhos."

Existem duas teorias sérias sobre quem teria tentado matar Frank Rosenthal com uma bomba. A primeira, na qual o FBI acredita, é que foi Frank Balistrieri. Balistrieri era, na verdade, conhecido como o Mad Bomber, devido à sua mania de explodir seus adversários. E um grampo do FBI instalado em seu escritório gravou, algumas semanas antes da explosão, Balistrieri dizendo aos filhos que ele achava que Frank Rosenthal era a causa de seus problemas. Ele prometeu aos filhos que "conseguiria reparação completa".

A segunda teoria, popular entre os agentes da Polícia Metropolitana, era de que Spilotro fosse o responsável.

"Geri pegou um voo e veio para a cidade após a explosão", disse Lefty. "Ela disse que queria cuidar de mim, me proteger, mas a chama em mim tinha se apagado. Ela falou: 'Você sabe que eu posso mudar'.

"Naquele dia ela tentou me dar seu número de telefone, mas respondi que eu não precisava. Ela sempre era capaz de me achar."

24

Não está descartada a hipótese de crime.

Geri Rosenthal mudou-se para um apartamento em Beverly Hills. "Ela andava com uma turma barra-pesada", disse Lefty. "Gentalha, cafetões, drogados, traficantes. Tinha um namorado músico que vivia espancando ela.

"Ela estava levando uma vida muito dura. Veio a Las Vegas no feriado. Vinha à cidade se as crianças tivessem competições de natação, vinha para festas, esse tipo de coisa de crianças. Nunca gostei da ideia, pois eu nunca sabia o que ela iria aprontar. Uma vez, eu a estava levando ao aeroporto quando ela começou a gritar que queria mais dinheiro. Percebi que já estava drogada. Trazia recomendações de seus amigos doidões. 'Tira mais grana do otário.' Claro, eu sei o que eles queriam dela. Ameacei jogar sua bagagem na Paradise Road se ela não se calasse. Ela me fuzilou com os olhos e não falou nem uma palavra a mais.

"Numa outra vez, meu filho olhava pela janela quando ela chegou e ele comentou comigo como estava magra. Quando ela parou na porta, percebi o que ele queria dizer. Parecia um palito, tinha perdido muito peso, só ingeria ácido e comprimidos.

"Inanição. Ela vivia a poder dos comprimidos.

"Falei: 'Olha o que você está fazendo consigo mesma'.

"Ela passou por mim direto, subiu as escadas e entrou na banheira, como se ainda morasse na casa. Agia como se ainda fosse Geri Rosenthal.

"Depois que nos divorciamos, ofereci a ela 100 mil dólares para que mudasse seu sobrenome, e ela respondeu: 'Você deve estar brincando'. Ela usava este nome para conseguir o que pudesse. 'Você não sabe quem sou eu? Quem é o meu marido?' Esse tipo de coisa. Usava a fantasia para proteção.

"Ela me ligava dos bares à uma da madrugada e dizia coisas do tipo: 'Manda esse filho da puta me deixar em paz'.

"Uma noite, ela me ligou histérica de um telefone público. Chorava. 'Você acredita que esse filho da puta me encheu de porrada?', ela disse.

"Nessa época ela estava saindo com um garoto mais novo. Ele se dirigia a mim como 'sr. Rosenthal' toda vez que falava comigo no telefone.

"Eu já havia mandado ele se comportar. 'Saiba que você está namorando a mãe dos meus filhos', eu disse.

"'Sim, senhor, sr. Rosenthal', ele respondeu.

"Agora Geri liga de uma cabine telefônica. Diz que está sangrando e que o garoto a espancou. Perguntei o que eu poderia fazer, e ela me pediu para ligar para ele e mandá-lo parar. Me deu um número de telefone e disse que ele estaria lá em uma hora.

"Anotei o número, e agora não conseguia dormir. Fiquei sentado olhando o relógio por uma hora. Demorou muito para essa hora passar, aí liguei para o número, e quem atendeu? Geri.

"'Oi!'

"'Que porra é essa? 'Você tá doida?', perguntei. 'Achei que esse cara tava te dando uma surra. O que é que você está fazendo aí? Por que voltou?'

"'Ah', ela respondeu, 'Tô bem.'

"'Deixa eu falar com esse merda', disse a ela.

"'Tá tudo bem', ela replicou. 'Deixa comigo.'

"Posteriormente, descobri que eles estavam morando juntos nesse apartamento, ele tinha ameaçado largá-la, ela ficou histérica e, bêbada, resolveu me fazer intimidar o garoto para que ele não a abandonasse."

Às 4h35 do dia 6 de novembro de 1982, cerca de um mês depois de o carro de Lefty ter explodido, Geri Rosenthal começou a gritar na calçada em frente ao Beverly Sunset Motel, situado no Sunset Boulevard, nº 8775, e entrou trôpega na recepção do motel, onde caiu desmaiada.

Um funcionário do motel chamou a polícia, mas quando eles chegaram com uma ambulância ela estava em coma. Nunca se recuperou, morreu três dias depois no Cedar Sinai Hospital. Tinha 46 anos. O hospital informou que os médicos encontraram vestígios de tranquilizantes, álcool e outras drogas em seu organismo. Havia um enorme hematoma em sua coxa e outros menores em suas pernas.

A história ganhou as páginas dos jornais de Los Angeles e Las Vegas, que noticiaram que ela havia morrido de uma aparente overdose de drogas, trazendo novamente à tona os eventos recentes ligados a seu conturbado casamento, seu caso com Spilotro, a retirada de mais de 1 milhão de dólares de três cofres alugados e a explosão do carro de Lefty. Era uma história feita sob medida para os tabloides e para a polícia. O capitão Ronald Maus, do gabinete do promotor de justiça de Los Angeles, disse ao *Los Angeles Times*: "Nos interessa por causa das conexões dela no passado e pela possibilidade de alguma ação do crime organizado". O dr. Lawrence Maldonado, que atestou seu óbito, disse: "Não está descartada a hipótese de crime".

"Fiquei sabendo de sua morte através de um telefonema que recebi de Charlotte, mulher de Bob Martin", disse Lefty. "Ela disse: 'Frank, trago uma má notícia. Meu peleiro[1] acabou de ligar dizendo que Robin estava na loja dele para pegar os casacos de pele de Geri. Robin disse que Geri havia morrido'.

"Liguei na mesma hora para o peleiro. Falei que me chamava Frank Rosenthal. Ele sabia quem eu era e começou a me agradecer por todos os negócios que fiz com ele no decorrer dos anos. Falei: 'Escuta, a Robin Marmor está aí?'. 'Sim, ela veio pegar as peles de Geri. Disse que a mãe morreu.'

"O peleiro se chamava Fred alguma coisa. Eu disse: 'Fred, você não vai dar porra nenhuma a ela. Tá me entendendo?'.

"'Sim, senhor', ele respondeu. E desliguei.

"Liguei para o necrotério. Sim, havia um corpo. Ela estava morta.

"Entrei em contato com o médico.

---

[1]   Profissional que prepara e/ou vende peles.

"Dois dias depois, recebi finalmente um telefonema de Robin.

"Robin disse: 'Mamãe está morta'. Desse jeito: 'Mamãe está morta.'

"Fingi que não sabia. Consegui alguns pormenores. Ela estava fazendo os preparativos para o funeral. Disse a ela que ligaria de volta. Quando liguei, tivemos uma discussão acerca do lugar em que Geri deveria ser enterrada. Eu queria que fosse em Las Vegas, ao lado de sua mãe, que havia morrido. Robin e Len Marmor queriam enterrá-la em Los Angeles. Ao fim, Robin providenciou o enterro e a capela.

"Falei com as crianças e disse a elas o que havia acontecido. Elas já tinham entendimento. Perguntei se queriam ir ao enterro e Steve disse: 'Por favor, eu não quero ir'. Stephanie disse: 'Nós não vamos'.

"O que se especulava: 50% achava que eu a tinha assassinado e 50% achava que ela havia sido morta pela máfia", disse Lefty. "Estavam todos errados. Gastei cerca de 15 mil dólares numa investigação. Recebi os detalhes.

"Acho que ela morreu de overdose.

"Eles a mataram. Eles que fizeram isso com ela, as pessoas em torno dela. Sabiam que era rica, ganhava 5 mil dólares por mês de pensão alimentícia. Tinha ficado com todas as suas joias. Mas quando a polícia vasculhou seu apartamento, tudo havia desaparecido."

"A princípio, acharam que Geri tinha sido assassinada por saber demais sobre a organização", disse Frank Cullotta. "Mas era uma tremenda idiotice.

"O que talvez aconteceu foi que alguns de seus amigos traficantes acharam que Geri herdaria uma fortuna do seguro se de repente ficasse viúva. Então, primeiro tentaram mandar Lefty pelos ares e, quando não deu certo, perceberam que tinham se encrencado, especialmente se Geri juntasse os pontos.

"Por isso, eles a mataram. Apenas quatro semanas depois da explosão do carro de Lefty. Muita coincidência. Por que ela estava circulando por aquela área miserável de Hollywood às quatro e meia da madrugada? Não estava. Estava num carro com seus assassinos, seus parceiros, os caras que tentaram mandar Lefty pelos ares e que agora a estavam entupindo de comprimidos e álcool.

"Tudo o que tiveram de fazer foi parar o carro, deixá-la na rua e ir embora."

"Mataram minha irmã", disse Barbara Stokich. "Alguém aplicou nela uma injeção de alguma coisa.

"Geri levou consigo 1 milhão de dólares em joias quando se separou de Frank. Ele teve de conversar com ela para reaver seu dinheiro, mas ela ficou com as joias, e todas desapareceram.

"Ela tentou reatar com Frank depois que passou a viver em Los Angeles. Sentia falta do luxo, da proteção, da segurança. Gostava de chamá-lo de 'sr. R'.

"Depois que Geri morreu, meu pai visitou os lugares onde ela costumava fazer compras. Um dos amigos de Geri disse que ela estava indo a um psicólogo havia dois meses e estava quase boa.

"Geri recebia 5 mil dólares por mês de Lefty, mais os cartões de crédito e a Mercedes. Mas ela não gostava de ficar sozinha, ia a bares e bebia a noite toda. Quando Geri voltou, Lenny estava casado, e um negro conhecido dela bateu nela sem piedade para tomar seu dinheiro e joias.

"Ficamos sabendo que ela havia morrido porque quando eu e meu marido, Mel, estávamos visitando papai, o senhorio ligou. Alguns amigos dele tinham visto um obituário de Geraldine McGee Rosenthal e acharam que poderia ser minha irmã. Ligamos para Robin e ela dizia repetidamente que não tinha tempo para falar conosco. Finalmente, Robin nos informou que o enterro seria em dois dias. Minha irmã ficou no hospital e no necrotério por uma semana e ninguém nos disse nada."

Geri foi enterrada no Mount Sinai Memorial Park, Forest Lawn 5950, numa cerimônia íntima. Lefty e os dois filhos não foram.

"Não quis expor as crianças àquilo", disse ele.

Em janeiro de 1983, o médico legista do condado de Los Angeles disse que a morte foi acidental, uma aparente combinação letal de cocaína, Valium e uísque Jack Daniel's.

Informações dos documentos arquivados no Tribunal de Sucessões de Los Angeles:

> *A falecida morreu sem deixar bens imóveis, mas deixou bens pessoais, consistindo em várias moedas guardadas num cofre de aluguel de número #107, no First Interstate Bank, Maryland Square Office, 3681, South Maryland Parkway, Las Vegas. O tribunal exigiu que as moedas fossem avaliadas e o valor foi estimado em US$ 15.486,00.*

As 125 moedas incluíam, entre outras, us$ 4.000,00 em dólares de prata; us$ 1.200,00 em moedas de prata datadas de 1887; us$ 133,00 em fichas do Stardust Casino; us$ 6.000,00 em moedas de prata de 1887; us$ 100,00 em 22 moedas de um centavo Indian Head; moedas de 25 centavos Liberty Quarters, Shield nickels e uma enorme moeda de um centavo datada de 1797.

Metade das moedas que estavam dentro do cofre foram para Lefty, obedecendo aos termos do acordo de divórcio; a outra metade foi dividida igualmente entre seus três filhos: Robin, Steven e Stephanie. De acordo com os documentos do tribunal, cada um dos herdeiros de Geri recebeu us$ 2.581,00 dólares.

Para todos, o fim se aproximava. A explosão do carro de Lefty e a morte de Geri renderam indiciamentos, condenações e mais mortes.

As centenas de grampos do Departamento de Justiça levaram aos indiciamentos — e eventuais condenações — dos maiores chefões da máfia envolvidos na sonegação nos hotéis Stardust e Tropicana.

Elos fracos foram cortados. No dia 20 de janeiro de 1983, Allen Dorfman, 60 anos, foi morto a tiros quando saía a pé de um restaurante num subúrbio de Chicago. Dorfman tinha acabado de ser condenado com Joey Lombardo, Joe Aiuppa, Jackie Cerone, Maishe Rockman e o presidente do Teamsters, Roy Williams, por usar o dinheiro do fundo de pensão do Teamsters para tentar subornar o senador pelo estado de Nevada Howard Cannon e assim obter legislação favorável ao setor de transporte de cargas. Era a segunda condenação de Dorfman ligada ao fundo de pensão, e o juiz já tinha dado a ele uma pena bem longa.

Dorfman tinha acabado de deixar o restaurante com Irwin Weiner, corretor de seguros de 65 anos e ex-agente de fianças que anos antes contratou Tony Spilotro como agente de fianças em Chicago. Dorfman parou numa videolocadora e pegou o filme *Evidência Inaceitável* para assistir em casa à noite. O filme conta a história de um homem acusado de forma injusta pela imprensa de ligações com a máfia.

Weiner contou à polícia que ouviu dois homens chegarem por trás deles e dizerem: "Isso é um assalto!". E, quando ele abaixou, ouviu tiros e não conseguiu ver o que realmente aconteceu. Os atiradores escaparam e o assassinato nunca foi esclarecido.

No dia 13 de março de 1983, Nick Civella morreu de câncer no pulmão. Tinha sido solto do Centro Médico da Prisão Federal de Springfield, Missouri, duas semanas antes para poder "morrer com dignidade".

Joe Agosto foi condenado por uma fraude com cheques que permitiu a ele despejar dinheiro nos magros cofres do Tropicana para aumentar a sonegação. No dia 12 de abril de 1983, Agosto decidiu virar testemunha do governo. Seu testemunho, junto aos cadernos de anotações de DeLuna, resultaram em condenações e duras sentenças: Carl Civella e Carl DeLuna pegaram trinta anos cada. Carl Thomas pegou quinze anos. Frank Balistrieri pegou treze anos de prisão.

Joe Agosto morreu de ataque cardíaco poucos meses depois. A segunda fase do caso da Argent, que condenou alguns dos mesmos réus por desvio de quase 2 milhões de dólares em dinheiro da Argent para sonegação, precisava de uma testemunha de peso. O governo deu imunidade a Allen Glick e ele testemunhou.

Neste caso iam a julgamento os chefões de Chicago Joe Aiuppa, de 77 anos, e Jackie Cerone, de 71; o chefão de Cleveland em exercício, Milton Maishe Rockman, de 73; e o chefão de Milwaukee, Frank Balistrieri, 67; e os filhos de seu advogado, John e Joseph. Uma condenação significava praticamente que os chefões mais velhos morreriam na prisão.

Glick depôs durante quatro dias e, durante seu testemunho, contou em detalhes sobre seu encontro com Frank Balistrieri e como conseguiu seu empréstimo. Também falou sobre ter sido forçado a assinar uma opção de cessão de 50% da corporação para os filhos de Balistrieri em troca de 25 mil dólares. Revelou ter sido forçado a promover Frank Rosenthal e que foi ameaçado por Nick Civella num quarto escuro de hotel em Kansas City e por Carl DeLuna no escritório de Oscar Goodman no centro de Las Vegas.

Glick foi uma testemunha arrasadora, falava com precisão e não se deixava abalar. Emanava completa honestidade. Carl Thomas também se tornou testemunha do governo, na esperança de conseguir indulgência para sua sentença de quinze anos de prisão no caso do Tropicana. Testemunhou sobre a sonegação e a respeito da influência da máfia sobre o Teamsters. Os federais também conseguiram o testemunho de Joe

Lonardo, ex-subchefão de Cleveland, de 77 anos, dizendo que atuou como mensageiro para Rockman, e explicou como o empréstimo de Glick foi acertado e quem lucrou com o referido empréstimo.

Até Roy Williams, após receber uma sentença de 55 anos de prisão no caso de suborno de Cannon, decidiu colaborar com a condenação da Argent. Chegou no tribunal em uma cadeira de rodas, respirando por um cilindro de oxigênio, e testemunhou que recebeu 1,5 mil dólares por mês em dinheiro vivo de Nick Civella durante sete anos em troca de seu voto a favor do empréstimo do fundo de pensão para Glick.

Durante o julgamento, Carl DeLuna chegou ao seu limite. Declarou-se culpado antes mesmo de receber o veredito. Já tinha sido condenado a trinta anos de prisão pelo caso do Tropicana. O que mais poderiam fazer contra ele? Condená-lo a mais trinta anos? E para que permanecer no tribunal e assistir aos promotores mostrarem ampliações de suas anotações aos jurados, enquanto *21*, *22*, *Stmp*, e *Fancy Pants* assistiam, incrédulos, à riqueza de detalhes que DeLuna conseguia abarrotar naquelas minúsculas fichas?

Frank Balistrieri já havia sido condenado a treze anos de prisão por um caso sem relação com esse. Ele também se declarou culpado.

Tony Spilotro, que foi indiciado no caso Argent junto de todos os outros, com base principalmente nas chamadas telefônicas que fez para os executivos do Stardust pedindo empregos e cortesias, foi desligado do caso por conta de seu problema cardíaco. Médicos do governo concluíram que Spilotro não estava usando sua saúde como estratagema, e ele conseguiu um tempo para fazer a cirurgia que necessitava para colocação de uma ponte de safena. Foi julgado posteriormente.

Quando os vered
itos foram entregues declarando-os culpados, não houve nenhuma surpresa, como também não houve com relação às penas duras: Joe Aiuppa, o chefão de Chicago de 77 anos, e seu subchefão de 71 anos, Jackie Cerone, pegaram cada um 28 anos. Maishe Rockman, de 73, pegou 24 anos. Carl DeLuna e Carl Civella pegaram dezesseis anos, correndo ao mesmo tempo com as outras. John e Joseph Balistrieri foram absolvidos de todas as acusações.

O ano de 1983 foi um momento decisivo na história de Las Vegas. Os casos Tropicana e Argent prosseguiram pelas audiências preliminares, julgamentos e eventuais condenações. O último empréstimo do fundo de pensão do Teamsters foi quitado. A hipoteca do Golden Nugget foi comprada por Steve Wynn e paga com títulos de alto risco. O principal mecanismo de coação da máfia — o controle do financiamento dos cassinos — tinha chegado ao fim.

Em 1983, máquinas caça-níqueis se tornaram as maiores geradoras de receita, superando todas as formas de apostas. Las Vegas, que havia começado como uma cidade para grandes apostadores, tornou-se a Meca dos americanos em busca de apostas baixas e bufês do tipo "TUDO O QUE CONSEGUIR COMER POR US$ 2,95".

Em 1983, a Comissão de Jogos de Nevada suspendeu a licença do Stardust por conta de uma outra investigação de sonegação e instalou um de seus próprios supervisores no antigo escritório de Lefty para administrar o Stardust. Autoridades do estado podiam demitir ou impor aposentadoria precoce a muitos dos empregados que haviam participado das várias fraudes ocorridas durante anos.

Em 1983, Lefty Rosenthal e sua família se mudaram para a Califórnia.

"Eu mexia um pouco com o mercado de ações e de vez em quando fazia minhas cotações nos jogos, mas apenas como apostador", disse Lefty. "Mas as crianças, especialmente Stephanie, tinham se tornado nadadores de categoria internacional. Conquistaram ótimos resultados em Las Vegas e ganharam dezenas de competições.

"Num esforço para ajudá-la a conquistar seu objetivo — e ela já se preparava para as competições classificatórias da Olimpíada —, me mudei para Laguna Niguel, para que eles pudessem treinar e competir com a Mission Viejo Nadadores, uma das melhores equipes de natação do país."

A casa de Rosenthal ficava em Laguna Woods, na cidade de Laguna Niguel, uma rica comunidade situada entre Los Angeles e San Diego. Era uma das dezenove casas incrustadas nas colinas litorâneas, com vistas panorâmicas do mar, do Crown Valley e do El Niguel County Club. A segurança da casa de Rosenthal incluía vários monitores de circuito fechado de TV controlados por um painel na garagem do tamanho de uma parede.

Durante a maior parte do ano de 1983, a vida de Lefty girou em torno dos extraordinários feitos realizados por seus filhos como nadadores em competições.

"Você vê uma manchete sobre sua criança dizendo ROSEN-THAL GANHA MAIS DUAS MEDALHAS DE OURO e não pode haver momento de maior orgulho", disse Rosenthal. Ele ainda guarda os recortes.

"Stephanie era mesmo espetacular, era simplesmente uma atleta incrível. Com um nível de tolerância a dor que era... não dá para descrever... não dá para dizer a intensidade da dor que ela aguentava. Eu costumava vê-la treinar, levava ela tanto aos treinos da manhã como aos da tarde. Isso era às quatro e meia da madrugada e às três e meia da tarde. Sabe, eu simplesmente adorava aquilo. Via minha filha treinando, via suas veias saltarem, seus olhos vermelhos, e ela treinava em meio ao granizo, debaixo de chuva e no frio. Me impressionava o quanto ela se dispôs a sacrificar para chegar aonde tinha chegado. Puxa, eu tinha um tremendo respeito por ela.

"Porque não importa o quão talentoso você seja, você tem de ter essa resistência, essa força, essa energia, sabe, para vencer. E Stephanie queria ganhar, porra. Ninguém seria capaz de vencer aquela menina. Ela não deixava.

"E não é nenhum pai babão que está falando. Quem fala é o analista de probabilidades. Ela era a melhor, arrebentava mesmo, onde quer que fosse. Ô, e como.

"Ganhava faixas, medalhas, troféus. E Steven, infelizmente, tinha de fazer parte daquilo. Mas eu não percebia o quanto aquilo o magoava, eles eram apenas crianças. Ele só tinha 13 anos e ela, 10. Ele ficava bastante aborrecido por eu dar um abraço em Stephanie. Eu tinha de festejá-la, dar um beijo nela, apertar sua mão, parabenizá-la por sua vitória.

"E o irmão participava da mesma competição e chegava em último. O que eu podia fazer? Bom, às vezes eu falava: 'Ei, Steve, tudo bem. Você só tem de treinar mais'. Mas Steven ficava indignado conosco. Nós, sendo eu e Stephanie.

"Steve era um nadador talentoso. Mais até que Stephanie, tecnicamente falando. Essa era a verdade. Treinadores do país inteiro, seu próprio treinador, costumavam dizer: 'Frank, se você conseguir que esse garoto deixe de preguiça e comece a treinar, não vai ter pra ninguém. Ele é melhor que Stephanie'.

"Mas a ele faltava a vontade de chegar lá e aguentar a dor, a vontade de treinar, de nadar 15 mil metros por dia, de correr, de fazer exercícios ao ar livre, de levantar peso. Ele não estava disposto a pagar o preço. Consequentemente, quando Steven ia competir, não estava preparado e perdia de forma vergonhosa.

"Mas, você sabe, nem todo mundo está destinado a vencer. Eu não o respeitava menos por isso. Nadar por diversão, sem compromisso.

"Mas Stephanie queria o ouro. Estes foram os melhores anos de minha vida. Falei para Stephanie e para alguns amigos mais próximos que, se ela se classificasse para a Olimpíada de 1984 e ganhasse uma medalha, a porra da minha vida estava completa.

"E eu não daria a mínima se no minuto seguinte tivesse um derrame. Não iria querer voltar, falava sério. Em outras palavras, deixe-me ter essa alegria. E falei: 'Stephanie, é tudo o que eu quero. Quero ver isto'.

"Falei para ela: 'Eu saí vivo por um milagre daquela explosão do carro. Quero ver você ganhar uma medalha de ouro, Stef, e depois posso dizer adeus'.

"E ela entendeu, mas era muito jovem. Era, imagina, uma criança. Vinha treinando desde os 6 anos de idade. Bom, fomos para Austin, Texas, onde começaram as eliminatórias olímpicas. Ela se classificou em três provas, mas durante seu período de treinos para as provas em Austin fiquei observando ela. Você sabe, eu faço análises. Usei um cronômetro.

"E percebi que Stephanie tinha duas chances: pouca e nenhuma, e a segunda opção era a mais provável. Treinadores me aconselharam: 'Frank, não a desencorage. Você vai acabar com ela. Frank, vai com cuidado. Frank. Frank.'

"Mas acabei falando, quando voltávamos para casa de um treino: 'Stef, você tem de se esforçar'. E ela respondeu: 'Papai, você não sabe do que está falando'.

"Bom, eu sabia antes de irmos para Austin. A prova principal era de 100 metros de costas. Meu sobrinho Mark Mendelson quis vir de Chicago, mas mandei ele esperar que ela chegasse às finais antes de ele pegar o voo para cá. Ele foi para o aeroporto O'Hare e esperou para ver se Stef se classificaria pela manhã para participar das finais à noite. Ela teria de ficar entre as oito primeiras. Mais de cem pessoas estariam participando da prova. As oito primeiras nadariam nas finais, as duas primeiras iriam para a Olimpíada.

"Então ficou combinado que ele esperaria no aeroporto, e eu diria se ele deveria ou não pegar o voo para cá. No fundo, eu sabia que ela não tinha nenhuma chance. Ela veio a mim 45 minutos antes da hora da competição. Disse que o treinador tinha dito que ela nunca esteve melhor. Pensei com os meus botões: 'Esse filho da puta desse seu treinador tá te enrolando'.

"Ele estava jogando com ela, arriscando a sorte. Talvez ela conseguisse um milagre. Bom, não existem milagres nos esportes. É um contra um.

"Eu me lembro do tempo que ela fez. Foi dois segundos e meio mais lenta que seis meses atrás, quando se classificou. Ficou arrasada. Fiquei arrasado. Então corri para o telefone e enviei um recado para meu sobrinho que esperava no aeroporto.

"Falei: 'Mark Mendelson, vá para casa'."

Lefty também foi para casa. Sua casa de 375 mil dólares em Laguna Niguel tinha um chafariz de pedras na entrada, um *spa*, um gazebo e um painel no quarto feito de madeira pau-de-zebra vinda da África no quarto. Mas quando Rosenthal resolveu colocar papel de parede, descobriu que não era possível, pois as paredes não estavam niveladas, um defeito que também tornou impossível instalar portas mais resistentes, janelas novas e persianas. "A casa estava desmoronando, rachando e afundando", disse Lefty à época. "Tem uma fenda enorme na parede dos fundos, e até o vidraceiro teve problemas para pôr um espelho porque o lugar não estava plano. Pedi ao meu empreiteiro para verificar se a casa estava dentro dos padrões do código de obras."

Lefty abriu um processo.

Ele teve de fazê-lo, explicou. Os construtores "não estavam mais atendendo meus telefonemas".

Se o banco do trator de Mike Kinz não fosse tão alto, ele nunca teria percebido o trecho de terra descampado. Kinz havia arrendado um milharal de dois hectares em Enos, Indiana, cerca de 90 km a sudeste de Chicago. O milho já media cerca de 10 cm e em algumas semanas teria altura suficiente para cobrir o campo e as marcas no solo de algo que aparentemente foi arrastado por uns 30 metros, da estrada até o trecho descampado.

Kinz suspeitou que um caçador ilegal provavelmente enterrou o esqueleto de algum veado no milharal após a retirada da carne, isso já tinha acontecido antes. Então ele ligou para Dave Hudson, biólogo e guarda florestal.

Hudson cavou por uns vinte minutos na terra fofa e arenosa até encontrar algo mais duro. Olhou para o buraco de um metro de profundidade e viu um pedaço de pele branca.

"Raspei um pouco da terra", disse Hudson, "e vi umas cuecas."

Dois corpos tinham sido jogados um sobre o outro dentro de uma cova de 1,5 m. Estavam nus, exceto pelas cuecas. Seus rostos estavam tão desfigurados que o laboratório do FBI só conseguiu identificar os corpos quatro dias depois por suas digitais: eram Anthony Spilotro, 48 anos, e seu irmão Michael, 41.

Os dois tinham sido dados como desaparecidos nove dias antes pela mulher de Michael, Anne, e se especulou à época que os Spilotros, ambos prestes a enfrentar os tribunais em poucas semanas, tinham desaparecido de propósito. Spilotro havia recebido autorização da corte para permanecer na região de Chicago por oito dias para visitar sua família e fazer um tratamento dentário com seu irmão dentista.

Spilotro estava prestes a ficar bastante ocupado. Enfrentava o julgamento da sonegação no Stardust. Estava prestes a ser julgado no caso da Gangue do Buraco na Parede. O primeiro julgamento foi anulado por causa de uma tentativa de suborno feita a um dos jurados. Ele também seria julgado por violação de direitos civis de uma testemunha do governo por suspeita de tê-la assassinado. Seu irmão Michael aguardava julgamento em Chicago por uma investigação de extorsão que mostrava as ligações do crime organizado com prostíbulos e prostitutas nos subúrbios da zona oeste da cidade.

O prestígio de Tony Spilotro junto à máfia de Chicago tinha caído de modo considerável nos últimos anos. "Tony gerou muitos pontos negativos", disse Frank Cullotta. E as gravações de Spilotro repreendendo alguns de seus associados, particularmente Joe Ferriola — gravações essas que foram reproduzidas no tribunal — não ajudaram. Na noite de 14 de junho, quando Michael e Tony deixaram a casa de Michael no subúrbio de Chicago, Michael disse à sua mulher, Anne: "Se não voltarmos até às nove, estamos em apuros".

A cova ficava a cerca de 6 km de uma fazenda de propriedade de Joseph J. Aiuppa, um ex-chefão de Chicago que à época estava preso, acusado de sonegação em cassinos de Las Vegas.

"Os corpos não deveriam ter sido encontrados", disse Edward D. Hegarty, agente do FBI de Chicago encarregado do caso, "mas seja quem for que os matou não contava com a chegada do fazendeiro para a aplicação de herbicida". Os irmãos morreram em decorrência de "sérios ferimentos no pescoço e na cabeça", disse o dr. John Pless, diretor de medicina legal da Universidade de Indiana, que realizou as autópsias. Ambos foram espancados de forma cruel, mas não havia ossos quebrados. Aparentemente, foram surrados a poucos metros da cova. Suas roupas foram encontradas por perto. O buraco foi cavado fundo o suficiente para que os corpos não pudessem ser encontrados pelos fazendeiros na próxima primavera.

"Os assassinos deviam estar cheios de ódio", disse um antigo desafeto de Spilotro, o ex-agente do FBI Bill Roemer. "Geralmente, é um, dois, três tiros na nuca à queima-roupa, provavelmente de calibre .22. É rápido e o sujeito não sofre. Esses dois apanharam até morrer, foram torturados."

Hoje, os homens que construíram Las Vegas foram embora com seus chapéus *fedora*. Os jogadores sem sobrenome e com maletas recheadas de dinheiro relutam em aparecer na nova Las Vegas por medo de serem denunciados à Receita Federal por um jovem recém-formado em hotelaria e trabalhando no serviço de crédito do cassino no fim de semana.

Las Vegas virou um parque temático para adultos, um lugar onde os pais podem levar seus filhos pequenos e também se divertir um pouco. Enquanto as crianças brincam com piratas de papelão no cassino da Treasure Island, ou duelam com cavaleiros medievais no Excalibur, Mamãe e Papai despejam o dinheiro da hipoteca e da faculdade do filho nas máquinas de pôquer.

O estilo intimista do Flamingo Hotel, de Bugsy Siegel, com apenas 147 quartos, ou mesmo o Stardust de Lefty, com 900, foram substituídos pelos 5.008 quartos do MGM Grand ou uma série de hotéis ao longo da Strip em formato de pirâmides, castelos e naves espaciais, cada um com 3 mil, 4 mil quartos. Um vulcão entra em erupção a cada trinta minutos em frente ao Mirage. Bem ao lado, na Strip, um navio pirata surge num lago artificial, seis vezes ao dia, combatendo a marinha britânica.

Há apenas vinte anos, os crupiês sabiam seu nome. O que você bebia, o que jogava e como jogava. Era só se encaminhar para as mesas e alguém automaticamente o registrava no hotel. Um mensageiro conhecido levava sua bagagem para o quarto, desfazia suas malas e espalhava baldes de gelo abarrotados com sua bebida predileta e cestas de frutas frescas. Seu quarto estava à sua espera, não o contrário.

Nos dias de hoje, registrar-se num hotel de Las Vegas é parecido com fazer check-in num aeroporto. Mesmo os grandes apostadores têm de esperar a liberação de suas suítes VIP até que os computadores confirmem a linha de crédito do seu cartão American Express e, portanto, que o sujeito é realmente quem alega ser.

O fundo de pensão do Teamsters foi substituído por títulos de alto risco como fontes primárias de financiamento dos cassinos. Mas, mesmo as taxas de juros desses títulos sendo elevadas, não são tão altas quanto as que eram cobradas pela máfia. Executivos de cassino que tomam dinheiro emprestado não precisam se encontrar com seus financiadores em quartos escuros de hotel em Kansas City às três da madrugada e ouvir que terão seus olhos arrancados.

Tony e Geri estão mortos, e Lefty foi embora e agora vive numa casa junto a um campo de golfe num condomínio fechado em Boca Raton. Faz apostas de vez em quando, cuida de seus investimentos e ajuda seu sobrinho a dirigir um clube noturno. Às vezes, ele se senta num pequeno platô da boate e mira uma lanterna na direção dos garçons que ele acha que não estão atendendo as mesas com eficiência. Durante anos, Lefty nutriu uma esperança de que seria autorizado a voltar a Las Vegas, mas em 1987 foi inserido na Lista Proibida, ficando proibido de pisar em qualquer cassino. Os anos de luta contra essa decisão não deram em nada.

"Era para ter sido tão doce", disse Frank Cullotta. "Estava tudo no lugar. Tínhamos o paraíso na terra, mas fodemos tudo."

Foi a última vez que mafiosos tiveram algo tão valioso nas mãos.

AGRADECIMENTOS

Quero manifestar minha estima e gratidão às centenas de pessoas que me ajudaram com este livro, mas também sou especialmente grato a Gene Strohlein, Mert Wilbur, Dennis Arnoldy, Jack Tobin, Joseph Gersky, Murray Ehrenberg, Wally Gordon, Oscar Goodman, Emmett Michaels, Mike Simon, William Ouseley, Bud Hall, Bo Dietl, Beecher Avants, Jeffrey Silver, Marty Jacobs, Mike Reynolds, Jeff German, Ed Becker, A. D. Hopkins, Jim Neff, Phil Hannifin, Shannon Bybee, Lem Banker, Dick Odessky, Allen Glick, Matt Marcus, Richard Crane, Loren Steven, Russ Childers, Jack Roberts, Brian and Myra Greenspun, Angela Rich, Manny Cortez, Douglas Owens, Frank Cullotta, Ray LeNobel, Melissa Prophet, Lowell Bergman, Tommy Scalfaro, Tim Heider, Scott Malone, Ellen Lewis, Kristina Rebelo, Joey Boston, George Hartman, Bobby Kay, Bill Bastone, Kenny Brown, Bob Vanucci, Claudette Miller, Victor Gregor, Arlyne Brickman, John Manca, Buddy Clark, Joe Coffey, Don Furey, Joe Spinelli, Phil Taylor, Rosalie Di-Blasio, Howard Schwartz, Bob Stoldal, Lee Rich, Shirley Strohlein e, claro, Frank Rosenthal.

NICHOLAS PILEGGI nasceu em Nova York em 1933. É jornalista, escritor e roteirista. Trabalhou na Associated Press nos anos 1950, quando se especializou na cobertura de crimes. Construiu sua reputação e rede de contatos ao longo das três décadas seguintes, cobrindo histórias para a revista *New York* e colaborando com dezenas de outras publicações, ao se tornar um especialista sobretudo do mundo do crime organizado e da máfia. Em 1985, publicou *Wiseguy*, posteriormente adaptado e transformado por ele e por Martin Scorsese no roteiro de *Os Bons Companheiros* (1990). Escreveu também *Cassino* (1995), igualmente adaptado e transformado em roteiro do filme homônimo por ele e Scorsese. Em 2019, foi o produtor executivo de *O Irlandês*, também dirigido por Martin Scorsese.

"Andam as dez bailarinas
sem voz, em redor das mesas.
Há mãos sobre facas, dentes sobre flores
e com os charutos toldam as luzes acesas.
Entre a música e a dança escorre
uma sedosa escada de vileza."

— CECÍLIA MEIRELES —

DARKSIDEBOOKS.COM